广东省民间文化遗产抢救工程系列丛书

广东古村落丛书编辑委员会

序

让古村落在岭南的大地上璀璨生辉

顾作义

古村落是物质文化与非物质文化的有机结合体，是在特定历史中形成并保存至今的传统乡村聚居地。广东古村落是岭南文化的重要载体，其蕴含的历史文化信息丰富深邃，是乡土文化的活化石，其表现形态多姿多彩，犹如一颗颗璀璨的明珠散落在南粤大地。

广东古村落既有中国古村落的共性，又有岭南文化的鲜明特质。广东古村落以广府古村落、潮汕古村落、客家古村落为主体，辅之以粤北古村落、雷琼古村落。村落文化在地域上表现出水乡文化、山居文化、海洋文化的特点；经济模式表现出以农耕文化为主、商业文化并重的特点；因为移民南迁及向海外拓展的缘故，又表现出移民文化和侨乡文化等多样性特点。

古村落在传承中华文明中作用非凡。但随着社会经济的发展和农村城镇化的加快，大批有丰富文化内涵和厚重历史价值的古村落逐渐衰落或消失。中国已于2003年签署加入联合国教科文组织非物质文化遗产保护公约。国家宣传文化部门不遗余力地开展着“非遗”保护工作，社会各界都以各种方式参与其中。在广东省委宣传部和财政厅的支持下，2007—2009年，广东省文学艺术界联合会、广东省民间文艺家协会积极开展“广东省古村落保护专项工作”，组织专家进行学术调查、认定和编撰等抢救性工作，并命名了第一批27个，第二批37个，共64个广东省古村落。本书即为第一批古村落调查成果。

从调查成果来看，这些古村落，镌刻着我们民族的卓越想象力、创造力，体现出先民的无穷智慧，都是经典民间文化生态博物馆。千村千面，每个村都是独一无二的。她或者是历史上的重镇，军事要地，又或者是交通要塞，经济中心；她是状元举人将军故里，又或者培养过巨贾富商；她的居民从中原来，其后人可能已飘洋过海落户五大洲。

综合来看，这些古村落有五个方面的特点：一是至少都有100年以上历史沿革或建村史，其民居、建筑、村落格局及营造方式鲜明地反映了其历史风貌、地域特色。二是村落的历史文化建筑保存较完整。公共建筑如庙宇、祠堂、水井、学堂、碑刻、作坊等自成体系。三是其人居文化、传统思想文化独具特色，民风古朴，民俗传承不断。四是村落的物质与非物质文化遗产丰富，如故事传说、岁时节庆、民俗礼仪、民间表演、传统手工等等，多姿多彩。五是形态、规模各异。三大方言区的村落个性鲜明，大小迥异，上万人的巨大村落生机勃勃，百来人的小村也是五脏俱全。

保护古村落，是乡村文化发展中的重大课题。有抢救性保护，有开发性保护；有建设成博物馆式保护的，也有不影响村民生产生活而进行活态保护的，还有开发成旅游景点的。各地要根据实际情况，作最合适的规划。总之，探寻传统与现代相结合、经济与文化相统筹、自然与人类相和谐的发展模式，是建设社会主义新农村的科学出路。

（作者系中共广东省委宣传部副部长、省文明办主任）

目录 Contents

珠三角区

粤西区

粤东、粤北区

首批广东省古村落地图

制图：冀颖妍 李锦余

珠三角区

直到今天，生活在广州市海珠、黄埔、番禺三区交界水域中的老人们，还会把渡江说成是“过海”。魏晋南北朝时期，今天属于番禺区的大片土地仍是汪洋一片，海珠区也仍有一半的土地浸在水下。在这古老的珠江出海口上散布着大大小小的沙洲，人们据洲为村，生息繁衍。

村在绿中 绿在水中
——广州市海珠区小洲村

古村概貌

小洲村，位于广州市海珠区最南端。据目前可考的村民族谱，小洲历史能追溯到明代洪武元年（1368年），而这并非小洲开村的时间，村里口耳相传的民间历史更长。

小洲南临珠江后航道，与番禺区隔江相望；东临牌坊河，峙对官洲岛；西北与土华村以河为界；身旁是号称广州“南肺”的瀛洲生态公园。村里水网纵横，古榕遮天，十步一桥、五步一巷，“三间二过厢一天井”古民居随处散布……这都令小洲保存了完好的古村肌理。

曾经沧海作桑田

直到今天，生活在广州市海珠、黄埔、番禺三区交界水域中的老人们，还会把渡江说成是“过海”。魏晋南北朝时期，今天属于番禺区的大片土地仍是汪洋一片，海珠区也仍有一半的土地浸在水下。在这古老的珠江出海口上散布着大大小小的沙洲，人们据洲为村，生息繁衍。今天的地名如官洲、长洲、琶洲、小洲……都是古代的沙洲名。①

注：

① 《广东新语·大小箍围》：“下番禺诸村。皆在海岛之中……凡地在水中央者曰洲。故诸村多以洲名。”“小箍围”即今天的“小谷围”，现在的广州大学城。

② 见《广州市地名志》，“小洲”词条。

宋元时期，小洲的面积已经扩大了，与古海珠仅有一条河涌“瀛河”②之隔，据说小洲别名“瀛洲”便是从河而来。而民间则另有传说。南汉后主刘鋹（942—980年）当政时期，小洲乡的桡手表现出众，在龙舟赛中力拔头筹，刘鋹龙颜大悦，亲笔下旨称小洲为“瀛洲”。现在村中著名的“瀛洲飞龙”红边黄旗，据说就是在夺标后刘鋹亲笔题字赏赐的。瀛洲，“赢舟”之谓也。此后，小洲的龙舟赛声名大振，闻名遐迩。端午赛龙舟成为小洲村代代相传的最大的传统节目之一。

小洲村的綦南简公祠前

古码头

这段传说在今天已难以考究，南汉时期的小洲仍是汪洋中的小岛，生息在岛上的居民日夜与潮水为伴，也必熟谙水性。南天沧海烟波起，小洲若隐若现间。今日想来，古代小洲应真有水上仙山般的景致。唐代李白诗云："海客谈瀛洲，烟涛微茫信难求。"小洲的早期历史亦如"瀛洲"的传说一般烟波飘渺。

今日小洲人的先祖

小洲村的开村始祖相传是邱、黄、梁、饶、林、钟等从北方迁来的六姓人家。六姓来得虽早，但现在的小洲村八千余村民中，95%以上却为简姓。据村中长者忆述，旧时村中还留有黄氏、梁氏、林氏等不同姓氏修建的祠堂，可现今已不复存在了。

那简姓是何时迁入的呢？明朝洪武元年，小洲村中一户邱姓人家聘请了当时住在河南①新村的简东源到小洲村当教书先生。后来，简东源之侄孙简西溪于明朝成化年间也入村教书，并逐渐攒钱买地，落户生根。简西溪有七个儿子，长子、三子在西约②；次子和四子在中约；五子和六子在北约；第七子则在南约居住。

简姓人家的迁入使小洲成为简姓人的聚居地。现在村里如东源大街、东道大街、东庆大街等地名，当是为纪念简东源而命；而西园大街、西浦大街、西约大街、西成大街等，则是纪念简西溪。二人后代为了方便排辈，分为东源派和西溪派，后代又产生了许多支派。简氏为书香门第，见多识广，在这里传宗接代，人丁兴旺，逐渐成为村中大户。他们世代以传道授业为主业，简氏宗祠"嘉告堂"之名或可道出一二。

现在村中也有少数李、林、霍、陈、甘、莫、董等姓氏人口，大多是在土改时分得田地后在这里落户的。

注：

① 该地属于今日海珠区。现在"老广州"习惯上依然会把海珠区称为"河南"，而珠江对岸的东山、荔湾等区则称为"河北"。

② "约"是广州特有的描述"巷"一类地段的词语。

她们对镜头笑着说“我地去游水咯”（粤语：我们去游泳啦）

村中村，画中画

小洲村让人关注的还有它那“画家村”、“艺术村”的美誉。

“艺术村”不在小洲古村中，而是在通往瀛洲生态公园的路上，那一望无际的果林边。20世纪80年代初，著名艺术家关山月、黎雄才、曹崇恩等人自筹基金建立了“艺术村”，众多艺术家纷至沓来，在此择地而居或设立工作室。除“艺术村”外，小洲古村也已成为艺术的天堂，不少画家租用村民的祠堂作为展览馆或工作室。本地的、外地的艺术家和美术学院的师生也常来此摄影、写生，寻觅灵感。

历史没有斑驳这个水乡，田舍渔舟也可以是艺术的天堂！

小洲是广州市首批14个历史文化保护区之一，占地面积450公顷，其中村庄建成区21公顷，历史传统建筑2.3公顷。

迷宫小洲

小洲村落布局严谨，中心公园（祠堂）便是全村的中心，民居和巷道以八卦状环布，第一次到来小洲的人们仿佛掉入蛛网迷宫般，往往找不着北。八卦象形的布局又暗含着村庄生生不息、代代相传的美好希冀。而且，由于小洲多有狭窄迂回的河道贯村而过，村民大兴土木的空间有限，也就令这种建筑格局完整保留到了今天。

村内至今留存着一段50多米的清代古城墙，5个清代古码头，11间典型的岭南古祠堂，4间清代古庙宇，8口明清时期的古井，3间蚝壳屋。这些地方在村内 虽然相距甚近，而村民们却走了几百年。

瀛洲八景

“瀛洲八景”最早出现在明清时期，文人描述古崇明岛美景时的诗句中。而在昔日的小洲村里也有小洲特色的瀛洲八景。据说当年孙中山所领导的北伐第五军中，一位营长简应璇曾为小洲的“瀛洲八景”撰文，可惜失传了。那些到民国时期依旧存留的景观，有些今日已不可见了，成为小洲人心中永远的回忆。

小洲村的艺术生活

小洲艺术节已成了一个很出名的文化品牌

小洲村的水总让人感觉很安静

古渡归帆

小洲未通公路之时，村民出行则舟楫相依。小洲北约有一个古登瀛码头，夕阳下小船飘摇归航，帆帆点点。有民谣唱：“水乡路，水来铺，出村入村一把橹。”

翰桥夜月

翰桥即翰墨桥，位于小洲村西约，由小洲村历史上的卿官司马，也就是村中司马府第的主人斥资所建，至今已有四百多年的历史。桥长约6米，桥面并不宽，大概可并排走三个成年人，用料上乘，十分坚固，石桥两旁可同时坐20多人，至今仍完好无损。

翰墨桥

翰墨义同“笔墨”，原指文辞。三国时魏国曹丕在《典论·论文》中说：“古之作者，寄身于翰墨，见意于篇籍。”后世亦泛指书法和中国画。取名翰墨桥，亦可见卿官司马对后辈书运亨通的殷殷期望。

每到夜晚，村民都喜欢到翰墨桥上闲坐乘凉，谈天说地。月色撩人，树影斑驳，翰桥夜月，美境醉人。

关于翰墨桥还有个传说。据说百年前，曾有个云游四方的和尚因为担心翰墨桥受损毁，曾将两个药水瓶埋藏在桥边石板下，并说如果有人打开石板，便会发生瘟疫。尽管这只是一个传说，但村民至今也没有打开过石板去查看。

西溪垂钓

西溪就是西溪祖祠外的河溪。

据说以前在清净的西溪旁有一棵年过百岁的水雍树，枝繁叶茂，亭亭如盖。有一位老人每天都会在这里悠然垂钓。西溪垂钓因之得名。

孖涌赏荔

在小洲村中西约之间，有三片果园，两条小溪潺潺流过，村民习惯称两溪为“孖涌”(孖:粤语“双生”的意思)。果园在河涌的滋养下成为沃土，长满了郁郁葱葱的荔枝树。每年荔枝成熟时，人们划船到此赏荔、尝荔。

崩川烟雨

从前的小洲最南端外围田里，不仅果树成林、浓荫密布，田间还盖有10多间供佣工居住的茅舍，错落有致。春雨如烟起，茅舍便笼罩在雾雨中，宛若渔翁蓑衣外腾起的氤氲轮廓。

现在外围田间茅舍早已不存了。崩川、烟雨，织成后人无限遐想的网，网住春雨时节的清新与氤氲。

登瀛古渡·古城墙与古码头

古城墙位于小洲村北约，墙外就是登瀛码头。这堵建于清朝时期的城墙，长50多米，高3米，沿着登瀛牌坊左右两侧延伸。城墙用青砖砌成，外墙遍设碟口和枪眼。

清代广州作为中国唯一一个对外开放的港口，成为当时海内外商贾云集的国际商埠。但也引得猖獗盗贼虎视眈眈而来，他们拦船抢劫，危害居民。为了抵御盗贼，广州便处处修城墙。而为了自保，位于出海口的小洲村便也开始修城墙。据说当时为了防御，村里自发组织了民团，每天晚上分派12人进行守护。古城墙上留有洞眼，既可观察敌情，又可作枪眼自卫。在近现代，城墙的防卫功能已日趋式微。自1912年起，广州古城墙被陆续拆毁，因此小洲留存的这堵保存了当年记忆的古城墙尤为珍贵。有了古城墙的佑护，登瀛古码头便有了安全保障，于是日益繁忙起来。清代的登瀛码头还成为村落对外贸易的中心港口，附近又渐渐兴起了商业一条街，繁荣一时。

建筑登瀛码头的记载已经失传，但由于小洲人对古迹的爱护，如今的古码头古韵犹存，旁边那数百年的大榕树和历经风霜的秋枫树（据有关部门鉴定，其为广东省内树龄最大的树木之一）依然常青，这些树所经历的岁月，便留待后人去一一追溯，一一垂询。

松径观鱼

小洲北约的河堤岸上、路旁皆栽有水松树。水松物种珍贵，形态优美，倩影倒映水中，与游鱼相映成趣。

古市榕荫

常言道，榕树多者地必兴。小洲物产丰富，果香飘飘，村北约茎大荫浓的榕树下，就成为远近闻名的小洲水果墟市。古市榕荫，人声鼎沸，是为一景。

华台奇石

有言："未有小洲，先有华台。"华台是一处石头冈，处于小洲中心地带，也是地势最高处。在小洲还未形成之初，华台已在。石冈不奇，奇在石头四周长出的几棵大榕树。榕树竟可倚石而生，受霜露风以致森森然，故称华台奇石。

司马府第

司马府第相传是小洲明朝时期的卿官司马，也就是修建翰墨桥的主人的宅第。府第，只有"登第"成名后，获得当朝皇帝恩准下旨才能修建，非一般民间宅院。然而，村内却没有留下记载这位"卿官司马"的文字，无法了解其人其事，实在可惜，司马府第成为小洲的一个未解之谜。

简氏大宗祠

村中最大的简氏宗祠又称嘉告堂，是小洲简姓始迁祖的合建宗祠。占地13亩，合8671平方米，门设99道，取意长长久久。据《粤东简氏大同谱》记载，乾隆五十五年（1790年），西溪派十五世创建祖祠，匾曰嘉告堂。祠堂修建距今已有200多年。

最初的嘉告堂分三进，第一进的两边仪门直通青云巷和白虎巷；入第二进要经过两旁有花岗石、坤甸木料精雕成柱的小广场；而到第三进，房舍两侧的石栏围雕成八仙贺寿人物图，大堂高悬檀香木匾，上书“祥开瀛水”。两侧有文武楼、灰星楼各两层。

祠堂清代曾受火灾，又于1893年重修。民国时期做过学堂，新中国成立后至1990年用作学校，又因“文革”之故，第一进被拆掉了，改建成两层高的学校课室。这几十年的“学校生涯”，令简氏大宗祠严重损毁。1990年，村民们拆除了两层楼课室，后来又把宗祠广场和空地建为村心公园。今日所见之嘉告堂，仅剩下拜亭、中堂和祖堂，祠内建筑也多做了改建，但“祥开瀛水”依旧静默不变。

在嘉告堂门前左侧，有一棵参天古榕。榕树又称麒麟树，村民们尊称这棵古榕为“麒麟献瑞”。据说从前小洲常遭水患，玉皇大帝怜恤百姓，就将此麒麟树植根此间，以除水患。麒麟树在此生根后，小洲从此免了水灾。所以村民尊称这棵古榕为“麒麟献瑞”。

西溪简公祠

西溪简公祠位于村西约，里头摆着简氏六世祖的牌位。祠堂墙外还留存着文革时期的毛泽东画像。村里还有几间祠堂已作为他用。比如已是现今的“瀛洲书院”的“穗侨简公祠”，这里常办画展。游客经过这里时，热情的艺术家还会邀请你入内观览。慕南简公祠也已成为艺术家的沙龙，祠堂外墙上还完整地保留了文革期间由大学生绘制的宣传壁书，是见证文革那段历史的珍贵文物。

西溪简公祠

另，据村中长者回忆，小洲村的宗祠不少于27间，统计如下：

嘉告堂	其慎堂	粤梅祖	粤溪祖
西溪祖	吕山祖	东池祖	穗乔祖
瀛山祖	慕南祖	瑨碧祖	四房祖
太婆祖	长房祠	二房祠	三房祠
泗海祠	四怀祠	神保祠	东江祠
松间祠	进士第祠	梁氏宗祠	林氏宗祠
黄氏宗祠	霍氏宗祠	李氏宗祠	

随处可见的艺术因子

玉虚宫

玉虚宫又称北帝庙，位于小洲拱北大街上。本是供奉北斗真君的道宫，而现在供奉着北方真武玄王。玉虚宫始建年代已不可考，据镶嵌在庙东墙上的乾隆戊寅年（1758年）《重修本庙碑记》记载，玉虚宫分别在康乾二朝进行过修缮。玉虚宫至今香火不断，两侧一对楹联曰：德容静镇凝金阙，法服高悬柄玉虚。

玉虚宫

广东沿海，人们靠海谋生。北帝属水神，位于水源之上，因此北帝是小洲的主神，即“村主”。因此供奉北帝的玉虚宫就是村里的“大庙”。每年农历三月初三北帝诞，全村的男女老少都要来叩拜北帝，祈求平安如意。从三月初一开始，村民要抬北帝公出游，通宵达旦的庆典持续五日。

除此以外，小洲村还有简公佛庙、观音庙、文易庙、金花庙、三乡庙、财神庙、洪圣庙、文武庙、社坛等。

临河界碑

1921年，广州正式建市。1924年1月，孙中山以“大元帅令”正式把番禺、南海部分地方（包括小洲村）划入广州市区。同时，经孙中山大元帅府核准，广州市政府制定了“广州市拟竖界地点图”。到了1930年12月10日，市政府便开始按图沿新广州市界竖立界碑。在小洲竖立的临河界碑共有两处，它们标志着广州市与番禺县的分界。从此，小洲便隶属于广州市管理。

临河界碑是小洲从番禺划入广州的历史见证。

简佛祖庙

蚝壳屋

小洲村现存三间有几百年历史的蚝壳屋，是不可不看的景点。

《贤博编》曰：“广人以蚬壳砌墙，高者丈二三，目巧不用绳子，其头外向，鳞鳞可爱。”小洲村也不例外，兴建的蚝壳屋相传有一百多间，后来经长年累月的风雨侵蚀和村民的拆毁，现在仅存三间。蚝壳墙的修筑方法是挑选大蚝壳两两并排，堆积成列组建成，后再用泥沙封住，使墙的厚度达80厘米。用这种方式修建的大屋，因为在两层泥灰之间有对称并排的蚝壳起着隔热的作用，所以冬暖夏凉，而且不积雨水，不怕虫蛀，很适合岭南的气候。

小洲人民礼堂

小洲人民礼堂建于1959年，整个建筑为土黄色，样式是当时很流行的苏式风格。1959年正是“大跃进”时期，全村男女老少总动员，自己设计、自筹资金、自行建造，就这么一砖一瓦地把礼堂建了起来。现在，人民礼堂成为了小洲村集体建设的代表作。

走进礼堂，迎面就能看到一幅写着“高举毛泽东思想伟大红旗奋勇前进”的标语挂在礼堂中间，墙上还有“跟共产党走全心全意为革命种田，听毛主席话　完全彻底为人民服务”的标语，仿佛“大跃进、总路线、人民公社三面红旗”的口号还萦绕耳旁。

礼堂在20世纪60年代是小洲村的文化阵地，70年代是政治、经济中心，曾经做过小洲大队的办公室、民兵部、信用社、大会堂等。由于年久失修，礼堂曾一度成为危房。2006年，村民对它进行了全面的修缮、翻新瓦面，现在又成为了小洲村的文化娱乐阵地。

伴随小洲人民走过了半个世纪岁月的人民礼堂，是小洲历史的缩影。

姻缘树

姻缘树

说起小洲村的树，除了参天古榕外，就不得不说植于村东约的姻缘树了。行过翰墨桥，再漫步过一段迂回的小路，行至天后宫，便见天后宫对面有一对龙眼与榕树共生共荣的“奇树”，村民们把这对相生相依的奇树称作“姻缘树”，象征夫妻恩爱，百年好合。以前村民嫁娶，花轿乐队都要热热闹闹地绕树一圈，再走过翰墨桥，才算是大吉大利。

小洲石桥

小洲村内水网纵横，为了方便村民出入，陆续架起了许多石桥。石柱桥、石板桥、石栏桥、石拱桥等都能在这里找到它们的倩影。所以小洲村可说是一座石桥博物馆。现在依然保存有大大小小、各式各样的小桥50多座。大多数石桥都是半圆拱，翰墨桥比较特别，是全村唯一一座有石护栏的桥。

其他如娘妈桥、细桥等都很值得去走一走。这些窄窄的石桥，都不长，但是踏过小洲50桥，你会捕捉到这个村落最富于灵动的姿态。它们是以空间换取时间的艺术。行走其间，仿佛走在时光的长廊里，会有了一种别样的视野，以及一种古今的参照。

小洲的孩儿都是水娃娃

今天的小洲村民无论老少，都仍然习惯在村内大小河道或深巷古井边洗衣服。在摇橹声与捣衣声中长大的小洲孩儿都是水娃娃。他们自小凫水嬉戏，在这方灵动的水土之上延续小洲的水乡印记。

孩童取水嬉戏

最后的自梳女

小洲划归广州市以前，曾隶属于番禺县茭塘司。禺南一带人们生活多富庶，女子“自梳”之风较盛。“自梳”习俗肇因于经济发达，许多女工收入可观，经济上得以独立。她们看到一些姐妹出嫁后，在婆家受气，地位低微，不愿受此束缚，情愿终身不嫁。于是梳起一种特殊的发式，戴上耳坠，这样人家一看就知道是自梳女，也就不会再来求婚。

小洲村至今尚有一位97岁仍健在的自梳女——简丽妹，她出生于民国元年，村里人都尊称她为“阿太”。简丽妹阿太曾回忆说，小洲村的自梳女曾多达二三百人，有来自富裕人家的，也有寻常百姓家庭的，自梳的原因也多种多样。她自己成为自梳女的原因主要是当时姐姐出嫁了，弟弟尚年幼，父亲想让她接管生意。当时向简丽妹阿太求婚的人很多，但是她毅然做了自梳女。阿太现在身体健康，过着幸福的晚年生活。

极有特色的理发店

端午到，龙舟出

每到端午节，小洲村的主题自然就与龙舟密不可分。每年五月初一至初五，这里的重头戏便是鼓乐喧天百舟竞渡的龙舟赛。

小洲龙舟赛在村北约的古登瀛码头举行。每次扒完龙舟，小洲村都会在祠堂里设上百席饭菜，成百上千的村民团团围坐吃上一顿热热闹闹的龙船饭。这些天，龙船走乡过村地去探访亲友，都要以请柬相邀、龙船饼作回礼。

小洲村现存的9条龙舟，年龄最大的已有上百岁。据介绍，小洲村的龙舟选料用的是产自越南、新加坡的黑色坤甸木，木料轻盈结实，很适合龙舟赛。而龙舟的保存方式也很特别，当龙舟闲置的时候，要把它埋在水底淤泥中，这叫“埋龙”，准备上“战场”的时候，再“起”出来重新上油。如今的龙舟赛中，竞争的感觉比以前淡了，更多的是享受都市生活里久违的传统情谊。

龙舟竞渡

果林飘香

杨桃、木瓜、番石榴、龙眼、黄皮，这五种水果被称为“小洲五美”。这里的石硖龙眼、鸡心黄皮、杨桃等岭南水果远近闻名，远销国内外，主要水果还有荔枝、红柿等，是名副其实的“岭南水果之乡”。总面积400公顷的小洲，其中果园就有270公顷，村旁的瀛洲生态公园，占地140多公顷，有5万多棵果树，是广州目前最大的果林农业生态园。

寻访小洲，必啖水果。村民把自家的水果往门口一摆，招呼游人，而村口远近闻名的小洲水果市场也吸引着周边村庄的人们。除了买水果，游人还可以选择到农家果园里去采摘。如果想要亲身体验一下水果成熟时的茂盛之美，不妨到瀛洲生态公园一逛。那画面是真正的“人与自然”。

访村手记

踏入小洲村，村里小桥流水的宁静一定会在第一时间深深地吸引你。的确，这里没有车水马龙的喧闹，没有城市石屎森林的压迫感，有的是一幅幅水乡美景的画面：村民在古树下惬意地闲聊；孩童在水埠头取水嬉戏；河涌中停泊着的三两小舟在诉说着水乡的故事……

独特的岭南古建筑艺术风格，小桥流水人家的水乡美景，果林飘香的万亩生态公园，保存完好的民间风俗，喧闹城市中独有的一方宁静。这里，就是精神的后花园。无怪乎那么多的画家来此寻找艺术灵感，无怪乎那么多的城市中人来此聆听大自然的声音。

旅游攻略

交通：

背包族：广州市区35、86、252、298、310、565、大学城2线、4线公交车可达小洲村（瀛洲生态公园斜对面）。

自驾游：广州市内环路→环市东路→广州大道南→新滘南路→小洲村

美食：俗话说“食在广州”，这话用在小洲村更是名副其实。以前这里规模比较大的有瀛洲海鲜酒楼和金瀛酒家。除了酒家，小洲村里大大小小的食肆很多，许多就在“以天为庐，以地为席”的农家果林里。这里的特色美食“泥焗鸡”，皮脆肉香、口感鲜嫩，吃在嘴里还有一种淡淡的乡村气息，令人回味无穷。作为水乡的小洲，以鱼片、炸花生等多种配料加在粥中做成艇仔粥也是其招牌之一。这里的农家菜更让人喜欢，不仅是纯天然绿色食品，而且价格也不贵。

（本文执笔：肖俊玲）

巷陌深深蕴恬淡 物阜民丰享祥和
——广州市番禺区沙湾镇车陂街、安宁西街

古村概貌

安宁西街、车陂街建于宋、元之间，自明孝宗弘治年间（1488—1505年）开始铺石建街，是岭南少有的有历史文字记载的市街。现在已由原村社结构变为城镇街区，成为广州市番禺区沙湾镇的街道。提到这两条街道，外人总也会提到她们所在的远近闻名的古镇——沙湾，这是一个殷实的珠三角小镇，始建于宋，至今已有800多年历史。所在之地原为古海湾半月形的沙地，以此得名。沙湾，如今是中国历史文化名镇，中国民间艺术之乡，广东音乐的发祥地。

古人讲究风水，所以沙湾北面倚靠文屋山；东倚员峤山，山南建“青龙庙”；西倚青萝嶂群山，山南有“白虎神庙”；南面建七层“青云塔”，塔下为西水东流的沙湾水道及广阔沙田。镇内河涌交错，大的河流大多自西而东，小的河涌则以南北流向为主。中部有文塔岗，乃全镇的制高点，文塔岗的建筑群又以水绿山青塔为中心，街巷呈放射形布局，格局自然有序，颇具特色。至今两条轴线仍清晰可辨。东西扩展轴线形成时间长，是发展主轴线，反映古镇顺应半月形的海湾地形发展，先东后西，形成东村与西村。南北发展轴线则是沙湾先民围海造田、改造自然的结果，形成北村和南村。东南西北村相交而成井田布局。现时保留得最具古村气息的，莫过于安宁西街和车陂街了。祠堂多达12座，其中有许多著名古建筑保留至今，如留耕堂、三稔厅、玉虚宫等。

安宁西街是一段非常典型的岭南珠三角富裕乡村的市街，南北共有古巷14条之多，巷内住户大多是留耕堂何族子孙的庭院。内中住户与店铺混合，地摊又与小店混合，民居与商铺在安宁西街共生着。以前街内还有两家老字号饼家，既有卖缸瓦、云吞（馄饨）、车衣（裁缝）、杂货这样的店铺，也有摆卖姜糖、马蹄糕、钵仔糕、水由甲、禾花雀、油煮粽的小车。行人熙攘，求同存异。

安宁街，街如其名，一派祥和

车陂街东西走向，笔直而宽阔，处西面，萝山里猪腰岗的山脊向东顺斜坡发展成鹤鸣巷及青萝大街，延伸成为长长的坡脊的主道，称之为“陂”，因行车马而称为“车陂”。街内建筑多具清代风格，内部装饰精致，原是富户聚居的名街。大约在清光绪二十年（1894年），一批江湖大盗潜入这条富裕的名街，一夜间明火执仗地向全街数十富户抢劫勒索，富甲一区的车陂街被洗劫一空，元气大伤。车陂的巨富让盗贼如此垂涎，可见此地当时的商业有多繁盛。

第一宗祠——留耕堂

从始祖何德明膝下的子孙起至今，何氏子孙已超过2万人，何氏家族在沙湾一带建起了121座祠堂。其中，“留耕堂”是规模最大的一座。“留耕”意取自何氏先祖的“心田留与子孙耕”一句。相传，何德明携妻儿在沙湾定居之后，不仅雇人开发荒田，还亲自耕作，并严格要求儿子们认真读书。子孙后辈功成名就者众，沙湾何族由此声名鹊起。

留耕堂始建于元朝，距今700多年，是番禺现存年代最久远、布局最严谨、规模最宏大、造工最精巧、保存最完好的宗祠经典之作。它集元、明、清不同时期的建筑特色于一体，建筑面积3334.45平方米，为中轴对称的五开五进四合院布局，是番禺四大祠堂之首（其余三座是：南村邬氏大宗祠、石楼善世堂和大石墩叙堂）。整座建筑以柱多出名，共有石、木柱112条。祠堂的主体建筑有山门、拜庭、后寝和东西两庑。山门20多米宽的门面上，一列六条八面大石柱组成了檐柱，又有一列两人合抱粗的圆形木柱做内柱。12条柱子撑起五条檐梁，无一不是精美的木雕。两头分别是相向的云龙和玲珑一致的龙头，作支撑檐梁的“雀替”。而檐梁本身分别雕有文豹、雄狮、少狮、麒麟、骏马、麋鹿、春牛、凤凰、仙鹤、喜鹊、鸟雀、飞龙、鲤鱼、螃蟹等，还有牡丹、仙草、芦苇以及宗相化纹。中间的檐梁，一共雕刻着9个衣冠不同的人物，精妙绝伦。

留耕堂正门，气势不凡

在建筑史上留名的“镬耳山墙”

三街六市

围绕着留耕堂，沙湾仍保留着明清时期典型商业市镇的格局，又称“三街六市”。所谓三街，是指亚中坊的车陂街、市东坊的新街和三槐里王族的元善街。

话说安宁西街、车陂街的建筑如沙湾地区的古建筑一样，也分三六九等。一筒竹是最不讲究的房屋，里面居住的大抵是些比较贫困的人们，一般就是一间独立盖有瓦面的房子，没有其他附设建筑。内部由木板作间隔，形成一前一后的“神后房”以及左右相邻的“一偏一正”两房，这样的房子在村中并不很多。最为普遍的要数按三间两廊规格建筑的房屋，正厅两边各有一房，厅前天井两旁又各有一廊，一廊通往正门，一廊通往厨房。有些在天井与正厅相对的地方，还有一座建筑，在左右又加两房，称为“对朝”格局，多作会客用。也有部分会在入门之外加附一座带有天井的“书偏”，多是读书、会客之所。三间两廊建筑中最为讲究的，有以白石作墙角和门框，门口大多作“回”字状，配有“趟栊”（即一个大木框，中间横架着十几根圆木，起阻隔作用）和“独脚门”。若在两间三廊的基础上，在中间再加一层“通堂大阁”，则变成富户人家所居的镬耳屋了。有阁的大屋，绝大多数瓦面饰有“镬耳”，这种屋叫“富图”，是珠三角典型的清代建筑。其墙壁称为“镬耳墙”，不但能防火，更具有良好的通风性能。这种奢华却又实际的建筑设计，不但蕴含着富贵吉祥丰衣足食的意义，更实实在在地让屋主安枕无忧。

大至雕梁画栋，小至窗饰，皆见匠心独具

大隐于市的三善古庙群

清中叶以后，随着中国大门的打开，西方文化也潜入沙湾地区，此时，二至三层砖木混合结构的洋房便为这个地方带来了新的风景线。这些西洋古典式建筑在平面布置、装修和庭院绿化方面不但保存着中国传统风格——柱式门廊或在门上方设三角山墙式屋顶，更融入了西方的建筑风格，如水泥花阶砖和色彩鲜艳的玻璃，而前庭的花园布局多似欧洲的乡间别墅，仁宝楼就是其中一个典型例子。

六市是指村中心的永安市、安宁市，村东的第一里市，村南的云桥市，村西萝山里的萝山市以及村西的三槐市。市内肉店、粮店、海味店、杂货店、洋货店数不胜数，也有银号、金铺、当楼，此外还有卖鸡圩、瓜菜圩以及大巷涌入口处两岸的米铺、店铺等。住宅与商市交错，依然可见当年的繁华。从高处眺望，整个古镇房屋错落，雕琢细腻，丝毫不逊色于闻名遐迩的江南小镇。

沙湾飘色

虽音乐上名人辈出，但真正让沙湾扬名于外的，却是另一种传统艺术——沙湾飘色。据说清朝咸丰年间，广东各地流浪艺人每逢酬神庙会，便打扮成戏曲人物，造型表演，称“赛声”或“彩色”。后来发展成为马匹上装扮的“马色”、水上装扮的“水色”，而装扮在托上由多人抬着游行的称为“飘色”。沙湾飘色以“板”为单位，每板由2～3个小孩扮演，一板一个故事，多以神话、历史故事为题材。在结构上由三个部分组成：一是色柜，即活动小舞台；二是色梗，即支持用的钢枝；三是扮演“色”的演员，坐在下面的叫“屏”，一般由8～12岁的小演员扮演，上面凌空的叫“飘”，一般由3岁上下的小孩扮演。

沙湾飘色有色彩艳丽、造型大方、装置奇妙、讲究力学、内容含蓄的特点。在“飘色”游行时，每两板飘色之间配有一台八音锣鼓柜，形成声、色、艺组合表演的流动立体舞台。据说，沙湾飘色的内容所表现的均为神话、小说、戏剧人物。已挖掘出来的传统题材的飘色有近百板。由于历史的原因，飘色工艺曾一度式微，所幸近年来又重新回到了人们关注的视野中，先后创作了《赛龙夺锦》、《雨打芭蕉》、《独占鳌头》《嫦娥思乡》、《锦上添花》、《青云直上》、《五连冠》、《囊括七雄》、《为国争光》等新板色。而且，在人物造型上改革色梗，使色梗纤细精巧，易于装饰，以假掩

每每飘色锣鼓响起，村中便热闹非凡

真。新中国成立以前，沙湾飘色在三月三伴随“北帝”出游。新中国成立后多在春节、国庆巡游。近十几年来，沙湾飘色先后到过广州、香港、佛山、中山、开平、吴川等地表演，影视媒体广为传播，被誉为“南国奇葩”。如今，沙湾镇尤以安宁西街、车陂街盛行，逢年过节、大型招商、海外交流联谊等大型群众活动，“沙湾飘色”必是重头戏，成为联结海内外乡亲的纽带。

鳌鱼舞

经常相伴沙湾飘色出现的，是一种民间舞蹈形式——鳌鱼舞。相传在远古时代，金、银色的鲤鱼想跳过龙门，飞入云端升天化为龙。但因它们偷吞了海里的龙珠，只能变成龙头鱼身，故称之为鳌鱼。雄性鳌鱼金鳞葫芦尾，雌性鳌鱼银鳞芙蓉尾，终日遨游大海嬉戏。某日，有一位书生上京赴考，途经女儿国，因他相貌英俊，被一群女儿纠缠，书生为摆脱她们的纠缠，只好自毁容貌。并用墨止血。仓忙之中，书生逃到海边，大呼鳌鱼相救，随即纵身跳入大海。海中的鳌鱼救起书生，并背他渡海而去。后来书生高中状元，在回程途中再到海边，感谢鳌鱼搭救之恩，这时一群鳌鱼纷纷游来祝贺书生荣登榜首，春风得意的书生便跳上雄性鳌鱼头上手舞足蹈，抬起单脚成“金鸡独立”状，是为“独占鳌头”。但因其自毁容貌，面部变得非常丑陋，在人间当不了官，天上玉帝怜其志，派文昌帝下凡点化成仙，称为“文曲星”（或称魁星）。

神话在民间广泛流传，并建起了文昌阁和魁星楼，遍布沿海各地，沙湾也不例外。留耕堂牌坊石额上的 “诗书世泽”，用鲤鱼跳龙门石刻相衬托，便是当时读书人心态的写照。 沙湾人舞鳌鱼始于明代中期，亦有一说是清代初期。各坊里的读书人为考取功名，自发组成读书会，筹款扎作金、银二鳌，于每年 9 月秋考前，舞起鳌鱼到各个读书会祝贺，祈求科场高中魁首。后来人们将舞鳌鱼融入“三月三”飘色艺术大巡游的活动中。每年三月三在沙湾都能看到这样的盛景：四人吹响海螺作号角开路，魁星扮演者身穿黑长袍，披头散发，戴上青面獠牙的面具，左手持墨砚，右手握朱砂笔，以“前滚翻”、“侧翻”、“水波浪”、“金鸡独立”等舞蹈穿插在金、银两鳌之间。舞鳌鱼者则以“跳龙门”、“觅食”、“戏水”、“打沙”、“交尾”、“散卵”等动作配合鼓点起舞，热闹非凡。

砖雕：松鹤延年，代表着人们美好的愿望

通达之乡

从商业与住宅相间带来的便利，便可知沙湾人是这般会创造美好生活的族群。这片乐土，先有张、劳二姓于北宋时期在此定居，至南宋，何、李、王、黎等四大姓先后南迁至此，人口渐次激增。那时沙湾以南仍是浅海，是广州通往顺德、中山、珠海的门户，也是穗港澳之间重要的交通枢纽。

现居住在沙湾的主要姓氏为何氏。根据何氏族谱记载，何氏族人何德明，博学多才，观察到珠江每年都会从上游携带大量泥沙在这里沉积，使沙滩逐年增大，逐渐形成平原，土地极为肥沃。于是向官府申请购买番禺沙湾一带的土地、水面和山冈，约有三百多公顷，称为“鱼游鹤立三百顷”。何氏家族在此筑堤围田，繁衍生息，富甲一方。到了明中叶以后，何氏田地已远远超过乡中其余各族，一跃成为当时番禺四大望族之一。据说鼎盛时期，何氏宗族拥有的土地一直绵延至从化境内。

今日车陂街、安宁西街依旧人流熙熙攘攘

沙湾三杰

沙湾钟灵毓秀，而音乐上的成就，尤值一说。

据《何氏族谱》记载，元代的何文可“善弹琵琶”，他的原配夫人区氏出身名门，“亦通音律”，夫唱妇随。他们的两个儿子子霆和子和，也“学律吕之学，闲以丝竹之音以奉于亲”。清嘉庆年间，沙湾的何博众独创“十指琵琶”的弹奏技法，在广东音乐中引领一代风骚。民国初年，其孙何柳堂发扬祖父遗风，他与另一房的何少霞、何与年并称沙湾三杰，缔造了广东音乐的“黄金时代”，安宁西街的三稔厅（又称沙湾大厅）便是他们创作演奏之地。

何氏音乐以中原音乐为根，以民间艺术、歌谣等为营养。由何博众时期的手弹、口授、耳听、心记，到何柳堂的承上启下，至何与年、何少霞的整理提高，创作出大量富有个人特色的作品，整理出《赛龙夺锦》、《雨打芭蕉》和《饿马摇铃》等曲，并写下了《回文锦》、《七星伴月》、《梯云取月》、《金盆捞月》、《晓梦啼莺》等曲，曲调流畅优美，节奏清晰明快，成为广东音乐较有影响的一大流派。

作为广东音乐发源地之一，沙湾镇不但造就了“何氏三杰”，还出现过何章(花旦章)、何世杞（粤剧名伶新马师曾之师傅）、何福年（粤剧八和会馆师爷）、陈鉴（盲鉴）、飞霞（何求）、燕燕等名扬四方的粤剧曲艺前辈和陈燕莺、何干、陈丽英等曲艺红伶。镇上现仍保留许多“广东音乐”的历史遗迹。

何氏三杰创作之所——三稔厅

故事传说

陈白沙与留耕堂

相传明朝年间，沙湾何氏族人曾苦求宗祠题匾。宗祠题匾可是头等的大事儿，族人商议之后，决定在祠堂门外征求题字，无奈苦苦等候多日，依然悄无声息。空着题匾毕竟不是办法，于是族人又在新祠堂之外备了书案一张，浓墨几斗，巨笔一支，白纸若干，桌上还摆放着白花花的银子，衬在红布之上，煞是抢眼。小道消息不胫而走，很快便传遍了四乡八寨，路上多的是驻足围观的人们。可此般场景，即便是能写得一手颜筋柳骨的人，也难敢贸然在大庭广众之下留下墨宝。正因如此，看热闹的人越来越多，而大红布上的酬金却积了薄薄尘埃，无人敢于问津。

一日，来了一位卖鱼的年轻人，只见他放下担子，穿过层层围观的人群，走到书案前。在众人迥异的注视下，他解开缚在腰间的绉纱带，束成一束当笔，满满地蘸了墨，摆好架势动笔就来。围观的人们一下炸开了锅，这不过就是个卖鱼的小伙，多少文人墨客也只能兴叹而过，此人居然如此胆大？在嘘嘘声中，卖鱼人已在大白纸上写了个“留”字，字体苍劲不凡，众人不禁大吃一惊，心想：这究竟是哪路的奇人？卖鱼人又蘸了点浓墨，用破笔法，在另一张大白纸上写下“耕”字，此字更胜之前，气势过人，博得全场喝彩！就在这时，那人却放下当笔的腰带，挑起鱼担走了，赏金一两不少地留在了桌上。“敢问贵人姓名？”何家人穿过人群追问，可卖鱼人却头也不回地走了。兴建祠堂的族人觉得“留耕”两字写得非常出色，只可惜缺一“堂”字，重金之下，虽然求得不少墨宝，但与“留耕”二字相比，实在相去甚远。

其实，这何足怪矣？这“留耕”二字，乃是明代中叶著名学者、书法家陈献章（字白沙）的手笔。陈白沙初题祠匾的故事，难免加入了许多民间传奇的色彩。但留耕堂高高的牌匾石额上几个遒劲的大字“诗书世泽”、“三凤流芳”，确是书法家陈白沙的真迹。

访村手记

《管子•小匡》有云：“士农工商四民者，国之石（柱石）民也。”商民在中国古代熬过了多少地位低贱的日子。名声在外如范蠡者，辅勾践灭吴，功劳巨大，但由于后期经商，尚有商人穿鞋必须着一黑一白之劣规，以至于其一生虽有辉煌业绩，然终因弃官经商的经历使他无缘与历史名人共同载入史册。学而优则士，居庙堂之高，治国平天下；次之阡陌交通

传说陈白沙曾提笔疾书的宗祠门前

鸡犬相闻，过着日出而作日入而息的耕民生活；再次坊间手工者，营营役役，聊以自足。而商人，则被看成寄生于他人的苦辛之上的奸诈之徒。但安宁西街、车陂街，却不落世俗，营商之风甚盛，独享一方安静、富裕、祥和，想来，也是一种难得的福泽吧。

交通：

背包族：可在番禺市桥乘6B、7、12号公交车、宝墨园专线、沙湾古坝专线至文化中心站，大巷涌路往清水井方向直走。

自驾车：华南快速干线→番禺迎宾路（途经长隆欢乐世界（往南沙方向直行））→过旱桥后靠右（往沙湾、顺德方向）直行，进入沙湾镇后，经文化中心→清水井方向直走。

美食：

沙湾美食很多，有驰名海内外的沙湾姜撞奶，此外沙湾鱼皮角、糯米椰糍、姜糖、狗仔粥、花生鱼茸粥、牛奶白饼等深受大众喜爱。

（本文执笔：袁奕雅）

婆孙乐

蚄江涌头　半月古村

——广州市番禺区石楼镇大岭村

古村概貌

大岭村原名菩山村，位于广州市番禺区石楼镇西北面，迄今已有800多年历史。她背依菩山，三面环玉带河；东邻莲花山，距海鸥岛不足5公里，与亚运村“广州新城”相望；西、北面为宽阔的丘陵地区和村镇。

关于大岭村的建村年代，有许氏开村和陈氏开村两种说法。他们的先祖都是在两宋战乱年间，由南雄珠玑巷辗转南迁至大岭，开枝散叶繁衍至今。

大岭村历史悠久，人文荟萃，各朝共计出进士5人，举人17人，贡生15人，秀才108人。村庄虽小却不得不让人惊叹其地灵人杰。

这里的每一隅皆是秀润天成。村不在大，贵在层次；水不在深，富有湾环。大岭村传统村落肌理完整，不仅具有较高的历史价值，还极具审美价值。祠堂、旗杆夹、古石桥、石埠头、文塔、蚝壳屋、门楼、牌坊、白石街、古井等，常在不经意间映入眼帘，一晃不知原来时光已过数百年。而每到斜阳在山，人影散乱，高枝啼鸟，小河游鱼，深巷斜影处，那半截粉墙，点缀着几叶爬山虎，或是从墙内挂下来几朵小花，披上一些碎影，颇有“我有柔情忘不了，秀润天成尽大岭”之神韵。

大岭村的显宗祠

俄罗斯古代文学家果戈理曾说：“当歌曲和传说已经缄默的时候，建筑还在说话。”不错，作为凝固的艺术，大岭村的祠堂、庙宇、古桥、文塔、牌坊、白石街确实还在说话。

大岭村的民居傍水而建，有序地排列在菩山脚下和大岭涌之间，呈半月形布局，谓之“蚬江涌头，半月古村”。村内以一条古街为主轴，旁生里（只通一头）、巷（两头皆通），形成“大街—小巷”的两级交通体系，整体成独具特色的“鱼骨状”街巷格局，处处与村落水系相通，是典型的岭南“山·水·村·田”聚落。

陈氏大宗祠

陈氏大宗祠又名柳源堂，始建于宋朝，是大岭村陈氏始祖的宗祠。

宗祠久经风雨已显破败，乡亲们曾于2001年集资按“修旧如旧”的原则进行了修复。目前建筑占地面积近300平方米，门口广场面积1250平方米。屋脊为马鞍脊，中间舒展，两头微微向上翘起，末端还有飞檐翘角，把人的视线引向天，这就使本来僵直的脊线有了动感和力度。屋脊上饰有精美的龙凤呈祥图案，其沟通天和神，祈求上苍保护、降福的用意一目了然。

广场东侧立有五对旗杆夹和陈许二姓和谐碑。

由于年代久远，有两对旗杆夹字迹已模糊不可认。另外三对旗杆夹的刻字碑文还清晰可见，分别记载陈氏始祖陈泰初、陈维岳、陈之鼐三名人受钦点的官职和学位。

陈许二姓和谐碑是陈许二姓历代太祖遗留的禁约石碑，主要是讲大岭村陈、许二姓聚族而居，历数百年如同一家的事迹。

陈氏大宗祠门口旗杆夹群

两塘陈公祠

始建于明朝永乐年间（1403—1424年），于清光绪年间进行了重建，是大岭村陈氏八世祖祠。先祖名为陈两塘，故名两塘公祠。

公祠占地1686平方米，为过去中式建筑中较为常见的深三进结构。门右种植郁郁葱葱的菩提树，使宗祠显得庄严肃穆，从中亦可窥见村民对祖先和佛教菩萨的崇拜和信仰。公祠大门黝黑古拙，大门上贴着威风凛凛的秦琼和尉迟恭两武将门神。

两塘公祠大门和对联

公祠门口对联上书“颍川世泽，大岭家风”，字体苍劲有力。相传东汉末年，名士陈寔居于河南颍川，天下闻名。后来，南朝时出了个姓陈的皇帝陈霸先，他自认是陈寔的后代，追封先祖时就把陈寔封为颍川侯，此后姓陈的家族便自称颍川了。“泽”有恩惠的意思，“颍川世泽”就是说世世代代享有恩泽盛名。

两塘公祠最大的特色在于外墙全部用硕大的蚝壳混杂着泥沙砌筑而成，是番禺境内有名的蚝壳祠堂。墙身高九尺，墙体厚重，墙上的蚝壳横排有250多只，竖排有150多只，仅一面墙就使用了3.8万多只蚝壳。如此估算，两塘公祠的三面墙身，竟用了10多万只蚝壳筑成。

两塘公祠蚝壳墙

蚝壳墙是广州风物之一，也是岭南建筑中比较独特而别致的工艺和人文景观。然而许多人都不清楚其具体来历，实则在唐朝已有记录，如唐刘恂《岭表异录》中说："卢循背据广州，既败，余党奔入海岛野居，惟食蚝蛎，垒壳为墙壁。"明代到过岭南的学者官员的笔记里也常见到蚝壳为墙的文字。清初著名学者屈大均对蚝墙进行了更仔细的考证，在其著作《广东新语》中载："蚝，咸水所结……以其壳垒墙，高至五六丈不仆……番禺茭塘村多蚝……居人墙屋率以蚝壳为之。一望皓然。"

在建造房屋时，更有传说用生蚝壳拌上黄泥，加入红糖、蒸熟的糯米，一层层堆砌起来，不仅具有隔音效果，而且冬暖夏凉，不积雨水，不怕虫蛀，坚固耐用，十分适合岭南的气候。此外，蚝壳墙凹凸不平，阳光斜射在墙面上，亦极具线条感和雕塑感。那时候，蚝壳墙多半出现在众人景仰的祠堂，或是有钱人家的宅院里。之所以被大户人家格外青睐，除了以上的原因，还因为蚝壳墙具有防盗功能。以蚝壳垒墙，外松内紧，同时壳边锋利，若有盗贼欲攀墙入内，必割得他损手烂脚。

也有人说，蚝壳墙被拿来作祠堂的墙壁，寄寓着渔民祈求出海平安的愿望。别处的蚝壳墙因为年久失修，剥落甚至损害到内墙，但两塘公祠的蚝壳墙，不但没有剥落的迹象，那些蚝壳反而逐渐变得如同化石一般坚硬密实。整面墙横平竖直，既有蚝壳的棱角，又不失精致工整。这经数百年风吹雨打却屹立不倒的蚝壳墙，承载着历史的风霜，成为岭南蚝文化的最佳见证者。

显宗祠

显宗祠又名凝德堂，亦被村民们称为"桥头祠"， 是大岭村陈氏九世祖祠。始建于明嘉靖年间，清乾隆辛酉年（1741年）进行重修，迄今已有480多年历史。总占地面积1632平方米，坐东朝西，前临大岭涌，为三楹三进两天井结构。沿着那条贯穿全村的玉带河往里走，就能和她不期而遇。

显宗祠

祠门横匾上“显宗祠”三字由明巡按御史王命璇题词。王命璇是福建人，曾任广东新会县知县、陕西道御史等职，因政绩卓著，被提拔为广东巡按。

头门为四层莲花斗拱，硬山脊，饰以灰雕。斗拱是中华古代建筑中特有的形制，是较大建筑物的柱和屋顶之间的过渡部分。其功用在于承受上部支出的屋檐，将其重量或直接集中到柱上，或间接的先纳至额枋上再转到柱上。一般情况下，非常重要或带纪念性的建筑物，才设置斗拱。显宗祠头门设置莲花斗拱，可见其重要性。莲花具出淤泥而不染的圣洁性，并且花死根不死，来年又生，象征人死魂不灭，世代佑护，由此足见大岭村先祖对子孙浓浓的关爱之情。

此外，显宗祠简洁的人字形山墙上还饰有砖雕。正门左右各有一个雕花石鼓墩。在古时，一般富贵之家才可能用雕花的石鼓墩。显宗祠的石鼓墩却不仅雕花，其上甚至还刻有两个罕见的西洋儿童像。但见他们抱着金元宝，垂卷发、着紧身衣、束马裤、穿高皮靴、佩长剑。据村中老人介绍，早在明代，村里已有人在朝廷任礼部官员，负责接待外国使节，返乡时就在祠堂外立了“送财洋童子” 的石墩。

自抗日战争爆发后，广游二支队司令吴勤通过大岭村俊杰社社长陈超，在显宗祠前召开村民大会动员抗日救国，发出《告珠江三角洲敌后同胞书》，提出“抗战、团结、爱民”三大口号，点燃了大岭村抗日救国烈火。1940年1月，抗日游击队进驻大岭村，以祠堂办学为掩护开展抗日活动。显宗祠至新中国成立后仍作村办小学，直到20世纪80年代初才新建小学校，祠堂现作老年人活动中心。

除上述宗祠外，大岭村还建有朝列大夫陈公祠、进士公祠、佑江公祠、近湾公祠等等。这些宗祠，迄今也有数百年历史，是大岭的根，大岭的魂。

三还庙

三还庙

内供奉南海龙王洪圣公、天后、文武二帝、观音、锦帛星君等。直到现在，大岭村还有串村拜洪圣公的民俗。在20世纪50年代，三还庙曾被拆除作为他用，1992年，乡亲捐资进行了重建。三还庙前香烟袅袅，自有一种肃穆神圣之感。

大魁阁塔

大魁阁塔又称“文昌阁”，坐落在大岭村龙津桥南侧，前临玉带河。建于清光绪十年（1884年），斥资1700余两白银。平面呈六角形，高20.65米，双隅水磨青砖墙体，远望犹如一支“文笔”耸立，再加上旁边一口鱼塘状似墨砚，有云“大魁阁塔似笔，倒写天上文章”。

传统风水认为：大岭村为纸，大魁阁塔和近旁的鱼塘为笔和砚，玉带河之水为墨，此正是文人所必须之“文房四宝”。而从大岭历来人才辈出的情况看来，大魁阁功不可没。

大魁阁塔塔刹竖一绿色琉璃宝葫芦。其用意何在？原来，葫芦是福、禄的谐音，含吉祥寓意。塔内属塔膛内折上式，各层均铺设木质楼板，有木梯盘旋可上。其上的灰雕也是其一大特色。虽然经历了120多年的风吹日晒雨淋，但所绘龙凤、锦鲤仍栩栩如生，令人称绝。

第三层开六角形石框窗，镶石额刻“日月齐光”四字，由清同治十年（1871年）状元梁耀枢亲笔书写。第二层开竖长方形石框窗，镶石额刻“司令司忠”四字，由清道光三十年（1850年）榜眼许其光亲笔书写。底层门上镶花岗石额刻“作镇菩山”四个阴文正楷大字，由清咸丰九年（1859年）探花李文田题写。

大魁阁塔首层门口两旁，逢年过节都要贴出一副对联：“奎壁辉煌昭宇宙；星光灿烂耀菩山。” 奎壁，是二十八宿中奎宿与壁宿的并称。据说此二宿主文运，所以人们常用来比喻文苑。由此亦可见大岭村人崇文重道的传统，希望培育出更多的像题写留墨的梁耀枢（状元）、许其光（榜眼）、李文田（探花）一样杰出的人才。

大魁阁塔

龙津桥

龙津桥

始建于清康熙年间，坐落在大魁阁塔旁，东西横跨玉带河。是由红色砂砾岩建成的一墩两孔拱桥，是番禺区现存最古老的石拱桥之一，也是大岭村的标志性景观之一。桥中央外侧刻有阳文草书“龙津”二字，飘逸奔放，苍劲有力。桥长28.2米，宽3.2米，东西引桥又分出一支向南引桥，长2.9米。桥墩两侧还有较少见的分水脊，既防止船只冲撞，又可减少水对桥体的冲击，结构十分科学。桥两侧石栏石柱上刻有莲花纹、八仙过海、鲤鱼跳龙门等浮雕，古朴生动，幽幽古香不自觉地弥漫出来。桥北侧一方还刻有作双手捧盘献品状的番奴像。番奴入像，可见当时岭南文化与西方文化的交流往来之繁盛。

龙津桥两侧都栽有大榕树，为过往行人提供了一方阴凉。漫步其上，石板声响，清风徐来，似乎是这斑驳的石板在诉说悠久的年岁故事。

而每年端午节，村民都会在龙津桥下争扒龙船，唐朝张建封写有《竞渡歌》，煞有气势：“鼓声三下红旗开，两龙跃出浮水来。棹影斡波飞万剑，鼓声劈浪鸣千雷。”

接龙桥

俗称白石新桥，始建于清同治年间，位于龙津桥以北约150米处，恰在玉带河的涌口位置。桥长20米，宽2.9米，跨度6.3米，一拱二墩，呈东北向横跨玉带河。

为什么取名接龙桥呢？原来，广东的龙舟活动一般分为起龙、探亲、赛龙舟和埋龙等环节。每年端午节，附近乡镇的龙舟都要相互探访，也就是所谓的“探亲”。而凡要进村探亲的龙船必经此桥才能进入村的中心地带，本村的父老也都会到这里来迎客，村内的龙舟陪着客船在玉带河上来回扒三次，因而得名接龙。

在这里一定要说一下石楼镇的龙舟文化。据屈大均在《广东新语》记载，自明崇祯丁丑年（1637年）以来，石楼就有了龙舟活动。岭南水网纵横的自然环境，源远流长的历史文化为龙舟活动的发展提供了有利的条件，而石楼龙舟正是这其中旖旎迷人的一道风景线。**龙舟竞渡是大岭村民喜闻乐见的传统活动，村内至今仍有歌谣如“龙船打龙鼓，咚咚响，响咚咚，江边看龙舟，口中吃住[1]粽”等流传。**

注：

① 吃住：粤语，吃着。

“贞寿之门”石牌坊

建于清光绪十九年（1893年），位于大岭村北往荔枝岗转角路边，是番禺区内现存牌坊中较完整的一个。牌坊坐北向南，四柱三间三门楼，由花岗岩白麻石构成。明楼为歇山顶结构，次楼为硬山顶结构。正中门上石横匾刻阳文正楷“贞寿之门”四字，落款“光绪癸巳年秋”，横额上正中刻“圣旨”二字。左门横匾刻“同享”，右门刻“百龄”，中间两柱正反面皆刻有对联。

牌坊是因官至文林郎的陈达华妻蔡氏、妾冼氏二人守节，抚养儿子成名，并且都寿长百岁而立。清朝时文林郎为正七品文散官，如此知陈达华在大岭村诸文人中并不算大名气，但他居住的大岭西约的一条‘里’，却因二妻的守节，皇帝下旨改名为“百岁里”而留名百世。

贞寿之门

白石街

大岭村共有五条白石街，建于清光绪二十三年(1897年)，建筑耗银1200余两，第二年秋季建成。上街由五板白石砌成，全长400余米，下街并筑堤630余米。

经过岁月的洗礼和世人的踩踏，白石街处处流露出历史的沧桑。把心事全部放下，轻轻地行走于白石街，常常会在走过几间古老砖屋后，不经意的一抬头，哦，某些老房的屋顶上开满了许多橘红色的野花。白墙黑顶蓝天，还有橘红花，安静，沉寂，却不乏生机，构成了一幅绝美而朴实的图景……轻轻地来，轻轻地走，不吵醒大岭沉睡的古白石街。

菩山第一泉

菩山第一泉位于大岭村后菩山东北方山脚下，是自然的沙滤山泉，水质清冽。过去的富户人家或文人多拿来烹茶，茶味甘香。清光绪十七年(1891年)辛卯科进士陈维湘在山泉旁岩石上题字刻石，称此泉为“菩山第一泉”，因而得名。岩石的石刻字迹至今保留完好。

沙井气

建于清乾隆丁酉年(1777年)，位于大岭颖源里内。沙井用白麻石砌成，井深3.3米，水深约2.5米，井水源源不断，取之不尽，可供附近几十户人家饮用。因水出如气，故名“沙井气”。

这里的井水水质清澈，泡茶甘香。用沙井气的水煮饭，隔夜也不会变质。

菩山第一泉

故事传说

大岭村有两条明星级的龙舟——“白桡”和“黑桡”。

“白桡”又称“白须公”，船如其名，龙船全身都是白色：桡是白色的，百足旗、帮口是白色的，甚至连龙须也是白色的，颇有一股仙风道骨的味道，可是它扒起来却是箭一般快。每次出赛，都为大岭村赢得不少荣誉。当地儿歌有唱：“大岭白须公，响起锣鼓会飞冲。”

而“黑桡”最具传奇色彩。相传有一年，大岭的“白桡”龙船到海角红楼“趁景”（“趁景”指端午节期间的某日，各村落的村民划上本村的龙舟，到有宗亲或朋友关系的村庄互相探访）。“白桡”回程途中，顺便到有亲戚关系的岑村“趁景”。但是左等右等，岑村的龙船就是没出现。后来问了才知道，岑村有一条龙船，本来好好的，最近几年不是漏水便是沉船，每次龙船节都是大煞风景。找了很多师傅来看，也不知道什么原因。只好让它沉睡在淤泥里。没有龙船扒，大家到了过节时也就意兴阑珊。正在失望之时，岑村的一位老者说，岑村的“岑”与“沉”是谐音。可能正因为这样，龙船才浮不起来。大岭又称为菩山，“菩”和“浮”也是谐音。也许龙船到了菩山就不会漏水沉船哩，便提议要把这条长埋的龙船送给大岭村。

大家赞同，于是挑了一个黄道吉日，大岭便把龙船迎到了村里。由于龙船的船桡是黑色的，所以取名“黑桡”。说来也怪，龙船到了大岭后，真的没有再漏水沉船，而且速度飞快，成为大岭响当当的名船。看来大岭真是一块龙船福地。

大岭村的历史文物景点主要集中在村头、村中、村尾三个点上，有关部门已经把东起上村、西至西约、南至大岭小学、北至社围共9000平方米的古村落区划为保护区。作为全国历史文化名村之一的大岭村，正向世人揭开她美丽的面纱。

交通：

背包族：从广州市区坐地铁三号线到番禺市桥站，再步行10分钟左右到市桥客运站，转班车前往大岭村，或坐车到番禺客运站，搭乘前往莲花山的公交车，在大岭村路口下车。

自驾车：从洛溪大桥或华南快速干线到迎宾路，转向石碁镇方向，再到石楼镇，向着莲花山的方向，途中可看到大岭村的路牌。

美食：

龙津桥头大魁塔脚下有村民开设的大排档，平均每人14元可品尝到一流的农家菜，推荐菜式有白灼本地麻虾、凉瓜炒天丁鱼、清蒸青肉蟹、脆皮吊烧家乡鸡等。

（本文执笔：肖俊玲）

蓢草地　水云边

——广州市花都区炭步镇塱头村

古村概貌

塱头村位于广州市花都区西南面2公里处，分塱东、塱中和塱西三社，村前地坪宽阔，地坪上有3口古井及3口半月形水塘，面积约3.5万平方米。塘基种满荔枝树、龙眼树和榕树，与村头、村尾、村后数棵参天古榕和木棉树环抱村子。现全村人口3000多人，为黄姓族人聚落，从元立村至今已600余年。古村现存200多座古建筑，是广州地区少有的风景优美、人文底蕴丰厚的岭南古村落。

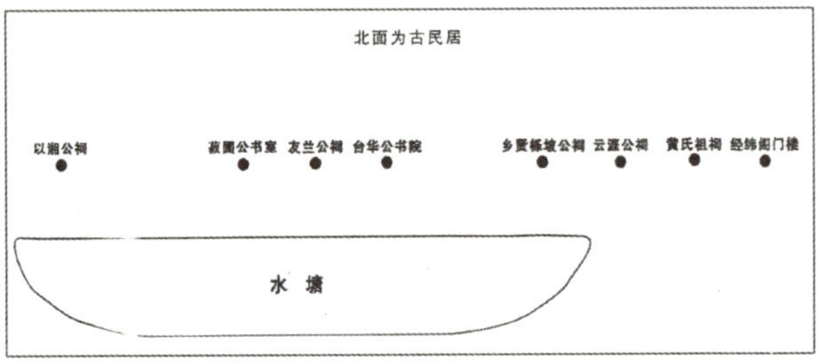

塱西社平面图

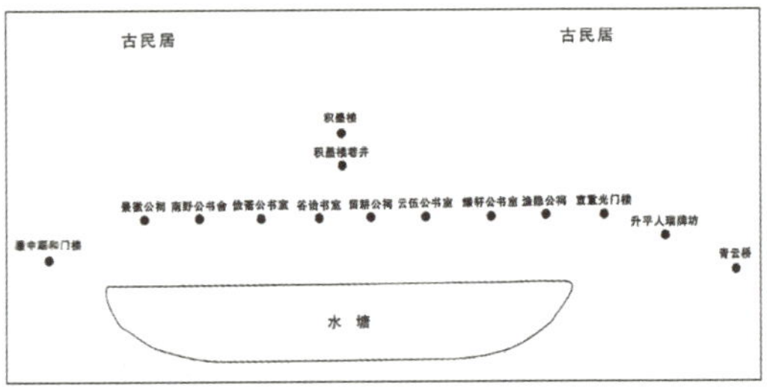

塱中社、塱东社平面图

村民奉黄居正为始祖，他生于北宋末年，娶妻米氏，宋孝宗淳熙二年（1175年）钦点为武状元，官至吏部侍郎，后来升任礼部尚书。他为官清廉，秉公办事，刚直不阿，后被奸臣陷害，举家到南雄珠玑巷避难。此后族人又从南雄珠玑巷迁至广东各地，开支散叶，至第七世祖黄仕明迁至广州花都此地立村。

以上的寥寥数语无法表达当时先民们迁徙的漫长与艰辛，被广东黄氏尊为太婆的米氏曾写有一首诗说明了当时的艰难："骏马堂堂出异疆，任从随处立纲常。年深外境犹吾境，日久他乡即故乡。朝夕莫忘亲命语，晨昏须荐祖宗香。但愿苍天重庇佑，三七男儿永炽昌。"这首励志诗被视为黄氏祖训传家的经典之作，传唱至今。塱头村的老人回忆，旧时书室的老师都要教学生背诵这首诗，学生无论到村里哪一家，只要背得这首诗，这家人就要请他吃饭。而村里历来重视耕读，文风蔚然，村里的书院、书室竟达24座。据族谱记载，还出过进士15人、举人10名、秀才15名。

芦苇荡，水云边上的塱头村

走进塱头村，最让人震撼的是那规模宏大的古建筑群，岁月的洗礼没有让它容颜憔悴，青砖石板依然打磨细致，石雕灰塑依然精美，封火山墙依然高耸，门上模糊不清的门神依然护佑着子子孙孙。

这些建筑静穆不言，它们曾经和祖辈们同呼吸共命运，见多见惯了风风雨雨，青砖上的坑洼就是这岁月的痕迹。那么，我们也静静的坐下来吧。徜徉在这条条写满吉祥祝福的小巷：永福里、兴仁里、安居里、泰宁里，读读那古朴文雅的祠堂对联："贻谋思旧德；继述溯新源"、"厚德载福；和气致祥"、"韦布承先志；簪缨启后人"……村内古榕参天，池塘水暖，鹅群浮水。大榕树下的石板凳上，总会坐着几个老人，缓缓吸着水烟，聊着些遥远的故事。夕阳落下时，炊烟从屋后袅袅升起，鸟儿从天边欢叫着飞回，小道上不时有村民卷着裤脚扛起锄头，悠闲地牵着耕牛归来，走过那些古建筑时，两者重叠在一起，似乎走过了一个又一个年轮。

塱头村的建筑坐北朝南，布局规整，村面建筑保存较好，规模宏大，建筑占地6万多平方米。现保存完整的明清年代青砖建筑有200多座，其中祠堂、书室、书院共有34座，炮楼、门楼共3座，其余多为民宅。

能保存得如此完善和工整，相传与村中十一世祖黄宗善的高瞻远瞩有关。他认为塱头村必定人口增多，因此要有规划地建屋，并且提出利用北高南低、背岗临水的地理，分西、中、东三社，以方便分房族的管理，临水前排以"黄氏祖祠"为居中，两边建宗祠、书院、书屋，其后建设民居，房屋与房屋之间间隔合理，呈梳式布局，巷道前面设木闸，具有防盗功能……

如今站在高处看塱头村的民居，但见飞檐翘角层层叠叠，巷陌山墙错落有致，实在喟叹，古人的规划智慧让现代人惭愧！

旗杆夹，记载着父辈的荣耀

绿树村边绕

古村水暖

塱西社村面

黄氏祖祠

黄氏祖祠

雀替

位于塱头村塱西社。供奉黄氏十一世祖黄宗善（1349—1404年），在新中国成立后曾长期作村小学校址。始建年代不详，清同治十年（1871年）重建。坐北朝南，三间三进，建筑占地682平方米。

未走进去，首先便看到石门额上题写有阴刻的“黄氏祖祠”四个大字，落款阴刻“同治岁次辛未（1871年）夏月谷旦鼎建”。谷旦指晴朗美好的日子，祖祠的雕饰精良，走上台阶，便可见前廊梁架雕刻的木雕，饰以戏曲人物、瑞兽、花鸟，琳琅满目，叹为观止。

友兰公祠

位于塱头村塱西社。始建年代不详，清嘉庆六年（1801年）、民国十六年（1927年）重修。坐北朝南，三间三进，建筑占地502平方米，供奉十五世祖黄学基（1468—1529年），号友兰，为乡贤黄皞的长子。大门门额阳刻“友兰公祠”，门前地坪宽阔，有一口半月形水塘，水塘边竖有旗杆夹两对，分别为咸丰元年（1851年）辛亥恩科乡试第五名副榜黄湛莹、咸丰三年（1853年）癸丑恩科考选第一名贡生黄庭槐所立。

到友兰公祠要看封檐上的图案。但见封檐板木刻成绸带状，雕工精细，题材广泛，多是谐音吉祥的虫鸟花草，如“宝鸭穿莲”刻一对鸭子在莲花中游玩嬉戏，鸭字旁有甲字，而甲字自古即有考中之意，再配上荷叶或莲花，寓意“状元及第”和“有考有中”或“有考必中”之意。而广东话中，“宝鸭穿莲”还可生动地解释为“饱啊全年”，祈福一年都能吃得饱饱的！“雀鹿图”画面上雕刻的飞雀和梅花鹿，取“爵禄”的谐音，表达了做官富贵。其余如鱼蟹丰收、蝶恋花、兰花、葡萄等都含有丰富的吉祥意思。这聪明的民间工匠们在图案之间还刻上了许多名人诗句，如唐代诗人王之涣的《登鹳雀楼》，李白的《朝发白帝城》、《庐山谣》，刘禹锡的《陋室铭》等。慢慢踩着那些古

塱西社前排的台华公书院

老的石条，空旷安静的祠堂不时还回响着你的脚步声，清风也跟随着走进来，暖暖的阳光笼罩下，再轻轻的吟诵“眠琴绿阴，上有飞瀑”、“中庭地自树，梅鹤寒露乘；馨湿桂花（吟），夜月鸣永昼”等字句，是否能触动你，如同屋檐上诗词说的：“落花无言，人淡如菊”。

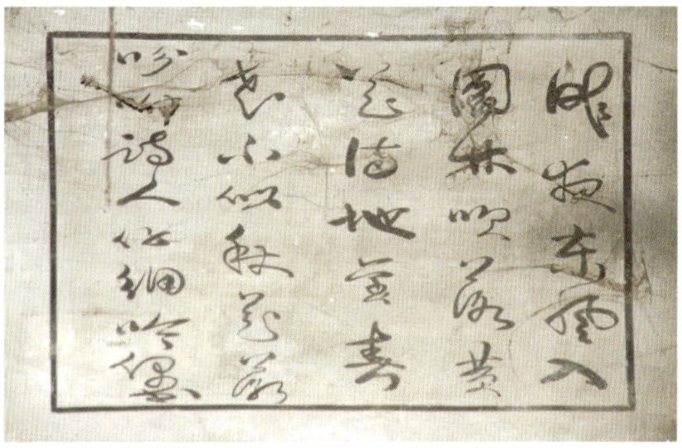

墙上的诗词

第二进便是极其少见的“接旨亭”，据传是黄皞和黄学准父子两人为接圣旨而建。亭内悬挂“芳徽克绍”木横匾，“芳徽”指美好，“克绍”指“能够继承”，总的意思指“继承先人的美德”。

接旨亭

谷诒书室的“诗礼传家”砖雕

谷诒书室

位于塱头村塱中社，为该村奉直大夫黄谷诒所建的书祠。建于清道光六年（1826年），1999年重修。坐北朝南，三间两进，建筑占地268平方米。石门额有绲边缠枝花草浮雕，中间阴刻“谷诒书室”，上款刻“道光丙戌（1826年）岁次”，下款刻“史官仲容敬书”。

全祠梁架、檩枋、木柱均为坤甸木料，花岗岩经水磨抛光处理，石雕、木雕、砖雕、灰塑、壁画等工艺精湛，保存较好。

积墨楼

位于塱头村塱东社积墨楼巷，建于清道光年间。共有8座建筑，坐北朝南，分两路，巷落间用花岗条石铺地，整整齐齐。

几座建筑，都有很强的防盗功能。以最北一座用于主人存放财物的房屋为例，嵌高2.2米的花岗岩石脚，夹墙再镶嵌花岗岩条石。大门为整块厚重结实的坤甸木板，门槛和门顶压条均为铸铁，门面镶嵌花岗岩条石，门夹厚达0.8米，趟栊和两边的插孔均包铁皮。如此重重设置，想必盗贼见到也搔首为难了。厅堂分为里外两进，以神龛相隔，神龛两层高，底层高2.3米，设计巧妙，在神龛可以看到厅门与天井看墙之间的一线天，檐底有花岗岩水槽接檐口雨水。

雨天来这积墨楼最有趣，雨水先踩着瓦顶，哗哗啦啦，滚入水槽再从檐口落下，淅淅沥沥，形成一道水珠帘，水珠落入青砖，这时又变成了滴滴答答的声音了。就着这动人的雨水乐章，取张凳子坐于古香古韵的厅内，读上一本书，偷取浮生半日闲。

博古脊，古老的印记

积墨楼巷井

位于积墨楼巷启裕公书室旁边。原为花岗岩条石铺地，现改铺混凝土地面。井圈石质细滑，井壁夯土，井深约8米。该井主要供给该巷居住的住户使用。相传古制八家一井，一口井养活多户人家，如此还被引申为人口聚居地、乡里、家宅等意思，一口井在乡里还具有打水灭火的功能。倘若夏日走到这里，别忘了打上一桶水，喝上一口，那井水依然清澈、甜润。

门楼

主要功能为防御匪盗打劫。塱头村所在地花都区，清时为花县，花县建县前，地处数县错壤之地，历来为山贼草寇呼啸之地，清《花县志》云：“（花县）皆崇山峻岭，乔木茂林，焚劫时闻，水陆交困，兵来贼遁，兵去贼来，剿抚无功。”后因地方官员上书力陈设县，最终于清康熙二十四年（1685年）设县，治安由此整顿，但多年的贼乱让该地百姓时刻警惕，如此建设的门楼有着极强的防御功能。

族谱记载塱头村曾有青砖门楼18座，如今只剩余6座。其中保存得比较好的有：位于塱西社东侧的经纬阁门楼、位于塱东社东侧的宣重光门楼，位于塱中社西侧的履中蹈和门楼。门楼所在的位置，多分布在村的东、西、北主要出入口，除南面水塘外，村外围还有青砖围墙连结，主要功能为防御匪盗打劫，楼高约9米，上下两层，下层有大门，可关闭；上层设有窗眼用于观望和射击。一遇匪盗来犯，守楼者立即鸣锣报讯，村中青壮年便迅速手执刀枪棍棒出来护村御敌。

经纬阁门楼

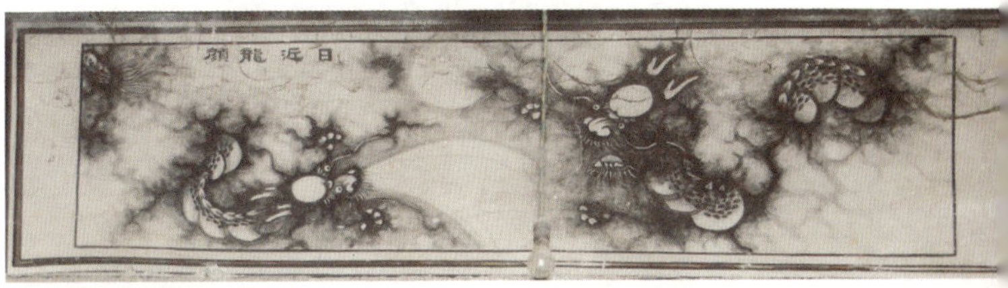

精美的壁画

积墨楼旁的巷道

中社、东社村面

有些门楼还有辟邪祈神的功能，如经纬阁门楼供奉有“魁星踢斗”神像，宣重光门楼首层供奉财帛星君菩萨和土地公、土地婆，两侧嵌花岗岩石门帘“财帛无私求庇佑；升君有道赐神恩”，履中蹈和门楼供奉二郎神。所有门楼门额均刻有许多词语文雅优美、耐人寻味的匾额，如“居仁由义”语出《孟子·尽心上》：“居仁由义，大人之事备矣。” 指内心要存仁，行事要循义；“履中蹈和”语出汉焦赣《易林蛊之兑》：“含和履中，国无灾殃。”指处事要公平公正，不急躁，同时又要以和为贵。“爽挹南薰”之爽挹大意指伴随明朗的风光，南薰亦作“南熏”，语出相传为虞舜所作的《南风》歌词：“南风之薰兮，可以解吾民之愠兮。”

青云桥

又名玉带桥，位于塱头村东侧鲤鱼涌。花县旧有“茶塘庙，塱头桥”之说，其中“塱头桥”即指青云桥。始建于明正德丁卯年（1507年），黄皞捐资修建。清道光五年（1825年）重修，光绪十九年（1893年）再次重修。青云桥原为红砂岩石桥，清代重修时改用花岗岩砌筑。桥面两侧有石栏杆，两端有十余级石阶。桥西侧嵌一石匾，阴刻“青云”两字，笔力苍劲，据传为黄皞手书。上款刻“前明乡贤栎坡公建”，下款刻“光绪癸巳（1893年）阖乡重修”。 1958年桥面改作渡槽。

道光五年（1825年）青云桥重修竣工之日，花县各地许多文人雅士慕名而来，拜铁汉公图像，以“重修青云桥”为题赋诗，勒石留纪，可惜碑石已毁，但诗文均刊于民国《花县志》，如名士利普有诗云：

丫山之麓横潭西，长虹宛水横天梯。淋漓大署青云题，往来道周相攀挤。此桥借问缘谁置？父老争传铁汉吏。京华供职廿余年，为忤权奸官遂弃。挂冠林下虽食穷，利物济人犹此衷。割鸡岂碍牛刀试，不忍病涉旋鸠工。三百年来石梁折，后人重踵前人辙。江水泱泱清且长，想见高风与亮节。有云此桥尚形胜，建之明年起参政。满门簪笏递延绵，皆视此桥作福命。公之高明古所无，用行舍藏忘荣枯。患得患失事游谬，而谓贤者为之乎？因之遇物觇负抱，小小设施皆大道。君不见白公水闸樊公渠，前贤岂为邀福造。

“升平人瑞”牌坊

自乾隆开始，清王朝开始在全国推行“优老之礼”，并逐步形成一套完整的制度——凡“百岁老民，赐银三十两，建坊里门，题以‘升平人瑞’四字。”升平人瑞指太平盛世人长寿的意思。

牌坊位于塱头村塱东社木棉树旁。建于清乾隆五十七年（1792年），坐北朝南，为三间四柱冲天式。花岗岩结构，高5.7米，明间门宽3.1米，次间门宽1.6米。石门额阴刻“昇平人瑞”，书法古朴端庄，苍劲有力，上款刻“乾隆壬子年（1792年）季冬吉旦”，下款刻“一百零三岁黄卓篪建坊”。石额顶上阴刻“圣旨”、“恩荣”，背面阳刻“百歲流芳”。牌坊柱下镶抱鼓石，柱上石狮柱头，以高浮雕、圆雕或透雕等手法雕刻有各式花纹，构思巧妙，雕工精致。

关于牌坊究竟是为谁所立，有一说是为本村十二世祖黄祯（字景祥，明进士）的夫人崔氏太婆所立。黄祯在30岁时染病身亡，当时崔氏才24岁，103岁终，79年间始终未再嫁。乾隆皇帝下旨立碑纪念，而黄卓篪只是建碑人。但考究清代典制，《清会典·礼部·仪制清吏司四》：“寿民给予‘昇平人瑞’字样，寿妇给予‘贞寿之门’字样。” 而清康熙四十二年(1703年)朝廷还曾颁文：“百岁老民给予‘升平人瑞’匾额，并给银建坊；节妇寿至百岁者，给予‘贞寿之门’匾额，仍给建坊银两。”如此，牌坊为黄卓篪所立。

村民黄显标老人（左一）在牌坊前讲解。他今年71岁，大家习惯叫他黄医生，从医院退休后，十多年间整理了塱头村许多历史文字，还常热心带进村者游览全村，是塱头村“明星级”的人物。

公祠一直被作为村里摆喜酒的地方

祭祖

除清明节拜祭外，因祠堂分房众多，各房逢初一、十五都会到各支祠堂拜祭。在重阳节时，还会会同远近黄姓拜祭第一世祖黄仕明的米氏太婆的衣冠冢；农历七月廿日拜祭黄仕明太公墓，因黄仕明是养鸭高手，村民便称这天为“吊鸭节”。塱头村民非常重视这些祭祖活动，族中男丁全体出动，先于宗祠祭拜，然后去“拜山”（扫墓），然后便在祠堂内分“祚肉”——一般指猪肉，“祚”作“福”的意思，指祖先荫福每一位子孙，广府有句歇后语“太公分猪肉——人人有份”，很通俗地解释了分“祚肉”的含义。

做寿

亦称“祝寿”。塱头村定每年七月二十一日，即始祖祭日第二天为全村60岁及以上老者集体做寿，在祖祠给他们大摆寿宴，并且分猪肉，60岁至69岁的每人1斤，70岁至79岁的每人2斤，如此往上推算增加数量。以往做集体寿宴时只有村里男丁可以参加，如今妇女也可以参加了，但分猪肉已取消，改为封利是（红包），日期也改在了重阳节。

分鱼

主要在年底干塘的时候分鱼给老人。最有趣的是，由此还创造了一道“鱼酱”名菜。据说，有次照常把鱼斩开给每人一份，但是却闹出矛盾来，原来鱼有大小，而且斩开之后，有些有头无尾，有些有尾无头，有的只有中间一段，连头尾都没有。这自然是不吉利的，于是有人建议干脆把鱼连骨带肉煮成酱，这样头尾都有了，为了保鲜和好吃，鱼酱中还拌入猪油和面豉，想不到这样的鱼酱味道甜美，非常好吃。此后塱头人祭祖或摆酒都离不开这道菜。

年初一的祖祠热闹非凡

舞狮

相传自明朝开始，塱头村的塱东社、塱西社、塱中社已设有各自的武馆，每年秋收后，各武馆在晚上教授武术和舞狮。逢每年年初一上午，舞狮队便聚到黄氏祖祠和庙宇前汇演，拜祭祖宗；年初二到各社互拜；年初三分别到邻村和镇上贺年，外村的狮子队也会到塱头村贺年，这样，连续十多日都会看到路上来来往往许多狮子队，他们还沿路燃放炮竹，相当热闹。

元宵节张灯、投灯和游灯

是日，家家户户都在厅堂里挂上灯笼，多数从初一挂到正月十五元宵节。投灯一般在正月十三到十四晚举行，村里庙前的广场上提前搭好灯棚，棚上挂上各式花灯如“主帅灯”、“宝莲灯”、“鲤鱼灯”等，数量每年不一定相同，一般有十八至二三十盏不等。投灯的钱会用于村里的公益事业。傍晚，在广场中摆上百多席酒菜，全村人集中大会餐后，便开始了精彩的投灯，主持人开始介绍花灯名称，并唱赞灯歌，赞美投得花灯会带来好运。如“主帅灯”唱道：

主帅正灯最吉利，光照人间好威风。
保佑得主兴家业，新年财运最亨通。

主持人一边唱赞歌，一边看台下，若有人举手投灯，便立即停口。此时就是此起彼伏的投灯的声音了，“我出一担谷”“我出两担”……如此轮番竞投，最后没有人加码，便宣布投得“主帅灯”的人名，等灯棚上所有的灯都投完，主持人又唱赞歌，感谢投灯得主做善事云云。投灯结束后，村民便敲起锣鼓，舞起醒狮，一些村民把庙里的菩萨抬出来，走在前面，随后是少年高举红灯笼，醒狮锣鼓队跟进，在村里各条巷道游行，游到各家门口时，主人家要燃放鞭炮表示欢迎。

第二天晚上还要舞狮送灯给花灯得主，最后舞狮队围着全村周游一圈，游灯才结束。

这种活动近几年已恢复起来，投灯以钞票为数码，不再用稻谷了，而且投灯者不限于本地人，外地人也可以投，无论多远第二天照样把花灯送到得主家。

书院古韵

黄仕明立村

为何叫塱头村？考究“塱”字的源头相当有趣：广东靠水边的地区一般长有莨草，实际上就是芦苇，而附近有小土岗的村庄，一般去掉草字头，加上土字底，演变成“塱”字，因在村口，故又叫“塱头”。村里口耳相传的“塱头村”的来历更多与他们的始祖黄仕明有关：

相传，塱头村的立村始祖黄仕明，他待人和善，勤耕节俭，初定居于炭步镇水云边（地名，后属塱头村）。当时水云边附近的新泰村地主，请了一风水先生看宝地迁居。这风水师看完地后，回到地主家已全身湿透，满身尘土，下人端水给他洗身换衣时，地主的老婆发现装水的水盒是她心爱的宝盒，便立即把水倒掉，收回宝盒。这风水师十分气愤，便不辞而别。此时风水师饥寒交迫，恰好走到水云边黄仕明家，上前敲门求助，黄仕明向来乐善好施，便热情招呼风水师。风水师感动不已，便告诉黄不远处郎溪头有块宝地，该地南有泽地，北有土岗，把房子建在岗头临水之边，迁居时将“郎”加“土”字为“塱”，去“溪”字留“头”字，称作“塱头村”，寓意“头啖汤”——第一个吃螃蟹的人，如此必将旺丁旺族。黄仕明闻后大喜，举家迁居到塱头。此前黄仕明只有一个独子黄朝俸，迁居后，黄朝俸生了四个男孩，这四子再生了十一子，子孙也勤耕苦读，不过五代便兴旺发达起来，人口近百，建屋数十座，垦田几百亩，成为远近闻名的大村。

黄皞

谈起黄皞，塱头村人无不引以为傲，更多为他为官时敢于抗争权势，正义直言。

黄皞字时雍，号栎坡，生于明代正统五年（1441年），于明代成化元年间（1465年）中进士，曾官至云南左参政、江西布政使司。正统年间宦官刘瑾权倾朝野，许多人趋之若鹜投靠，但黄皞却不屑一顾，由此得罪他及其党羽。旧《花县志·人物志》曾记述，有人借刘瑾权势，无中生有指责黄皞，黄严词辩正，后得知真相，“乃愧服，连呼‘铁汉吏’，民因称‘铁汉公’云”，民间还流传说连皇帝也拍其后背称赞他为“铁汉公”，传说自不可考证，但由此知黄皞以铮铮铁骨为时人景仰。

如此秉性刚直，自然不容于刘瑾等人，他们时刻借机会铲除黄皞。终于一次借口弹劾他任云南左参政时私自放粮赈灾，中饱私囊，由此黄皞被罢官贬归故里。实则当时云南恰遇天灾，民不聊生，黄急报朝廷开仓赈灾，但奏章被刘瑾故意压下，黄为救生民，毅然放粮。被贬后，黄皞便一心造福乡里，教育子孙。为村民出行方便，他出资于村东头河涌处兴建“青云桥”，而他家教甚严，七子中有五子科举中举，第五子黄学准效仿他也为民众做了许多好事，“七子五登科”、“父子两乡贤”的美誉流传至今。

不久，刘瑾事败，黄皞官复云南左参政，继续为国为民效劳。

据说黄皞平反后，官复云南左参政，皇帝还赐他一只木鹅带回家乡，准他将木鹅放到河中，漂流三天，漂流到哪里，那里两岸的田地草木都归他所有。黄皞心想若真的漂流三天，将占有非常多的耕地，他是心怜百姓之人，自然不愿意如此做，但圣旨难违，如何是好？他灵机一动，暗中找了个小孩潜水把木鹅引入到一口塘中停下，这才不至把大量土地占为己有。据传，这只木鹅曾被村民供奉在黄氏祖祠内，1951年土地改革时，已上缴给广东省土地改革委员会。

日之夕矣，牛羊下来

黄友

号谷诒，生于清乾隆四十二年（1777年），是塱头村二十二世祖，一生颇具传奇色彩。相传他年轻时以收购残旧铜铁为生，一次偶然拾到一袋白银，一次又意外在旱地挖到七瓮白银，从此他以这些银两做本，买地出租，加上勤勉耕耘，成为当时花县十大财主之一。但他在村中及花县里有相当的影响。他生有七子，均是刻苦读书之人，后有三子中进士，被人们赞誉为“七子三登科”。而据族谱记载，某年天旱，赤地千里，灾民流离失所，黄友带头捐款给朝廷赈灾，此举得到百姓称赞，由此被朝廷封为员外郎，奉直大夫。

访村手记

早上，沿着一条小泥路走进塱头村，那时太阳已经出来了，一路的尘土金黄，两边的禾苗青绿，杂草、小树，还有蚱蜢在两旁恣意地说着话，四五只蝴蝶飞了过去，开了花的芦苇长在池塘边上，几只燕子盘旋着飞过稻田，微风从两边徐徐吹来，那袖里还带着泥土的芬芳。

走着走着，后面“叮铃铃……”的铃声响起了，一位大婶戴着草帽扛着把锄头骑着自行车过来了，我们让到路两边。我说：“早啊！”她说：“是啊，要去开水堤灌田咯。”

进到塱东社，看到祠堂前面的榕树下，村民们把一些早年从废弃古屋拆下来的石板做成了条凳，冰凉的石板上还留有先人刻的字，那些字早就模糊不清了，不知道哪一年放在榕树下成了石板，也不知道什么时候刻的字。我们就躺在它们的上面，就这样触摸着先人的体温，村民一直这样生活着。为什么要搬回去，洗得干干净净，放得四平八稳，让汹涌而来的游客们喧哗着围着，像看动物园的猴子一样？许多人都忘了，那些先人的体温。

旅游攻略

交通：

背包族

1. 广州坐车到花都区新华街→新华客运站（秀全大道8号，广州火车站北站附近）坐车到炭步镇→ 打摩的（4元左右）或包车到塱头村。

2. 广州从市客运站坐621直接到炭步汽车站，到达后就地转坐摩托车到村。

自驾车

1. 广州北二环→西二环，炭步出口。炭步出口下来便是炭步镇，公路下来左拐向镇中心方向走，走不到一公里，便可看到高架横跨公路的黄色运输带（当地人称皮带廊），左拐，沿着皮带廊下的公路走几百米就能到达塱头村。

2. 机场高速（太成出口）→迎宾大道→红棉大道→风神大道（炭步方向）。

3. 东风路（内环路）→增槎路→广清高速（新华出口）→风神大道（炭步方向）。

塱头村东面一棵高大的木棉树，据说为十一世祖黄宗善种下，距今已有六百多年。

（本文执笔：陈周起　陈棣生）

珠玑留厚泽　荫底肇鸿基
——江门市蓬江区棠下镇良溪村

古村概貌

罗贵南迁

良溪村，位于江门市蓬江区棠下镇，自先祖罗贵携90多户人家迁徙至此地已有800多年历史。村旁的天沙河从观音帐山峰流出雅瑶后，一路跌跌撞撞地流过村庄，流入的河水被低矮的山脉分割，部分留在了肥沃的农田，成为喂养村民的甘泉。

良溪和罗贵的故事，其实是从北宋开始的。

话说北宋年间，有一著名的开国功臣罗彦环。江山大定，罗彦环得官国军节度使、镇国节度使。但也就是这位大功臣，就在此时带着一家老小上百口，南行三千里，从河南开封祥符迁到了珠玑巷。原来曾在战场上披荆斩棘的罗彦环，害怕"狡兔死"良狗烹的故事会在他们身上重演，所以那场看似波澜壮阔的迁徙，内里埋藏着万般无奈。珠玑巷罗氏家族，即在南雄珠玑巷开家立业，买田甚广。难怪时至今日，仍保留有"上罗田""罗田"和罗氏兴建的水陂头水利措施如"罗陂"等地名存在。但族谱上的记载，却与罗氏一门在珠玑巷留下的深刻印记截然相反，它轻描淡写地为迁徙留下了一句话："公分自河南汴州，乃南雄珠玑始祖，佐太祖开国功臣。"背后的辛酸和微妙的关系，兴许只能在儿孙们的午夜私语中被轻轻提起，这当中，便有罗贵。

天沙河，在罗贵还是孩童时候，便在他脚边流淌，罗贵对它实在太熟悉了。作为罗彦环的第七代孙，罗贵并没想到，自己的先祖当初南行三千里，从河南开封祥符迁至珠玑巷，而在若干年后，他罗贵又得带着36姓98户人家再度南迁。不同的是，罗氏族谱上为他们的又一次迁徙，留下了自相矛盾的记载。据罗氏各谱所载，罗贵南迁原因有两个，而民间流传最广的，莫过于"苏妃之祸"了。

村舍俨然，镇北楼矗立村尾，但良溪人的脚步早已遍布世界

苏妃之祸

话说南雄府始兴县牛田坊有一富民名为黄贮万，专做运送粮食到京城的生意。那天，黄贮万一如既往地把船驶到关口市湾的码头停泊，准备杀鸡还神，却看到有一个脏兮兮的女子下船来向他乞食，不经意间，黄贮万发现这名女子其实有沉鱼落雁之容，心中不由暗喜，正要慢慢试探，那女子饿得发慌，已毫不顾忌地钻入船中。就这样，黄贮万把这名天上掉下来的美人立为宠妾，改姓张。不久，一纸皇榜传入了南雄：皇上丢了个妃子。这对南雄百姓来说，不过是茶余饭后的笑资，但黄贮万心里却起了波澜：自己的宠妾到底是何人？

在质问之下，这女子只好向黄贮万和盘托出。话说，这南宋年间出了位貌比天仙的苏妃，宋帝对她是宠爱有加，事事迁就。无奈这女子水性杨花，而贵为天子，宫中虽然有应接不暇的春色满园，心底到底容不下出墙的红杏。于是，苏妃贪淫事败，打入冷宫。往日门庭熙攘，今日门可罗雀。苏妃的心中更不是滋味，枉费这倾国倾城貌，难道要在宫墙之中郁郁而终？这心眼儿多多的妃子一气之下，便使了个诈，趁机逃出宫。这一路风吹雨打，蓬头垢面，甚至光着脚丫子在路上行走，这任谁都无法猜到，这就是昔日珠光宝气得万千宠幸的苏妃。

黄贮万听后，心中又惊又怕，想不到家中供着位娘娘，眼下只得让苏妃严守秘密，否则全家性命难保。这以后平安地过了几年，突然从朝廷传出风声，兵部尚书张英贵正往南雄赶来。原来这黄府出了个叛奴，将苏妃的事情供到官府里去了，这张英贵正是当年彻查南雄，却找不到隐藏在黄府之中的苏妃的那个倒霉蛋。这风声从身为朝官的罗家姑爷乔辉口中，传到了身处珠玑巷的罗贵耳朵里，罗贵当机立断，让家人上报迁徙。珠玑巷居民98家，通了声气，收拾行装，大家众口对外，就说是发现南方的乐土：“自祖传闻南方烟瘴，土广人疏，必有乐土可居。大家向南而去，但遇安处，冈山融结，田野宽平，又无势要之处，众相开辟住址，朝夕相见，仍如今日，于是签名团词赴县。首名罗贵，会签98人，蒙县批准，立文弘案准续向南而去。”至于苏妃一祸的牵连，自然也与罗氏及尾随的97户人家无关。

当然，这天仙苏妃只不过是个传说，是民间对迁徙流民的种种美妙臆想，罗贵迁徙的主因，另有说法。

另择良地

东莞英村《罗氏族谱》、罗氏手抄本《赴始兴县告案迁徙词》中记载：“为天灾地劫，民不堪命，十存四五，忧虑难周，及今奉旨颁行取土筑作寨所，严限批行，下民莫敢不遵，贵等思得近处无地堪迁徙。远闻南方烟瘴地面，土广人稀，田多山少，堪辟住址，未敢擅自迁移，今备签九十七名，历情赴大人阶下，俯乞立案批给文引，经渡关津岸陆，俾得路引迁移，有地安生，戴恩上词。”

南雄是罗彦环选择的归属地，但它不是天堂。这片位于广东、江西边区的小地方，本来就是山多田少。而珠玑巷一带小平原虽然已经号称当地粮仓，但附近都是由红色砂页岩构成的台地。这种红岩石岩性很弱，晒不得也淋不得。只要稍微晒热就会自动裂成小块。而一旦遭遇雨水，轻轻松松就被冲入平地，成为黄泥水，淹没附近的坑田、垌田。因此，遍布南雄周遭的这些台地、丘陵，实际就是水土流失的重灾区，易旱易涝，南雄盆地这“天灾地劫”的情况，定然是匆忙逃难而来的罗彦环所始料不及的，珠玑巷原来并非安乐土。

就在罗贵南迁的南宋初年，兴许又是雨水不宜，据《南雄县志》所载，绍兴元年(1131年)，宜章县民李冬至二起事(二月)，八月又有张忠、邓庆、刘庞、刘军等起义。迁徙诚然并非天灾而已，人祸才是主要原因。

这是罗氏南迁的主因。因为上级行文迫迁，“严限批行”，而附近又无地可迁，所以不得不再次南下。再次举家迁徙，并非一时意气。罗贵他们知道珠江三角洲地广人稀，“必有好处”，如他的堂兄弟（伯父锦章、锦源之子），都早就迁往南方三角洲区了。

从良溪开散到东莞的罗氏子孙是这样描绘当日情景的："珠玑里居民九十七家，贵祖密相通透，周集商议，以南方烟瘴地面，土广人稀，必有好处，大家向南而往，但遇是处江山融结，田野宽平，及无势恶把持之处，众相开辟基址，共结婚姻，朝夕相见，仍如今日之故乡也。众议而相语曰：'今日之行，非贵公之力，无以逃生……如戴天日，后见公子孙，如瞻日月。'九十七人即相誓曰：'吾等五十八村，居民亿万之众，而予等独藉公之恩，得赖逃生，何以相报？异日倘获公之福，得遇沃垠之地土，分居安插之后，各姓子孙，贫富不一，富者建祠奉祀，贫者同堂共餐，各沾贵公之泽，万代永不相忘也。世世相好，无相害也。'即签名团词赴县陈告，准立文案文引。乃赴府告准案结引，立号编甲，陆续向南而行。所有案卷文引，备列于后，绍兴元年仲冬望后志。"（引自《东莞英村罗氏族谱》）

由罗贵勾勒的这么一幅优美的蓝图，信誓旦旦的同患难共富贵，从这坚定意志的说法中，可窥见的却是隐藏在背后的种种急迫：天灾连连，民乱殃及，官府催压。未知的南边，是否真的有可以安居乐业之地呢？可能连罗贵自己都没有想到，良溪那一方水土，便是他最后落脚的地方了。

罗贵墓

站在罗贵墓旁，仍可透过峦峦青山，看到远处流淌着的天沙河。那是在良溪村东凤凰山的半山腰上，又名苍下凤山。秋风阵阵，根根发黄的松针簌簌地落满了上山的小径。这方祖墓从村道上的五部堂看过去，不过是一出小小的坟头。当你穿过山间由后人们开辟的幽远小径，才发现这块占地110平方米的古墓原来并不简单。墓呈圆形，花岗岩砌后壁三层，墓两旁有高起的墓手，分别刻石狮一只。墓前置祭台，祭台两侧有石砌台阶通道。墓碑位于墓堂内，黑青石质，顶部用花岗岩浮雕祥云托月纹样，碑文为竖刻阴文楷书，正中书"始祖墓"。周边遍植松柏，风过而动。祖墓初看上去朴实无华，虽然在1992年重新修葺过，但却整旧如旧，不事奢华。据说文革期间，古墓的许多石头被拆走用以盖生产队的房子，重修的时候，又一块块找了回来，所以这里的石头绝大部分是原来的。

站在墓前极目远眺，惊觉一片良田青山就在眼前，一览无遗。选址的儿孙，肯定希望罗家的先祖贵公，安谧自然地立于墓前，观视着罗家的后裔，安居良溪，走出良溪，反观自己身处的村落，一种被庇护的感觉油然而生。即使远在他乡的游子，恐怕也是被这先祖挂念着的吧。

自20世纪90年代后，前来祭拜罗贵墓的人越来越多，最多的时候多达 4 万人。

良溪清明扫墓盛况

罗氏大宗祠

清明这一天，也是良溪最大的祠堂——罗氏大宗祠一年之中最热闹的一天。大宗祠为砖木结构，广三路，深三进，一式硬山顶，显得平实、厚重而又大气。宗祠建筑面积1370平方米。中路为宗祠的主要建筑，建筑均为单檐硬山顶。船型屋脊，青瓦盖顶。雕梁画栋，翘角飞檐，砖雕、灰塑、彩画、石刻和木雕随处可见；站在罗氏大宗祠门口，扑面而来的就是“珠玑留厚泽，荫底肇鸿基”的对联，言简意赅地点出了前后珠玑巷的关系。最后一进的山墙上，从上到下一口气24个字的长对联，则有力地印证了“良溪村是继南雄珠玑巷后中原文化与岭南文化、海外文化交接的一个重要中转站”的学术观点。对联写道：

发迹珠玑，首领冯、黄、陈、麦、陆诸姓九十七人，历险济艰尝独任；

开基荫底，分居广、肇、惠、韶、潮各郡万千百世，支流别派尽同源。

在罗氏大宗祠主厅当中，悬挂着罗贵夫妇的画像，下面密密麻麻摆放着罗氏27个支派所立的牌位。据良溪人说，只有县以上的牌位才放在了祖祠中，如果以村为单位立牌位，早摆不下了。

听涛别墅

在良溪村，有一大排屋舍，计有20多间，俨然成了村中之村，人们一直记着那房屋的旧主人——罗念生。不过现在全为外人所有，且大部分都已拆掉重建。随意踱步入屋，可见门前的天阶全部用花岗石铺设，大门用名贵木材做成，屋檐下有精美的木刻和灰塑，横门外以前是鱼塘和花园，当时的气派可见一斑，可惜如今已破败不堪。

守屋的是一对老夫妇，与世隔绝多年的他们似乎对来人并不热情，也许真的是外人的步伐侵扰了他们平静的生活。这其实就是良溪人的生活状态。外头的风光似乎并没有为良溪带来天翻地覆的变化，除了在外打工的年轻人，留下的老人们依旧过着日出而作日落而息的悠闲生活。

有着翘角飞檐的宗祠保存了南方特有的建筑风格

五部堂

今日的良溪，迁徙的故事仿佛已与他们无关，比起罗贵墓，他们去得更多的，或许是村中的庙宇小寺，或是议事的祖庙，如五部堂。

五部堂与罗氏大宗祠在地理位置上呈对角之势，守护着良溪村的另一个村口。堂内分为正厅、东厅、西厅和两个庑廊，庙堂的前面是一块花岗石地堂，左右两边各竖有一支约5米高的花岗石华表，华表顶端是一只石狮子（或貔貅）。花岗石地塘的前面是一个荷花池。五部堂的地台大大高出邻近的民房和前面的空地，难道是怕水浸？还是就着山势而建得这么高？古有云，居庙堂之高则忧其君，庙堂的最高级别是九级（九五之尊），低一点的是五级，最低的是三级。五部堂乃九级台阶，且庙前竖有华表，而多数庙宇只有旗杆，由此可知五部堂的尊贵。五部堂始建于何时，无人知道，但从庙内石碑上所刻的文字得知，它经过康熙三十八年（1699年）重建、乾隆四十二年（1777年）重修、嘉庆十三年（1808年）重建。即使从最后一次重建算起，至今也有200年的历史了，可算得上是一座古老建筑。五部堂的东厅是议事厅，功能类似乡公所。过去，村内大事小事都来这里议决。原来，良溪村分为北约、东约、西约、首约，约内又分里。村内除罗姓之外，还有他姓，但凡本族祠堂老大、里长、约长处理不了的事情，便到这里来个公断，其职能就像今日的村民委员会一样，因此五部堂不但是宗教圣地，而且还是“衙门”重地。

1998年的《重修五部堂暨新建牌楼碑记》中清楚地写明，“五部堂乃良溪村罗、谢、叶、廖四姓之祖庙。”庙口立着两根华表式的汉白玉的柱子，上面的字迹表明，这是清嘉庆年间的遗迹。

五部堂内供奉着6尊神像：上元大仙、中元大仙、七手八脚大仙、赤脚大仙、观世音菩萨和龙殊菩萨，道教和佛教神仙共处一室。门口东厅对联则是典型的儒家风格：型仁讲让，敬老尊贤。中国传统文化儒释道三位一体的特征在这里得到了鲜明的体现。

在6尊大的神像前面，还摆着许多小神像，密密麻麻地挤满了神台。6尊神像也各有6个小神像，据称，每隔三年的正月十五，是这些神像出游的日子，小神像会代表大神像被请出，分别到良溪村下属的五个村子巡游和看大戏，保佑良溪村五谷丰登，风调雨顺。

五部堂门口左侧，是一个鼓架；右侧，是一个钟架。2009年大年初二，铸于乾隆年间的古钟不幸被盗，所以如今我们只看到空空如也的钟架。

牌坊树立在从罗氏宗祠到五部堂的路上，低调地诉说着旧事

梁真君庙

从五部堂往上走，穿过一条霸王花聚集和不知名野花盛开的古巷，路过几间用木板拼搭的古商铺，上行一个小山坡，即可看到“梁真君”三个大字的门楣，门楣之下居然飘着一纸“出入平安”，让人顿感良溪人之朴实。没有房子，只有简易的棚子被隔成两间，一边是梁真君的画像和旺盛的香火，一边则是村民转抄的各种醒世格言。这闻名而又破落的梁真君究竟是何许人也？

梁真君在村民的传说中实有其人。传说不知是何年何代，有位神秘老人翩然而至，向村民宣称自己追逐龙脉一路到此。这位老人到了良溪村后，发现此处人杰地灵，便不再前行，而是在良溪行医教书，保佑这方水土不受恶蛟侵害，也赢得村民的尊重。某年六月十三，老人自知大限已至，向村民要求留这一块地方作为自己的道场，但不求奢华。村民有感于老人对良溪的佐佑而从之，从此，这天便成为真君诞，也是良溪村民所认为的非常重要的祭拜活动。村里每有孩子到了入学年龄，也必然要去拜梁真君，据说拜过梁真君的孩子会格外聪明。想来这位梁真君，不知是哪个朝代的逃亡或隐居的高人。让罗氏后人感动的是，他像罗贵一样，把自己匆匆前行的步伐停留在良溪村这一方宝地。

一座小小的露天小庙，却不由得让人嗟叹在物欲横流的今天，对传统之“坚守”的难能可贵，而这在良溪人看来，却是生活的一部分，就像早上看到太阳，晚上望见星星一般简单而自然。

也许，也正是这份简单，让良溪留存着几百年的历史。村前开阔的池塘，环绕大半个村子的河涌，岸上巨大的古榕、高挺的红棉，无论走到何处，都能感觉到一份恬静。整个村成牛犄角形，整个村庄较好地利用了古代风水的理论。村中还有用麻石板铺砌的古巷，窄长而纵横交错，两旁是石基青砖屋古民居，多数古屋门额上还保留有十分精致的砖雕、灰塑和绘制精美的壁画。村中还保留了一些以红米石为墙基的青砖古屋，是明代或清初的古建筑。走在路上，村民们可能会跟你说，这石板路，就是当年直达省城（广州）的通道，而且时至今日，这似乎还是良溪人走向外界的路途。

庙处高地，从此处能眺望不远处的明代护村墙

漱芳亭

沿着小路北行，以前，良溪村民曾在通往称为“洒洒水”的瀑布的路旁建了一座漱芳亭，供人们游览、休息，不过这座亭已荒废多年。草丛中有两条3米多高的花岗石柱，上刻“非佛非仙居然胜地，一觞一咏别有洞天”繁体字对联，旁边还有两条倾倒的石柱，也刻有字，据说是“鱼跃鸢飞趣，嵇吟阮啸风”联句，水潭中的一块石上又刻有“洗砚池竹坡”5个字，说明这里曾是文人墨客吟诗作对、饮酒会友之地。邑人李伟刚先生在他的《良溪赋》中赞曰：“洒水凌崖寻紫玉，甘霖慧雨漱芳亭！”至于漱芳亭建于何时，毁于何年？现在的村民都不清楚，只含糊地说那是“咸丰年”①的事了。

注：

① 陈昵语，泛指年代之远，并非确切的“咸丰”

镇北楼

坐在原漱芳亭的石凳上，望见对开的泥河岸边，有一座圆形的碉楼，叫镇北楼，原是为保护泥海、沙海航道安全，也为保护良溪村不受匪贼骚扰，于民国二十三年（1924年）由村民集资修建的，现保存良好。

镇北楼高约20米，直径约5米，4层，用三合土、混凝土、花岗石建造，异常坚固，四周设置射击孔，顶层设瞭望台，只留一小门进出。门口原先离地面约5米，守卫人员进出需用梯子，因而即使敌人冲到碉楼前也不能入。碉楼边就是泥海，可汲水以利长期固守。据说当年日军攻打棠下时，可能是害怕经过这个碉楼遇到抵抗，故特意舍近求远，绕过良溪。黄色的镇北楼静静地屹立在河堤上，绿色的泥海从旁边缓缓流过，这小桥、流水、碉楼、人家，组成了良溪一景，好一幅乡村风情画！

漱芳亭被废后，人们把亭内原有的石台、石凳搬到村口供人坐立。正好在镇北楼旁，茶余饭后，漫步于田间水边的人们，就这样坐在几百年前的石凳上，看着镇北楼平静的斜影，嗑着瓜子，聊聊家常。

天沙河

这里的老人都知道，天沙河分两段：一段是自雅瑶而来的天沙河主流，另一段从棠下三堡村缓缓而下，乃天沙河的小支流。雅瑶水流量大，如一尾渊蛟急流而下，留下河床一底厚厚的粗沙，因而被称为“沙海”。而三堡水却像芊芊女子缓缓细步，细流无法捎带沉重的泥土，沉积经年终于得到了“泥海”的美称。“沙海”、“泥海”并排流出良溪后，又各自向不同方向奔流，直到流过弓田村去到神仙渡，两条河才真正合流，由海口注入天沙河。

良溪就像是沙海和泥海在漫漫旅途中的一次小艳遇，这两条蜿蜒往东的小龙，曾在那个面朝大海的小村长第一次隔着一片薄薄的土堤对望，昔日，人们把这段美事称为“双龙出海”。在良溪村北，“一堤担两海”的奇景延绵到了几百年后的今天：“沙海”和“泥海”紧紧地挨在一起，它们永远只是相会而不相交，只是合道而不合流，“各行各路”地并行了约150米才分开，由于两条河的水位、流量不同，人们便沿河筑了三道堤坝，把两支水隔了开来，中间那道堤坝就好像把“沙海”和“泥海”担起来一般。

这条连接两河的小路，曾是良溪人“出省城”的主干道

从良溪村委会编纂的《罗氏贵系源流》可以看到，当日随罗贵到达良溪的36姓中，有的迁居到广州、佛山、番禺、顺德、南海、东莞、增城、从化、博罗、惠州、龙川、中山、台山、开平、恩平、肇庆、四会、广宁、怀集、高明、高要、韶州（韶关）、英德、梅州、大埔、饶平等广东省内20多个市、县；有的迁居江西（如罗贵的七子淳之的长孙子纪，就迁居江西省吉安府吉水县），北京（罗贵的二子慎之，南宋绍定年间钦点翰林院编修而徙北京顺天府居住），罗贵的六子温之的儿子渥又回迁南雄珠玑巷；还有迁往广西、海南、福建诸省和港澳台及海外各地，近百万之众，成为南国望族。名人有清代道光六年进士翰林、“粤东四家”之一的罗天池，道光十五年乙未恩科解元罗芳，武德骑尉四川卫守武举罗始麟以及近代画家罗卓，原国民党中央委员罗光海。由于受罗贵言传身教的影响，其后人也多有建树，农耕之外，更有人晋身仕界、学界、宗教界，也有人经商。据闻，广州上下九、十三行也有良溪人。

罗奇生

在商人中，最有名的要数罗奇生。

罗奇生是罗贵的第23代孙。起初，他在广州经商。1841年，罗奇生到了新加坡，此时，新加坡开埠才22年。罗奇生看准当地华人多、喜欢抽烟和食用中国货的特点，在新加坡中街（马吉街）开设罗奇生烟庄和油糖杂货铺，之后又分设罗致生号。他同江门丹灶的朱广兰兄弟一起，雄霸新加坡，垄断了东南亚烟丝、酱油、海味和中国土特产市场，成为新加坡“七家头”（朱广兰、朱有兰、朱富兰、广恒、同德、罗奇生、罗致生，全为新会丹灶、良溪朱罗两姓兄弟，故称“新会七家头”）之一。他还拥有多个橡胶、胡椒种植园，据说最大的一个致和广种植园，火车需行驶一个多小时才能走出其范围。罗奇生是新加坡早期经济发展不可不提的领军人物。

此外，罗奇生在广州、江门、石岐均设有烟丝厂，在香港设有分号，其中江门罗奇生烟丝厂有工人数百人，最盛时日产烟丝90排（1.13吨），与朱广兰、朱有兰、广恒并称为烟丝业的“四大天王”。

罗奇生过世后，其后人仍沿用罗奇生店号经营。也许是命运安排，又或者是后人不争气，民国后，罗奇生的生意衰落，新加坡、广州、江门的商号、工厂被迫陆续转让他人，连建在乡下藉以光宗耀祖的屋宇也卖掉了。

柑普茶的制法是将茶叶放于柑皮之内

罗天池与柑普茶

以云南普洱茶和新会柑制作而成的柑普茶，具有化痰、止咳和消滞提神的功效。据说始创人正是良溪村罗天池。

罗天池原名汝梅，字草绍，叫六湖，1805年生于良溪村，清道光六年（1826年）进士。道光二十七年（1847年），罗天池在云南因回人事件辞官回良溪村，带了很多普洱茶回乡。

回乡的当年秋天，罗天池不慎得了感冒，就在书房内边看书边品茗。妻子忙用陈年柑桔皮煮水给他服用，他以为是妻子煮水给他泡茶，于是把陈皮汤倒入茶壶里。这才发觉是镇咳、化痰的陈皮汤，倒了又觉可惜，就啜了一口，顿觉得淡淡的陈年桔子皮味和普洱茶混合的香味直透鼻孔，两颊生香。隔日，恰逢族弟给罗天池送来一些自己种的柑桔，他拿起桔子看了看，心想：普洱茶放置的时间越长，越醇厚滑腻好喝，新会柑桔皮也是放置得时间越长久去痰镇咳疗效越好，如果将这两种结合起来存放，既方便冲泡饮用，也容易储存起来。于是，他取了一个青黄的柑桔，用刀子将柑桔底部割开一小块，把果肉去掉，用普洱茶将空桔皮填充结实，再盖上刚割下来的柑桔皮，把果子恢复成原状，拿出去晒干。风晒干的柑桔皮呈金黄色，既干又脆，散发出淡淡的桔子清香。为了防潮和不压破柑桔皮，他想起了在云南当地人喜欢用绳索把鸡蛋绑起串起来卖的风俗，就找来稻草，把柑桔茶一个个绑起串挂在书房，还送一些给乡人，并口授手动教乡人制作。柑桔普洱茶的制法逐渐在良溪传开。乡人罗奇生、罗光耀还从乡中收集柑普茶到海外销售。为了能收到更多柑普茶，又将制作方法传到鹤山、新会、开平等地，流传至今。

昭然剑花

剑花又叫霸王花、风雨花，因为每到雨季，这个花必开。霸王花性味甘凉，有清热痰、除积热、润肺燥的作用，因此，在广东地区很受欢迎，更成为了人们餐桌上的美食。

或许是良溪的水土适宜霸王花生长，800年前罗氏一族迁移至此，便以剑花为食，由此，剑花便成为良溪的“村花”。这里的霸王花不仅花大、味美，且产量乃众村之首。在良溪，霸王花易于“养活”，一堵矮墙，一片树荫，随便一根枝干就能成活，平时施上一点农家肥或者草木灰，不需要任何农药，就能生长得很好。

随境而生，随遇而安，花生此地，人活于斯，竟如此相似。

生产繁盛的剑花，至今是良溪的特产

访村手记

广府话有一句口头禅，叫做“唔使问亚贵”，传说这个“亚贵”，就是远道而来良溪生根的罗贵。初到良溪的人们，因为人生地不熟，所以无论大事小事，都要问过罗贵才敢去做。“唔使问亚贵”就是说这件事罗贵已经知道，不用再问了，又引申为“这件事已清清楚楚，不用再问了”的意思。而自北南迁，又从珠玑来到良溪的人们，现在过的正是“唔使问亚贵”的悠然生活吧。

旅游攻略

村中老人生活悠哉

交通：

由江门市区搭乘公交车至棠下镇，大转盘处有清晰路牌指引，然后转乘摩托（约10分钟）进村。

美食：

村内目前没有餐馆，需回棠下镇就餐。除柑普茶出名外，还有米团糍(糕)也很不错。

（本文执笔：袁奕雅）

长岐花落与花开

——佛山市三水区芦苞镇长岐村

古村概貌

长岐村，坐落于佛山市三水区中北部的芦苞镇境内，地处珠江三角洲腹地，距离广州市区约60公里。古村始建于明代，现存最古老的建筑建于清朝初年。

古时芦苞：珠水边，布衣村星罗棋布

800多年前，有“南宋四家”之一美誉的诗人杨万里到广东为官。当他乘船经过北江边的胥口镇时，观此两岸芦苇丛生、荻花瑟瑟，不禁诗兴大发，吟出《明发青塘》一诗：“芦荻叶深蒲叶浅，荔枝化晴楝花明。船行两岸山都动，水人诸村海旋成。”在诗人的描绘中，这是一片充满活力的水系，芦荻蒲叶随风摆动，岭南佳果荔枝艳红似花，而诗人行船游走在这芦苇荔枝之间，侧畔有水上人家轻舟过，驶往诸江村。

鸿运当头

杨万里一诗题目中所提及的青塘，古称胥口镇，今名为芦苞镇，隶属佛山市三水区，长岐村便在此镇之内。由于芦苞镇地处珠水西江与北江之交汇处，自古便商船云集。在古镇四周的水网上亦星罗散布着傍水而建的村庄。船只驶入这纵横密布的大小河涌支流，与芦苞四周岸边星罗密布的村庄往来进行物品交易，为村民们带来海盐，又换得庄稼。

珠水有一小支流九曲河，在小河蜿蜒入北江之前，岔开了一条水路流向西江，就在开岔之处，长岐村便临水而建，水流向西流出，又从南向流进，形成三面环水之境。

长岐村全景

长岐人：包容生落户，落户至繁衍

与珠三角水系的大多数村庄相似，村中居民是在长达500多年的历史长河中陆续迁至此地，聚落成村的。

长岐村中有钟、何、黄、卢四大姓氏，其中家族成员最庞大的是卢氏，全村一千多口人中，卢氏占了一半。然而人数最多的卢氏并非开村之祖，甚至是四大姓氏中定居最迟的一氏。开村的乃是来自花都的钟氏，与钟氏同出于花都的黄氏随后亦安家至此。及至黄氏定居百年之后，广州白云神山镇来了卢姓的父子三人，他们本是因为家乡人口过多，而被迫到外地去讨生活的。当他们行至三水与花都交界处，见这村庄风水甚好，遂客居此地为村民做帮工，最后落籍定居，开枝散叶转而成为村民一员。这父子三人便是卢氏祖宗，父亲名为卢时忠。这是“文革”中被毁的族谱上所记载的，卢氏后人自海外带回了影印本：“卢时忠于大明年间来本村……忠号岐初，故本村名为长岐，又名岐山。”这一记载还道出了村名的来历，这村西侧曾有一岐山古庙，在建村之前就已存在，由是村随庙名定为“岐山村”，后来卢氏人丁兴旺而成为村中大姓后，觉得这村名恐犯了古庙忌讳，便改称“长岐”，取长期居住在岐山之意。

祠堂中保存完好的雕塑，祖宗的遗物，金不换

除了四大姓氏之外，村中还有陈、徐、郭等小姓。从前，长岐村的陆路交通并不通畅，村民要外出，要么靠船，要么靠自己的双脚跨过九曲河上的独木桥，这桥甚至不是直的，乃一巨大树干从中间劈开，而后并排架设河岸而成。村民们在桥上负重着疾走闪避，不偏不倚，有如杂技一般，看得人胆战心惊，这样的情况直到20世纪80年代才有了改变。由是，以船为主的交通对于村民而言则更显重要了，珠江上的水上居民也因此常常光顾长岐。

半壁文笔依凭，半亩荷塘鉴开

沿芦苞涌向东6公里左右，便是长岐村。过长岐大桥进入村内，古村坐东向西缓缓铺展开来。村口有两口引自北江水的方塘，边上并排立着四株几人合抱不来的大榕树，而静水泛出的波纹则映衬在榕树上，恬然之感油然而生。这四株榕树中，以靠北的那棵最为奇妙。这本是两棵品种不同的榕树，一棵大叶，一棵小叶，经过长久时间的生长，竟融为一体，生出的叶子一边大一边小。前人栽树，后人乘凉，村民喜欢在古榕下纳凉，细细体味着长岐村悠久的历史。村里人在其中一个方塘中栽下了荷花睡莲，至初秋，竟得满塘荷香。于是村口上下两塘，一塘是古村倒影，一塘是风摆荷叶，远远望去，古村山水独好。

这个古村的姓氏宗祠呈一字排开立于水旁，各户房子顺次排于其后，逐渐往山顶而建，越往高处，房子越年轻。这山不高，村民称其为文笔顶，乃一小山岗，旁边甚至还有一木棉岗略比此高。建村筑屋之时，村民们为了让村子所靠的小山显得巍峨些，便合力削去木棉岗的顶部，填到文笔顶上。村民中流传着这样一个小故事，相传一位巡抚大人坐轿巡视这一带的百姓，行至九曲河边，见这水旁竟有村庄靠山而立，与众依水傍江的其他村庄不同，颇有杀气，遂命手下进村查看。那手下沿河边行走甚远，竟不得进村之路，遂返。此时，巡抚大人只好命人前行，略过了长岐村。背靠文笔顶，本意是希望长岐村文人辈出，而有意思的是，添加上去的那一截山顶，今天却成了年轻人谈情说爱之地。经过长久的岁月洗礼，山上的植物更替了数次，如今已是本地桉茂盛的小树林了。这里的僻静吸引了许多年轻人，他们趁着夜色，搬块石板，再在石板上做个独门暗号，置于自己物色好的那棵桉树之下，便开始耳鬓厮磨、浓情蜜意。

半壁文笔依凭，自文笔顶俯瞰长岐

古村的每一个日日夜夜，晨曦透过文笔顶的茂林，林影绰绰地散落，而落日渐沉九曲河外时，黄金而温暖的霞光又笼罩古村。朝溟天外合，西户向斜开，朝暮之美与山水融合，足见村民们建村的智慧。

条条巷道入后山

机关重重：金汤堡垒护长岐

长岐村中可以找到的最老的筑材距今已有300多年的历史了，是老房子墙根下的红色巨岩。那些红岩是用船自西江运来的。始建于明末清初的钟氏、黄氏、卢氏等宗祠几经翻新，依然竭力保留原貌，尤其是如今村里人数最多的卢氏宗祠，里面的壁画和雕刻也已有上百年的历史。

宗祠之后就是村民各房了。各房建筑不但讲求美观、划一、坚固，而且还十分人性化。漫步行走在二人宽的巷道中，不时抬头看到活灵活现，或雕刻山水、或雕刻花鸟鱼虫的壁上灰雕，仿佛让人回到古代鸡犬相闻、佩环摩挲的情景之中。这些灰雕是工匠们用灰土一点一点地添上去而成的，古人所用的颜料之鲜艳，在今天许多画家看来都羡慕不已的，两三百年历史的雕刻，外层颜色仅仅是红色有些许剥落而已。许多房子的四角安着巨大的“笨脚石”花岗岩柱，用以支撑借力；石板路亦坚固非常，如今这些古道上有的地方生出的杂草早已覆盖地面，而村民行走其间时却从不犹豫，因为他们相信这些石路绝无安全之虞。这让人不由感叹，如此建筑质量，难怪古屋屹立、古道纵横数百年而仍然原貌基本完整。

自文笔顶俯瞰，这里的百来间的古屋，只见飞檐画栋，镬耳耸立；由麻石、青砖和洋灰（早期水泥传入中国时，村里人这样称呼它，这“洋灰”倒也有历史渊源）铺成的二人宽巷道在古屋间交错相连，一路拾阶而下，自文笔顶流泻至村口水塘，笔直而划一；村口两侧还有特地留出枪口、侦查口的更楼飘出水塘而立，夜夜通报平安。

古代农民生活艰苦，若有自然灾害，单凭个人之力定无力抵挡。客家人尚且举村迁移，而在珠三角，农户们也要聚居以防不测。长岐人有着广府民系淡薄政治、聪明善变的性格特征。村民不求显贵，却力保平安。

三面流水一面靠山，这山水共同筑成了长岐村的天然防线。水塘中只有两条塘堤通往外界，塘堤上还筑了大闸，晚上拉闸防强盗。而文笔顶的另一侧棘竹横生，枝繁叶茂，更是叫人难以翻越。生活在长岐的孩子几乎人人都有这样的儿时游戏，他们自文笔顶上拔下长满倒刺的小草，一有机会就叫不知情的人握在手上"揾人笨"（粤语，意思略同于狡猾地"欺负人"）。

村外的自然防线已然厉害，而村中更是"机关重重"。村中古屋内部的主要格局是一厅四室，看起来像北方的四合院，而且一般是前辈居住在前房，后辈住在后房，寓意要继后；此外还有一厕一天井，还有一条暗道。暗道一般通往邻里，平时作为下水道之用，平日有砖头掩盖，若是哪家人不小心遭遇暴徒强闯，居民便可推开砖头穿过暗道溜到邻居家里躲避。不仅如此，暗道也通向古屋间的巷道，每条小巷都有三两闸门，并有更夫巡守，确是一夫当关，万夫莫开。放下闸门后强盗进不来，而进得门的更是可以将其困于复杂交错的巷道内"瓮中捉鳖"。由是村中未曾遭遇盗贼洗劫。

如此守卫森严的村庄，宛若一金汤堡垒。

又见锅耳墙

卢氏大宗祠，村里保存最好的祖宗祠堂

近代一度竭泽而渔，村民百年辛酸护祖屋

1905年，延续了两千多年的科举制度取消，从此，私塾教育也渐渐淡出人们的视野。长岐村卢氏大宗祠两侧有两个保存完好的私塾，一个门上用楷书写着“丽泉书社”，一个叫做“以锴家塾”。如今“以锴家塾”成了小餐馆，“丽泉书社”内更是空无一物，铁锁长拴。村中早已无人知晓这两家私塾建于何年止于何年了。随着私塾的悄然退场，村中的乡绅子弟与有文化教养的村民们便不再埋首吟诵四书五经孔孟之道，开始往外走，在城市中寻求新式教育。

这些活灵活现的彩绘曾一度被白灰覆盖，“文革”后又重见天日

教育的出走，是村庄被迫面临地主小农式生产关系终结、温情脉脉的宗族血缘关系被打破的局面的冰山一角。过去村中有纠纷，还有乡绅大户按宗法伦理来主持公道，而民国时期，珠三角乃至全国的乡村都普遍出现了劣绅化的现象。

在抗日战争时期，任村里村外防备设施如何厉害，长岐村还是被日军占领了。村民在日军的驱策下，拆掉水塘上的大闸，为日军修筑炮楼。在许多人的印象中，日军所到之处，均被扫荡精光，而奇怪的是，日本人并未过多地破坏长岐村，使得长岐概貌得以几近完整地保存。有村民说，这是因为“长岐”读音与日本城市长崎相似而致，也恰好因为村中在抗战前曾嫁入一位能说日语的女子，女子的儿子遂能与日军交流，触动了他们的乡情。长岐村得以保留是否源于村名，这已难于考证了，而许多村民坚信这一事件是真的，因为抗战后，那位与母亲一样能说日语的儿子跟着日军走了，自愿还是不自愿也不得而知。据村民所述，这位儿子的孙女出生成长在日本，已有十余年。看来远在异乡的游子尚与故乡有所联系。

然而新中国成立后，老屋曾一度被政府没收，岐山古庙的下场更是凄凉，这座比古村历史还要久远的古庙，在20世纪60年代兴修水利的大潮中被拆除，砖瓦用于修建排水闸了。而今天，连那排水闸都不见踪影了，这一记忆只留在年老村民的心中。古村的厄运接踵而来，“文革”初期的“破四旧”运动中，巷道各小闸门、雕刻、神像和民间风俗，在那个时期都遭到了破坏。为了保护祖屋壁画不被清除，敬畏祖先的村民们以石灰水、灰浆涂抹房屋。改革开放后，村民用清水抹去石灰，壁画、砖雕重见天日，躲过一劫。作为产粮大村，各姓氏祠堂亦在“文革”中被用来充当粮仓，丰收时间，粮食堆满祠堂，遮盖壁画以掩人耳目。但风声亦有走漏时，那时卢氏祠堂曾来了一支红卫兵拆除队伍，想拆祠堂的壁画。于是500多名村民闻讯赶来保护，日夜不间断，最终才令拆除队伍知难而退。相比其他村庄古建筑毁坏殆尽，长岐村还算幸运。

精美的壁画在长岐村四处可见

长岐虽是产粮大村，但燃料供应不足的问题却一度成为村中焦点。在还没有煤气天然气的时代，长岐陆路不畅，作为水上马车夫的水民们也都在20世纪60年代尽悉上岸。燃料的缺乏，令文笔顶上的植被几近被挖空殆尽，一度竭泽而渔。为了翠绿重新笼罩文笔顶，村民们除了种上品质优良的本地桉外，还改用了牛粪作燃料。家家户户将湿润的新牛粪打成粪饼，贴到墙上晾干，然后拿来烧火。为此，在风水建筑上曾有“小香港”（意指和香港一样靠山傍水而建）之称的长岐村，被人戏称为“牛屎村”。当然，近二十年来，村民们已不烧牛粪了，文笔顶经过多年的封山育林，如今已是一片郁郁葱葱的桉树林。

旧门楣新春联，迁居不忘祖荫

1987年对长岐村来说，是重要的一年。经过多年繁衍，村中人口日益增多，古村已无法容纳上千口人了。村民决定在古村对面建设新村。现在，大部分村民已迁入一池之隔的新村，建于明清时的古屋，仅剩下几户人家居住，大多是守着祖屋的老人家。也是在1987年这一年，村民集资修筑了第一座架设九曲河两岸的长岐桥，虽然这桥距离水面只有3米，宽仅5米，但担夫险渡独木桥的一幕从此不再。

不过，长岐古村的历史并未因为居民迁出而停止。许多古村的消失都是由村民拆旧居建新屋而造成的。长岐村民的大举迁出，反而令古建筑得以保留。当然，各家各户过年、操办婚礼时也都不忘回到老屋，在旧门楣上贴新联，以求与祖宗同喜同乐。古村新村隔岸相望，中间还有两条塘堤相连。为了增加古村中的活动空间，村民们填了十几米宽的水塘空间，于是原来水边狭窄的祠堂前走廊，变成了宽阔小广场。

因长岐村空气清新，许多老人都愿意回来颐养天年，这里也就成了“长寿村”，广场上的四株百年古榕便是老人们最爱的纳凉谈天之所。每年重九敬老节，村民都在这大榕下、古祠前大办“千人宴”，2007年更是借着新长岐大桥落成，又逢重阳之际，请来南海黄飞鸿中联醒狮队为“千人宴”助兴，好不热闹。

旧门楣新春联，常回家看看

村养人，人养屋

在长岐的山水滋养下成长的村民们，虽然对祖屋有着深厚感情，却也不得不面对古村虽没有人为破坏，却在一天天一年年地被自然侵蚀的现状。无人居住的空屋反而是破败最快的，叫人看后很是黯然，不过，把长岐古村建成休闲访古旅游区的这一想法，村里人是早早想到了。古代建村时，人们认为水聚则财聚，这环绕村庄的九曲河，就有一股特别的清泉涌出——温泉。这泉水常年保持在42℃左右，村民说，前几年村里投资在后山上筑了一个水塔，将温泉的水引到水塔然后通过管道送到每家每户。家家户户一年四季洗澡都是用温泉水，方便得很。甚至在村里通自来水之前，村里人连喝的都是这泉水。

尽管近年的温泉商业开发一波三折，但这毕竟是能给古村带来人气、带来生机的极佳方法。

旅游攻略

交通：自广州各个客运站搭乘汽车来到三水汽车站，然后再换乘城乡公交线路直接进入长岐村（每天三班，请留意好发车时间），总路费约20元。

待温泉度假村建成时，不妨到古屋去小憩片刻或过夜，领略古朴的村落气息。

（本文执笔：麦苗）

砖雕的历史

南渡遗裔 结社为家
——东莞市茶山镇南社村

南社渊源

南社 ，坐落于广东省东莞市茶山镇东部，距离东莞市区约15公里，离茶山镇中心不到3公里，是一个以明清建筑群为主的古村落，始建于南宋，距今已有800多年的历史。其传统建筑面积达到11000多平方米，大部分保存完好。南社原名“南畲”，因“畲”与“蛇”同音，为民间所忌讳，故以近音“社”代替，改名“南社”。

远在南宋时南社古村便已有戚、席、麦、陈、黄等姓氏居民定居，谢氏为较晚迁入的一支，但沧海桑田、物换星移，现在的南社变成了一个以谢氏血缘家族为主要居民的古村落。

南社谢氏家族在广东的历史可以追溯到宋淳熙初年，大约在1178年的时候，族人谢元伟在广东韶关任南雄郡司马。生有四子、十孙。南宋末年蒙古南侵，谢氏族人为躲避战乱，由开基祖谢尚仁（谢元伟孙子）率族人由韶关南雄南下珠江三角洲，辗转至东莞一地，后定居于南社。经过720多年的繁衍，历经28代，其海内外族人已有8000余人。

在谢氏大宗祠厅堂的柱子上挂着这样一副楹联：“祖德久难追，由周代祥开，历宋元明，宝树根深和蒂固；宗支分亦合，自弋阳系出，联东增博，陈留源远永流长。”这幅楹联讲述的是谢氏家族的历史，那个率领东晋将士以少胜多，打得前秦苻坚“八公山上，草木皆兵”的谢玄便是他们的先祖。

魏晋风流，建安风骨，陈留谢氏“祖德久难追”。但其下联“自弋阳系出”“陈留源远”，却是广府族群由中原南迁广东的一个历史见证。谢氏族人将南雄珠玑巷当做谢氏先祖的发祥之地，与珠三角地区众多广府人有着共同的故乡。

黄昏时的南社，屋宇静谧，古榕摇曳

梦里家园

南社[1]古村以旧围墙为界，以中间长方形池塘为中心，将古村分为南北两半，呈合掌形布局。村东南有一小山丘名樟岗岭，村北有马头山，其地势自南向北略微上升。两旁建筑依自然山势而建，房屋错落布置。由谢家祖坟往下看，村口池塘形似帆船，中间几株古榕为帆，池塘两边宗祠排列，这艘船带领着谢氏子孙们，驶过八百年历史，乘风破浪，继往开来。

注：

① 南社，2002年，南社古建筑群被评为广东省重点文物保护单位；2005年，被建设部、国家文物局评为“中国历史文化名村”；2006年，被国务院核定文化部确定为第六批全国重点文物保护单位；2006年，被广东省旅游局评选为“广东最美丽乡村”2007年，被中国国土经济学会等12个单位联合评选为“中国景观村落”；2008年，被广东省旅游局评选为“广东旅游特色村”；被广东省文联、广东省民协评为“广东古村落”；2009年，被中国民族事务委员会评为“中国民族优秀建筑——魅力名村”。

南社古村有古围墙1000米，共有谯楼21座，楼有名称，门有楹联。南社的古围墙是其重要的特色之一。

古村现存宗祠30间，多为明清时期建筑，红石做门，豆青色水磨青砖为墙。采用合院式布置，抬梁式木结构，石料立柱，雕花檐板，陶塑屋脊，装饰华丽而细腻，而且各具特色。其中除了几座分建在住宅区中外，大部分集中建筑在水塘的两岸。宗祠里面保存着大量精美的木雕、砖雕、石雕、灰塑、陶塑等建筑构件，不但是古村的地理中心，同时也是村民活动与信仰中心。

村中民居依山势而建，错落有致，大多分布在水塘两岸的祠堂后面，向南、北两面展开。大都呈直头间、明字间布局。建筑样式有青砖墙、泥砖屋、金包银等，屋顶多为硬山搁檩木，门框多有石雕等艺术装饰，古朴美观。住宅的大门顶上都挂有一面照妖镜和八卦图。村里保留有围墙、宗祠和民居，关帝庙、苏王庙、洪圣宫等。这些建筑及其所包含的文化对于研究南社，乃至于广东珠江三角洲地区的农耕与移民文化具有重要意义。

来到南社，踏着历经百年风雨的石板路，流连在老屋小巷之间，感受着村民“黄发垂髫，并怡然自得”的生活状态，清初谢氏族人谢重华曾写下这样一首诗来抒发自己的生活感受：

面临湖水为镜，背负青山作屏，山既同仁者寿，湖应得荃之清。
悬踏俗宾自少，居楼侠骨偏尊，只容明月入户，独许清风扫门。
楼上闲披古史，瓮头自泼新醅，生平愿此足矣，富贵吾何有哉。

这是一首明志诗，与刘禹锡的《陋室铭》读来有何其相似的感觉，“斯是南社，唯吾德馨”，况且南社“面临湖水为镜，背负青山作屏”，好一派田园风光，是谢氏族人心中的桃花源，难怪作者“生平愿此足矣”。

印硬饼

守护春新

古村围墙

南社古围墙始建于明崇祯十七年（1644年），以三合土及红石做墙基，用青砖砌筑谯楼，全长1000米，共有谯楼21座。现在虽然古围墙大部分建筑已损毁，只剩若干段残破的围墙和城楼，但残垣断壁中所述说的历史却有着更多令人着迷的地方。

明崇祯十六年十一月，流寇劫掠了南社，同年12月末，南社又遭抢掠，第二年流寇屡次进村抢劫杀人。村中自行组建的乡勇难以抵挡抢匪们的进攻，村民的贵重物品被一扫而光，不少村民还被当做人质被抓走，南社伤亡惨重。谢氏族人痛定思痛，决定修筑南社围墙，以抵御劫匪，保护村庄。《谢氏族谱》记载："时祸未形，人皆惜费，事不果行，迨被寇后，人始追思筑围之便。"全村老小"贫者出力，富者出财"，"诸兄弟协力同心共成此举"。历时一年，围墙建设完工，并且在谯楼中配置了抵御敌寇的武器及弹药。

谢氏族人还编了一首"守城歌诀"以教导后人。

勤瞭望，紧敲梆；发火盘，积松光；搬砖石，上城墙；多种勤，密打桩；风雨夜，更提防；四五鼓，勿在床；贼作势，莫惊慌；禁妇稚，莫慌张；守信地，戒喧嚷；莫忧饿，有义粮；功厚赏，当自强。

谢氏族人编著的这首"歌诀"朗朗上口，浅显易懂，对于如何防盗防匪可谓面面俱到，无所纰漏。这里面凝结的是谢氏先人的聪明智慧，彰显着南社在耕读文化中培养出来的文化内涵。

走在乡间田野，触摸着古围墙的残垣断瓦，我们似乎可以听到火光摇曳、绿林流寇的喧嚣，可以看到谢氏族人在族老的带领下与匪徒们血战围墙下的壮烈。这些或许大多成为了老人们或族谱里的零星记忆，但却培养了谢氏族人不屈尚武的精神。

在清末那个大混乱的时期，广东作为社会变革的前沿，洋行大贾与破产的农民两个阶层同时成长起来，当社会的不稳定因素达到一定极限的时候，连清末重臣张之洞都只能说："粤省盗匪之多，甲于各省。"在如此的社会背景下，我们看到尚武的南社：谢毅奇，同治四年（1865年）武进士；谢元俊，光绪二年（1876年）进士；谢汝锶，光绪六年（1880年）武进士；谢遇熊，光绪六年（1880年）武进士。在短短的15年间，南社就出了四位进士，其中三位是武进士。或许是时势造英雄，但南社谢氏的尚武精神可见一斑。

谢氏大宗祠

谢氏大宗祠初建于明嘉靖三十四年（1554年），是众多祠堂中建造年代最为久远的一座，比较完整地保留了明代的面貌。

大宗祠位于南社古村的中心，坐落在水池的北岸，面向东南。前有池塘，后有马头山。在地理上，虽然没有自然河流经过南社，但祠堂前的长形水池也营造了一种“前有照，后有靠”的风水格局。在祠堂前面大多开挖池塘，希望子孙后代能够“风生水起”。

谢氏大宗祠供奉的是南社谢氏族人共同的祖先，因此建造时间最早，建筑装饰也最为精美，是南社众多宗祠中最有代表性的。

来到大宗祠，抬头望去，但见门厅屋顶上的一条琉璃瓦正脊，精致而华丽。正脊左右两端为夔纹组成的花饰，中央部分排列着亭、阁、廊、屋的雕塑，在这些精致的廊屋雕塑里面还装饰着各种花卉。屋里屋外还有端坐、侍立、交谈、迎宾送客等各种姿态的人物雕塑四十多个，栩栩如生，惟妙惟肖。

正脊两头还有两只高出屋脊的鳌鱼，这两条鳌鱼龙头鱼身，头朝下身子向上呈倒立的姿态。这种鳌鱼本是“龙生九子不像龙”的其中一个儿子，嘴巴微微张开，鼻子两旁的长须向前翘立，造型奇特，气势非凡。在南社社田、少简、云野等宗祠的屋顶上都有这种神兽装饰，推开大宗祠黑漆的大门，迎面而来的是一道格扇门，此门平时不开，只有在祭祖或重大活动的时候才打开，与屏风有类似的作用。从格扇门两旁绕过，可以直入堂内。在第一进的厅堂内有一个天井，两旁是廊屋。走过天井，即是正厅，厅内的柱子与两侧的墙上挂着楹联，描述着谢氏的家族史。虽然未到祭祖时节，但仍旧能感受到那种对于祖先追远的肃穆。

谢氏宗亲四海归聚，三牲五鼎追慕先人

百岁坊，前牌坊后祠堂，这是高寿南社的历史见证

百岁坊祠

百岁坊祠位于村中心大池塘之北岸，是一座坊与祠相连的建筑，建于明万历二十年至二十六年（1592—1598年），其特点是前为坊，后为祠。这座坊祠是当时东莞县令李文奎为南社村的四位百岁老人所建，既是对南社的一种鼓励，也是表彰。

百岁坊祠规模不大，坊后祠堂前后二进，中间一个天井。但其牌坊华丽，屋顶两旁两只蓝色的小狮子更是玲珑可爱。祠堂内部墙檐上有漂亮的彩绘，墙门洞上有丰富的灰塑，加上房梁上精致的木雕，使得其比其他的祠堂要华丽许多。

这座百岁坊祠更重要的历史意义在于它代表了在儒家文化的熏陶下，一县之主对于南社的封建教化，对社会尊老行为的一种肯定与提倡。四位百岁老人分别是谢彦庆、谢实斯、谢彦眷之妻叶氏、谢振侯之妻黄氏，其中有两位女性。来到南社，流连在古屋祠堂之间，建筑无言，但在这里我们可以用我们的双眼亲身感受最为亲切与真实的历史。

南社“土地平旷，屋舍俨然，有良田美池桑竹之属”。生活其间，即便外面的社会如何喧嚣，南社自有“不知魏晋”之乐。自明、清村中都出现了多位百岁老人，至今村中长寿者依然不少，他们平和闲适，在田园阡陌之间，安度晚年。

关帝古庙

关帝古庙位于村子东面，始建于清康熙三十六年（1697年），占地约350平方米。其大门朝东，背后距离村东门和樟岗岭不过80米。大门正对着外村近南社的大道，在选址上便于本村及附近村民祭拜。

古庙门厅檐下的华板上有非常精致的木雕，门厅前廊的左右架梁上布满木雕，人物神仙、花鸟鱼虫，一幅幅生活图景展现在我们的眼前，其精致的程度给我们一种强烈的视觉冲击。正厅两旁耳房的墙上，设有两扇花砖窗子，外侧墙檐上有空棂花格做装饰，内侧墙不高，但墙上有门洞，凸显出关帝庙的独特之处。

很有意思的是在正厅两旁耳房上的花砖窗上有很多的铜钱图样，这样的一种装饰透露出一种不易察觉的生活气息。关羽因其侠义被代代封圣，在清康熙年间还被敕封为忠义神武灵祐仁勇威显关圣大帝，在普通百姓看来，他不仅是侠义的关二哥，还是大家的财神爷。关帝庙的铜钱装饰正是印证了具有浓郁商业文化色彩的广府族群在文化上的多元与包容。

据村里的老人回忆，在最盛时，关帝庙内供奉着三十多位各路神明，使得关帝庙四时祭祀不断，香火鼎盛。在古庙的南侧庭院内还有一棵大石榴树。石榴自古以来就是多子多福的象征，远近妇女们来到庙里，捧起一把泥土添盖在石榴树根上，希望大树根深叶茂，祈求自己多子多孙。

南社古村原来迁有一座文庙，据《南社谢氏族谱》“新建文庙序”记载：“乡有文庙所以牖乡塾维教化也，夫风俗之转移关文教，文教的鼓励藉神明，故立庙崇祀使人得瞻仰以归于圣教，而风俗之振兴在是矣。”南社重教兴学由此可见。

谢遇奇家庙

谢遇奇家庙是谢氏宗族谢遇奇一支祭祀祖先的祠庙，建于清光绪二十七年（1901年）。位于水塘南岸，紧邻谢遇奇住宅。

每一组木雕都是一个故事，都是一段历史

清雍正帝在其颁布的《圣谕广训》中说明宗族的任务：“立家庙以荐蒸尝，设家塾以课子弟，置义田以赡贫乏，修族谱以联疏远。”家庙与宗祠都是供后人瞻仰先祖、祭祀祖先的地方。

谢遇奇，清咸丰十一年（1861年）中武举人，同治四年（1865年）中武进士，之后随清军在西北一带立下赫赫战功，被朝廷赐为忠勇之士。随后官至副将、总兵，封为建威将军，是谢氏族人中最有权势与地位的人物。所以谢遇奇有资格与能力建立祭祀自家祖先的家庙。

谢遇奇家庙面朝西北，前后两进，分为前厅和正厅，进大门后也有一道格扇门，家庙形制与大宗祠差不多，前厅脊檩的高度可比大宗祠正厅，由此可见家庙之规模与气势，谢遇奇个人之威望不言自明，所以在古代入仕为官对于一个家族来说是何等的重要。

谢遇奇住宅

谢遇奇的官位最高，资历最为显赫，所以他的住宅也是南社村中规模最大，建造最为讲究的民居。

谢遇奇住宅主屋部分由两栋“金字间”住宅组合而成，“金字间”是珠三角地区广府族群常用的一种“三间两廊”住宅样式。厅堂居中，两侧各一间廊屋，天井在厅前。厅堂中间是一家的活动中心，两旁的卧室可以供父母及子女居住，左右两旁的廊屋一个作为厨房一个作为冲凉房。因为主宅部分是由两座金子间住宅对合而成，所以谢遇奇住宅共有两座厅堂，左右廊屋围合成一个天井院，并且左右廊屋均开大门与街巷相通。厅堂正面三间开，凹斗式大门，高达3.3米，用红石做门框。

书房部分的建筑比较随意，大小十余房间连接在一起。

资政第

资政第是清光绪二年（1876年）进士谢元俊的独立书院。建于幽静的樟岗岭上，现仅存书房部分，占地200多平方米，为青砖朱石三间二进结构。

资政第东南朝向，坐落在高出地面1.5米的台基上，前后两进厅堂，横向三间开。大门前竹木青葱，几株香蕉树婀娜多姿。若是雨夜来访，便可点一豆青灯，展一籍古卷，听得一夜芭蕉“细声巧学蝇触纸，大声铿若山落泉”。走进大门，迎面而来的是一道格扇门，进格扇门后便是前进的门厅。门厅与正厅之间有一个4米见方的小天井，天井中央建有高达6米的四柱亭廊，廊顶的屋檐高出厅堂，梁架上雕刻着精美华丽的木雕。这座亭廊既可通风采光，又能遮阳挡雨，设计新颖独特。绕过天井直入正厅，正厅中央有落地的木质大花罩，上面雕刻有桃树、仙鹤、凤凰、雀鸟及花卉鱼虫，十分精美。

传统醒狮

南社尚武，其舞狮技艺亦卓越超群。每逢节庆或喜庆之日，村中少壮舞狮进村，老者敲锣打鼓跟随其后。狮身上有“风调雨顺”、“国泰民安”等吉利之字，祈求驱灾去邪，护佑村中老少平安。

交通：

1. 广深火车至石龙下车，再坐摩托或坐出租车到南社；或于石龙坐公交车到茶山（2元，车程5分钟），再坐摩托进去。

2. 从广州坐大巴至东莞汽车客运东站（40元），然后乘坐74路公交（3元），终点站就是南社。

（本文执笔：段凯）

水绕翠环一洞天
——珠海市斗门区南门赵家庄

古村概貌

赵家庄又称接霞庄（即现新围村），位于珠江三角洲西岸，珠江虎跳门东岸，珠海市斗门区北部。它始建于清嘉庆初年，至今已有200多年的历史。村中的赵姓人家系宋朝开国皇帝宋太祖赵匡胤三弟魏王赵匡美的子孙。赵家庄开挖的一条风景旖旎的护庄河，显得独具特色。清道光年间（1821—1850年），十世祖赵意乡八传维茂与堂兄维定，在粤西地区从事中药材贸易，经过数年的辛勤努力，终于发了家。维茂跟随父亲赵若鹍，带着家眷从南边里迁居，在80多亩新垦围基上建了三间夯土房（因而得村名“新围”）定居。由于赵家庄地处霞山的北麓，因此也称接霞庄。到光绪中期，赵家庄已颇具规模，繁衍成非常繁荣的村庄了。庄内亭台楼阁，小桥流水，鸟语花香，绿树成荫，有如“红楼梦”中荣国府大观园。庄内居住的全是赵氏一族，因而得名“赵家庄”。

这里属典型的亚热带海洋性气候，四季如春，河涌纵横交错，宜耕宜渔，为宜居之地。庄村人杰地灵，历代名人众多，在朝廷为官的就有十多人，还有民国时当过南门乡乡长的赵孟康和香山议员兼和风书院院长的赵德浓等。

赵家庄人以经商发家并稳定根基，积聚了雄厚的财富，加之有人在朝为官，如当时的广西巡抚黄槐森就是该庄族人的亲家，可谓财雄势大，繁盛景象延续了数十年。“赵家庄企倒香山县衙”这一俗话一直流传至今，足见其当时影响力之大。到清末，社会动荡不安，家族开始衰落。之后遇上日寇侵华，庄村被烧，环境受到严重破坏。庆幸的是，赵家庄虽几经沧桑，仍存古屋14座，建筑面积7000多平方米，其基本面貌仍得以保存，庄园景色，包括旧屋、围基、子孙圹、环庄河等仍清晰可见。

珠海赵家庄

庄外四周未受任何污染，原生态味浓厚，庄内绿树成荫，空气清爽，环境幽静。20世纪90年代，香港亚洲电视台拍摄以清末民初为题材的电视剧《再见艳阳天》，部分外景就在这里取景。2007年12月被珠海市及斗门区旅游部门定为斗门八景之一。赵家庄的后人生活于此，对这片故土有着深厚的感情。他们保护赵家村落的意识十分强烈，十分珍视祖宗留下来的古屋遗产。年青人外出打工挣了钱回来，宁愿在村外花钱买地盖新房，也不愿拆古屋和在古屋旁的空地上建新房。他们在古村落的空地上只种些四季果树和四时蔬菜，并自愿自觉筹集经费尽力保护好古村落的内外环境。

精雕细琢的檐

赵家庄的龙眼树

赵家庄民宅

庄村风景，引人入胜

赵家庄风格统一、布局合理，庄村房屋的设计均仿照广州西关模式，到清同治年间，庄内的房屋建造及环境布置装饰富丽堂皇，当时共建有恢宏大屋14座，全部坐南向北，清一色的青砖瓦房，浓淡相宜的色调勾勒出典雅质朴的轮廓。庄的东、西、北三面被荷花池和绿竹林环抱，南边被护庄河、绿竹及4米高的围墙围住。一条小河自东向西，转北流向子孙圹。庄外东、西边是霞山一片树林，林中建有霞山祖庙。全庄5个闸门，均有专人看管。整个庄园在青山绿水、翠竹与鲜花丛中，有如世外桃源。

大屋一连三间，也有一连四间、五间的同一式的一厅两房。前座有挡中门，有厢房和后花园，每两座建有一条青云巷，并有闸门。

越过相隔的石板街，便是坐北向南一厅两房的书房、画廊。曾经的满腹经纶，诗情画意，瞬间已成为静止的悠远怀想，徒留空宅引人遐思。门前院子是花厅，背后是花地，中间一条一米宽的跑马石路。一条石板街横贯全庄，当人们游走于望不到尽头的漫漫长道，感受着远古和现实，别有一番滋味。

砖雕

庄内原有一片占地面积880平方米的荷花池，池中有凉亭，有一艘长13.2米、宽6.6米的石彩帘船，船身用石砌成，船面砌以青砖。船的两边有分别通往凉亭和花圃的九曲石桥，供庄上人家登船避暑，赏玩荷花。桥的一边通向花园的“花径”，一边通向“文馆”。走过一条长100多米的幽幽竹径，便可到达花园，园中有各种盆栽，花繁叶茂，如若兴起闲情雅致，可移步“文馆”，那是供庄上人家学习文化的地方。文馆前座建有四所房间，中间一个大天井，后座也建有四所房间。文馆的对面建有“武馆”，模型和“文馆”一样，是习武的地方，所有建筑物都是砖瓦杉木结构。庄后是一片葵林，金灿灿的花丛与近处的草木、远处的青山相映成趣，景色宜人。

古屋探秘，别样风景

赵家庄的民居十分独特。室内设计布置充分体现主人的个性和富裕，最具代表性的当属该庄光绪年间的大当家赵群登的大屋。赵群登是该庄的第四代传人，娶了时任广西巡抚黄槐森的孙女为妻。其住屋建造面积400平方米，有左、右及后花园，房屋的顶部用上百条坤甸木条横架，墙身厚度约50厘米，墙身底部采用1米高的大理石砌成，正门框是2.5米高的大理石门框，室内所有门框均为樟木门框，室外所有窗口均有中西艺术结合的灰雕，厅室分前、中、后三厅，内饰材料十分讲究，既反映了主人家世显赫，也尽显了主人在外经商的广博见识。最为独特的是，房屋里面设有暗室，暗室墙壁全部用大理石砌成，铁门厚达7厘米，坚固无比，其作用一是可储藏钱财，二是可防进屋谋财害命的盗贼，三是可在发生火灾时避险。

屋脊

门饰雕刻

悠悠石板街

石板街，悠悠古道

赵家庄内的主要通道是石板街，该石板街长191米，宽1.73米，由五块花岗石铺成路面，笔直地横贯全庄。

石板街兴建于清道光十四年（1834年），由南门赵氏十八世祖维茂从原居地南边里黄牛山（地名）迁居开辟新村场时，建造十年时间而成今天的规模。

如此精致的石板街，伴随着赵家庄度过了一百多年的风风雨雨。从庄村的一头，迈出或沉重或蜻蜓点水般的步伐，想象雕刻在石板间岁月久远的文字，一路悠然沉思，游览青砖瓦房的同时，感悟繁华的真实与虚无。

护庄河，诗情画意

赵家庄除了古屋和古庙堂独特外，还修有一条在200多年前堪称中国华南地区最大的私家庭院护庄河。护庄河处于庄园的南面，出口连接黄杨河，宽度38米，长度350米，深度2.5米，建于清嘉庆初年，按当时的生产力水平，赵家庄的创始人赵茂维能够组织

护庄河

人员挖成如此规模的护庄河，绝对是一项巨大工程。护庄河连同庄园东、西、北三面4米高的围墙，共同构成了一张保护赵家庄的安全网，所有人进出庄内，只能从全天有人守卫的正大门口进出。为防止盗贼从河面偷入庄内，赵家庄人想出了一个绝妙的办法，就是用布满四角钉的木桶沉入靠近庄园边的河底（木桶内装满凝固的水泥沙，也称“荡桶”），令盗贼不能在河边借力而上岸进入庄园。据说在庄园建成的第一年初夏，当时南门村有一惯偷，见赵家庄园的房屋富丽堂皇，气派十足，动了贼心，观察一番后在一天晚上游过河想进入庄园偷盗，在游近庄园河边时脚底往下用力一撑，企图借力爬上岸，结果被河底的木桶四角钉紧紧插入脚底，当场痛得大喊救命，虽被捉住，但捡回了性命。此事传开后，在庄园雄盛的数十年间没有发生过一件盗窃案。护庄河至今原貌保持完好，水清草美，尽显祥和宁静。赵家庄的后人，每当围坐在河边的古榕树下，闲谈忆起先祖当年的事迹，亦感非常自豪。

“奉天诰命”碑

杂草丛中，散落着枯枝败叶，与周围鲜活的绿色植物形成强烈的反差，四周掩映的山林让这里显得格外幽静。两座显眼的石碑呈现出古朴与典雅，诉说着逝去的繁华与落寞。

这两座，就是在南门接霞庄内存放着的“奉天诰命”碑。奉天，即奉天承运，尊奉上天承袭正运——古时皇帝把自己说成是奉上天之命来统治老百姓的。诰命，皇帝给臣子封爵用的命令。

两座石碑样式相近，但雕刻装饰并不一致。一座宽而略矮，另一座窄而高，依偎相伴。第一座石碑高140厘米，宽77厘米，厚19厘米，于清同治元年（1862年）采用青石雕刻而成。碑体以浮雕装饰，刻成刹顶双螭望脊，左右云龙抱柱门楼形，中央为平地龛。龛壁楷书竖行阴刻“奉天诰命”，落款“诰命之宝”，“同治元年正月吉日臣赵文澜恭泐”（“泐”字亲手写，旧时书信用语）。1999年，这块石碑在龙山工业区开发时被发现，后来存放于“赵氏祠堂”内，2000年被搬回赵家庄。第二座石碑形式大体一致，只是部分文字不同。

“奉天诰命”碑

“梧轩赵氏家塾”匾额

“梧轩赵氏家塾”匾额现在赵家庄一水闸处，刻石年代未详。它是用花岗岩制成的石匾，长320厘米，宽72厘米，行楷额文阴刻“梧轩赵氏家塾” ，每个字高有54厘米。匾额中提到的赵梧轩，字朝锦，名若鸾，是赵家庄创始人维茂的生父，约生活于清乾隆末至道光年间（1790—1850年）。衔称贻赠儒林郎，晋封道奉大夫，候选内部郎中加五级。

祭祀活动

赵家庄自该庄最兴盛的清光绪到民国期间的一百多年中，每逢新年或庄内有人结婚、添丁等喜事都在祠堂举办祭祀仪式庆贺，该祠堂即为庄内的崇基堂，只可惜现在已成为一片废墟。祭祖仪式共有奏大乐、进香、进酒等19个程序，负责祭祀的共有12人，其中主祭、引带主祭、通祭桌（司仪）各1人，陪祭2人、喊礼2人、读祭文1人、执笺2人，大乐、小乐手各1人。主祭由庄内年长的族老担任，祭祀人员全部穿长马褂、戴卜帽。祭祖活动上的祭文内容以敬老爱幼、国泰民安、早生贵子、学业有成等吉祥语句为主。

庄村凡有喜事，均由德高望重的族中老人主持召集全庄的人集中祠堂举办仪式庆贺，场面热闹隆重。每次仪式在结束前，都会向全庄人进行“不愁子弟牛头裤，最怕儿孙燕尾鞋”的训导。“牛头裤”指一般农家所做的粗布裤，代表勤劳、刻苦、节俭的正面形象。而“燕尾鞋”是鞋后跟部已经严重磨损，尾部又开像燕子的尾巴的烂鞋的“美称”，影射的是一个没落子弟的负面形象。寓意为不要怕穷，最怕好吃懒做，劝诫人们艰苦朴素，不可奢侈浪费。

祭祀活动不仅是该庄的重大庆典活动，而且更成为凝聚全庄人的重要举措。

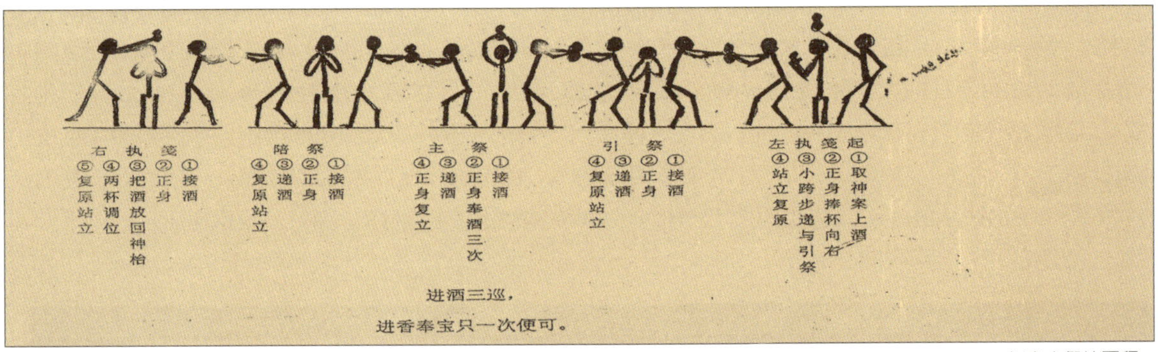

赵家庄祭礼图释

放山炮

每年正月十五晚上，全族人围在祠堂前面，开始一年一度的活动——放山炮。每一年放山炮都会经历一番激烈的“争夺”，村人争先恐后都希望把炮胆接下，因为谁能把炮胆接下，就由谁将炮胆拿回家中，供奉先祖，如此便求得合家安康、风调雨顺、国泰民安。次年的元宵节，再将炮胆拿出来，由此延续。

当晚，村中的老老少少都赶来凑热闹，大人们也停下手头的忙活，来争个好彩头。放山炮前，鼓乐齐鸣，并燃放鞭炮，在一声炮响后，炮胆直冲云霄。这时往往是最激动人心的时刻，待炮胆降落，人们立即跑向炮胆降落地，争相接炮胆。放炮胆的数量没有固定的，有时放十多个，有时放几十个，但放到第五个炮胆时，村民则无需相争，而是用竞投的办法，谁出的价钱高，谁就投得。炮胆竞投的款项全部用于购买烟花炮竹在祠堂门前燃放，最后在全庄族人的陪同下，敲锣打鼓，由得标人拿着炮胆绕村庄走一周，然后送回家中。

赵家庄放山炮的习俗，沿袭了多年，在热热闹闹的庆贺声中，族人的团结和谐得到了有效的维系。

“闹新娘”

闹新娘，也称闹新房，在过去是斗门地区青年男女结婚的习俗。新婚当晚，新郎会约上十个八个知己到新房，以文明不俗的形式热闹一番，有时会一连热闹两三晚。南门赵家庄的这一习俗展现了别具一格的风采，不仅增添了喜庆的氛围，也彰显了新人的闲情雅致。

在赵家庄，流传着这么一件“闹新娘”的趣事。赵十叔（赵向荣七子）要迎娶新会城的才女陈梨香（别名花影）为妻。新婚“闹新娘”的时候，新郎的好友们知道新娘是才女，有意试探她的才学。有人出了上联：“风送梨香过别县”。陈梨香稍思一会回了下联：“月移花影到新围”。在场的好友见她文才如此敏捷了得，一时面面相觑，不知所措。他们唯恐被新娘回敬一联对不出失了体面，即派人到本村私塾请赵杏楼老师前来应对。赵老师到来，了解一下新娘的情况后，便赠了一联给新娘：“陈氏姑娘，侧耳向东，且听凤凰之笛”。新娘想了一想回答说：“赵家公子，肖头走北，聊射孔雀之屏”。新娘见老师一表人才，谈吐不俗，随即出一联赞他：“杏子老而苍，果是含华兼佩实”。赵老师见新娘美若仙女，人如“道韫”（东晋名士谢安的侄女，很有才华），于是回赞下联：“梨花娇且白，岂真有色而无香”。

新娘过门的第二天早上，尊长辈有取槟榔的俗例。当梨香端上槟榔时，家翁赵向荣手执槟榔，口出一联：“鸳鸯比翼”。新娘冲口而出：“鸿雁离群”。赵向荣认为“离群”不吉祥，改为“埋群”（“埋群”为斗门方言，为“和群”之意）。

煮菜茶

农历正月十三“正诞晚”煮菜茶。在这一天，每家每户都会到冬种田中收集各种各样的蔬菜，放些茶叶一起煮熟。香飘四溢的菜茶煮好之后，一家人围坐在桌边开开心心地吃“菜茶”，小朋友加上几根葱，比喻读书“通疏”（聪明）。为何吃菜茶呢？一是春节时吃肉食肥腻的东西多，吃了多种蔬菜煮成的菜茶可清肠胃，保健康；二是表示冬种蔬菜收成好。

偷菜节

偷菜节，通常是农历正月十三，寓意是吉祥如意。这也是煮菜茶时的另一习俗。正月十三那天，未婚女子去田野偷八九样菜，把菜放在一起煮，和未婚男子聚在一起吃。偷菜被人发现被骂是好事，骂得越凶就越吉利。因此，不论是哪家的菜被人“偷”了，人家不但不生气，反而觉得这是个好兆头，非常吉利。

赵家庄的石板街（赵钊兰摄）

锣鼓柜

穿上节日的盛装，演奏拿手的曲目，开锣击鼓源于本土的仪轨招式，急弦慢管抒发久违的音韵乡情。

赵少甫家被日军烧毁前后

一进入赵家庄，会看见左边一片种上竹子与果树的空地，这原是1940年时任南门乡长赵少甫的一间300多平方米的大屋，1941年初被日军烧毁。

1940年，国民党中山八区第七战区抗日游击司令袁带主力130多人驻扎在该庄崇基堂（赵氏家塾），一位姓郑的参谋长是赵少甫的堂内弟，袁带通过八区政府租了他两座约300平方米的房屋作为司令公馆。1941年2月9日，日军从大赤坎入侵斗门墟时进入赵家庄，把司令公馆烧毁，幸无人员伤亡。原来，2月7日，日军登陆大赤坎后的第二天，袁带司令知道日军会进犯斗门墟，就率领130多驻军连同村民一起撤退到新会梅阁。赵少甫看见家园尽毁，即到八区政府告状，说自己的房屋若不是区政府出面租给袁带作公馆，就不会被日军烧毁，要求八区政府赔偿，区政府作了补偿。之后赵少甫一直没有重修被烧毁的房屋，后人便在此种上竹子和果树。

赵家庄企倒香山县衙

赵向荣是赵家庄的开建者维茂第二子，庄中人尊称“向荣鱼”（“鱼”是斗门方言“第二”的口音），约生活于清道光至光绪年间（1821—1908年），是特授海防军民府，以双月选用奉旨赏戴花翎。在维茂四个儿子（长子临冠而逝）中，向荣是个强者，是庄里的大当家。

赵向荣与父亲一起拼搏于商场，家财万贯，在斗门地区共购置了7000多亩地，包括承包所有的海滩。把村庄建成全封闭式的有如荣国府大观园景观的庄园。他财雄势大，显赫一方，连县衙也怕他几分。“赵家庄企倒香山县衙”这一俗语一直在该庄和南门村中流传到今（“企倒”是斗门土音，是“压倒”之意）。

赵向荣在广州、佛山等地从事药材、银号、金饰等商务。一次他为在广州“封河”三天（所谓“河”是指当时的娱乐场所），他包用全城娱乐场所，请上流人物到“河”中作客，他结识了广州协台曾望颜的第四公子。一次，在一个荔熟蝉鸣的时节，新上任的香山县衙到该庄作客。赵向荣在文馆接待他，有几个随从到庄内果园摘荔枝吃，被在武馆练功的年少气盛的四弟宠荣看见。宠荣把一随从从树上拉下来，剪了他的辫尾。当时剪了衙中人员的辫是一件非常严重的事情，属反叛，是要砍头的。随从即向县衙报告了此事，赵向荣听到后非常害怕，严斥了小弟一顿，并要其向县衙道歉。也在文馆做客的广州协台曾四公子得知此事后，叫赵向荣不要理会他。在场的县衙听到也有点怕，不知这人为何口气这么大，是何等人也？随即生气地走了，并说要告到省城去。曾四公子当即亲自写了一封信，叫赵向荣立即派人乘快船连夜赶到广州，把信交给父亲。信中写香山县衙如何在斗门勒索著名人士、贪污受贿等言语。曾望颜见信后立即传令撤了香山县衙的职。当时香山县衙状纸还未到广州，自己已被罢职了。所谓 “赵家庄企倒香山县衙”即缘于此。

庄外的农耕日子

故事传说

赵家庄赵德燊"倒蒋"记

赵家庄的石板街北面，原为赵氏家族的工人房，后来有些家族的妾也居住在里面。现在写着"社会主义文化室"的房屋原为赵德燊居住。赵德燊是南门村赵家庄赵向荣的曾孙，民国初年是香山警官学校毕业生，历任省城警区员（1927—1928年）。时任团长的赵德燊，以组织广东、广西成立南方政府为名，亲率两个团的兵力"倒蒋"，企图迫使蒋介石承认两广独立，期间被扣押。其父亲赵笔峰知道此事后，即请求吴铁城（吴是蒋介石的朋友，也是赵笔峰的同学）找蒋求情，蒋介石看在朋友面上，也知道赵德燊这人不寻常，是个可用之才，就释放了他。当时蒋介石还笑着拍拍赵德燊的肩膀连声称赞说："好胆色，好胆色！跟我干！"

光复后，中央政府派赵德燊到山西任接收专员，后因犯错被免职。回中山石岐被一同学安排在下栅海关当关长，之后回家终老。

诗词对联

绝句一首　　赵富崇

富甲南门一代雄，繁华转瞬却成空。
如今只有环庄水，曾识艰辛创业翁。

"赵家庄"诗三首　　赵德春

一

水绕翠环一洞天，箇中佳景胜桃源。
朱门广厦盘盘矗，白石长衢直直牵。
花圃画栏幽竹径，荷花雕砌彩帘船。
华堂灯饰描宫样，瑞幕流苏锦地毡。

二

势大财雄通两广①，官联刑部主郎中。
豪门贵胄承青眼，广署县衙献淘容。
百顷良田献伟业，独家商号显雄风。
呕心沥血"崇基"建②，为保荣华万代红。

三

竟与"红楼梦"境同，豪门子弟半昏庸。
盆花不及墙花艳，家酒奚如肆酒浓。
挥手千金随手掷，横床直竹阿芙蓉③。
遽怜一代奢华史，问迹寻踪十九空。

注：

① 两广：指广西巡抚黄槐森。

② 崇基：庄内一祠崇基堂。

③ 阿芙蓉：指鸦片烟。

④ 人物介绍：赵富崇，南门村中心里人，黄杨诗室创始人，今已逝。
赵德春，南门赵家庄人，现年84岁，当过教师。

访村手记

探寻古村落，我们且行且思。古老与现实的碰撞，并不会磨灭逝去的记忆。有感于庄人自觉保护古屋的意识，庄内的古屋与庄外的新房形成鲜明的古今对比。如今，看着这遗韵风骨，感叹深厚的情感积淀，这是对先祖的尊崇，对根的追溯。

美食：

赵家庄的小吃

根据赵家庄的传统习俗，村民在每年的农历三月初三和四月初八都要食用鸡屎藤饼和艾饼，因为这段时间鸡屎藤和艾草都是嫩叶生长的时候，最适合采摘做饼。

鸡屎藤是一种植物，这种植物在中药中也常使用，有清热解毒、养血保胃之功效。做鸡屎藤饼的时候要摘下叶子洗干净剁烂用水煮开，放凉后加入糯米粉适量搓均匀。肥猪肉煮熟切成块状，用白砂糖腌制成馅料放入糯米粉中包好，用饼模做成饼，上笼蒸熟，即可食用。

现代实验研究证明，艾叶功效多多：抗菌及抗病毒，平喘、镇咳及祛痰，止血及抗凝血，镇静及抗过敏，护肝利胆等。赵家庄艾饼的原料分两种，一种是田艾（用的是艾草），另一种是火艾（用的是益母草）。采艾草的时候要嫩叶，煮开后清洗干净并剁烂，放在大锅里加红糖适量再煮，然后放凉加糯米粉搓均匀，配上馅料（馅料有两种，肥猪肉煮熟切成一块块，用白砂糖腌制成，或白糖、花生、芝麻磨烂）用饼模做成饼，上笼蒸熟，即食用。

斗门区特产

斗门区农副产品十分丰富，土特产有上横黄沙蚬、五山重壳蟹、白藤湖粉藕、东澳萝卜、横山粉葛、黄金风鳝、五福禾虫等，远近闻名。

交通：

自驾游：

珠海市区—九洲大道过前山大桥—珠海大道—过珠海大桥（湖心路口右转往斗门）—过井岸城区上黄杨大道—黄杨大道转斗门大道，在南门村牌坊左转到赵家庄

背包族：

1. 609路公交车从香洲总站始发，在南门市场下车。每14分钟一班，首班车6：20，末班车20：05。

2. 斗门区白蕉长途汽车站转公交车到井岸镇城区，转乘609路、402路、406路、407路公交车到南门市场下车。

（本文执笔：李丽葵）

粤西区

据潮溪村族谱载曰：我先世之居雷也，访于何朝，基于何祖，已莫能识。所识者，惟自三良公始耳。上无可考，下有所传。则三良公为一世祖矣。公原卜筑于遂邑之北仔村，及二世祖心亮，三世祖士魁，乃迁往于海邑之东坡村。三代一身，形单影只。至四世五世，非其故已。四世祖长尚富，出五世祖三人。

风水谷箕

——湛江雷州市龙门镇潮溪村

古村概貌

潮溪村，坐落于广东省雷州市龙门镇，是清代至民国时期闻名雷州半岛的 “住在潮溪村，葬在潮落港[①]”的富贵双全村。此村建于明代末年，至今已有300多年历史，为陈姓世居之地。

潮溪村原名陶溪村，由于溪多，到乾隆年间正式更名为潮溪村。村落东西北三面偏高，皆有溪流，南面偏低，有一溪一塘，三面水流皆入塘，地形似古代的“谷箕”，因此亦称为“谷箕地”。而村内的各项建筑设施，如全村建筑面积、村坐向、宅坐向、村巷石阶、闸门楼、炮楼、水井、祠堂、神庙、石狗、围墙、花果园等，亦均按五行八卦风水形学理论进行安排。

注：

① 潮落港位于雷州市调风镇九龙山风景区东部。

② 即今潮溪村。

巧遇贤师

这么一块风水宝地，陈氏祖上又是如何发现的呢？

据潮溪村族谱载曰：“我先世之居雷也，访于何朝，基于何祖，已莫能识。所识者，惟自三良公始耳。上无可考，下有所传。则三良公为一世祖矣。公原卜筑于遂邑之北仔村，及二世祖心亮，三世祖士魁，乃迁往于海邑之东坡村。三代一身，形单影只。至四世五世，非其故已。四世祖长尚富，出五世祖三人。次尚志，出五世祖五人。三尚悦，出五世祖元盛。年荒岁歉，妻子离散。不知所往。今之分居于潮溪、柑坡、边降、油河仔各都者，皆富与志二公之孙枝济济也。”从上文我们可以了解到，陈氏祖上，能考究者，自三良公始，因此称三良公为一世祖。四世祖以前的祖先，形单影只，曾从北仔村逃荒到东坡村，后又遇上天灾人祸，妻离子散，陈氏子孙遂分居于柑坡村、油河仔村、边降村、潮溪村等地。

传说，精通风水的名师梁冠贤曾到一梁姓富主家拜访，不料遭主人冷眼相待，梁先生回家路过柑坡村时，巧遇五世祖元易公，并受到了元易公的热情款待。梁先生临走时，元易公又拿家中唯一刚生蛋的母鸡，宰杀招待以送别。梁先生深受感动，于是告知元易公迁居于陶溪村[②]。从此祖祖辈辈兴旺发达起来。

陈氏迁居于潮溪村后，是如何影响着潮溪村的呢？潮溪村的建筑又是如何体现着雷州半岛独特的文化风格的呢？对此，我们先从古村的基本格局入手研究。

风水谷箕

围墙内外

潮溪村原有环村围墙、环村簕竹和环村道路。据村谱和祠堂碑文记载，潮溪村原有严禁破坏围村簕竹的规定，规定村民不准拾围墙簕竹干簕，不准耙干叶，违者罚款。此规定刚实施时，屡禁不止。村内的四品道员陈笃延想出了一个办法，先派婢女去拾干簕、簕叶，同时派人去抓，自己重罚了自己，以公示其执行村规的决心。从此无人再敢犯禁。后来簕竹长有五六米高，针插不入，水拨不进。相传1943年，日寇袭村久攻不入，直到村民子弹用尽，日寇用炮击烧簕竹，打通一个小缺口，才得以攻入村中。

潮溪村原村围墙内土地面积约有11公顷，有六条直巷、两条横巷，均为青石砌阶白沙巷。这一条条用青石铺就的小巷，也是潮溪村富贵繁华的见证。潮溪村古石板路建于清康熙年间。

青石板路

围墙内外

兑悦门

青石板路

震兴门

古村遍布白沙土，本无需铺就青石板亦可行走。但清代全村富主出租田地在外，运谷牛车络绎不绝地从四面八方而来，白沙小巷总被碾成深一道浅一道的沟槽，牛车极难行走，遂铺就了今天的青石板路。原村石板路有十段共500米长，可东门石板路已改为水泥硬底化公路，南门石板路已挖起重新铺过，唯剩西门石板路及朝议第巷等八段石板路依旧。即便是今天，西门石板路那两条半寸深的辗磨印迹，也仍在低声述说着潮溪村远去的繁华。此外，潮溪村民间至今还流传着一首雷歌：

“全年拖租总无歇，牛车也同蚁仔拌，石板铺路总辗断，斗括[①]都无够年磨。”

原村东、西、南三面分别设一闸门楼，东门曰“震兴”，南门曰“離明”[②]，西门曰“兑悦”。

注：

① 斗括成丁字形，由两节木拼成，在斗量谷时用于拨平斗面上的谷。

② 已毁。

日落而归

红砖大厝

潮溪村的豪宅大厝，艳丽而张扬，是潮溪村瞩目绚烂的所在。

潮溪村围墙内土地面积约有11公顷，而清代民居建筑面积占34700平方米，保存较好的有14469平方米，其中工艺精美的有4775平方米。建筑四合院砖木结构宅群有85座，布局严密，宅宅相接，其中“朝议第”“观察第”“司马第”“奉政第”“藩佐第”“分州第”“明经第”“儒林第”“鹾尹第”“富德”“德晖”“道义”“修齐”“德成”等14座为豪华宅第，包括有炮楼9座。

潮溪村宅院布局平直，依次排列，崇阁巍峨，层楼高起，墙体高达15米，厚1.5米，由大砖大木砌筑而成。因年代久远，历经风雨侵蚀，墙外表苔藓斑斑，略呈黛黑。

豪宅建筑模式大致相同，坐北向南，宅顶为红瓦封盖，主宅居中，厅堂连接延伸，两侧包帘，有西厢房、下井间，厅堂外有天井，前有一堵高墙照壁，连接两边的下井间，使整座豪宅浑然一体。每幢豪宅的大门都竖开于西边的厢房与下井之间，上盖有突出如亭状的门楼，前后雕檐绘画，门额上悬题宅名，拾级而上跨过青石凿筑的门槛，便可直入宅内。

朝议第

潮溪村的豪宅大院，有几点特别引人注目。

首先自然是张扬的红砖红瓦。而红色一向为皇宫和高等级寺庙所专用，莫说民居，即便是皇亲国戚的豪门大宅，也是不能逾越的。

其次是屋脊。一般民居的屋脊是平直的，只有庙宇和宗祠才能有弧形屋脊，或为马鞍，或为燕尾，檐角高翘。尤其是燕尾脊，专用于皇宫、庙宇、宗祠等高等级建筑，民居是决不允许的。

而潮溪村的豪园大宅，一律用红砖砌筑，红瓦遮盖。同时宅院屋顶的正脊，也多非平直，而是采用了马鞍脊。如此明目张胆地僭越等级制度，这与雷州文化的构成息息相关。

红砖大厝

马鞍脊

书香门第

雷州地区属于闽方言区，中山大学教授司徒尚纪也认为雷州文化的多元化构成中，除了俚僚文化、汉文化，还主要包括了闽潮文化。中国境内的红砖大厝，概始建于明末的闽南地区。闽南人亦盗亦商的经历，使他们敢于为实利而冒险，更不惧为虚荣而冒险。雷州地区位居祖国边陲，山高皇帝远，再加上悠久的海陆贸易，使雷州人骨子里便蕴含了闽潮人的精神传统。潮溪村的红砖大厝多建于清乾隆之后，此时闽南地区已遍地“红花”，故不能不说潮溪村的红砖大厝是受着闽潮文化的影响。

潮溪村清代的“书香门第”有10个。其中有连续六代仕宦“司马第”，有连续五代仕宦“明经第”，以及“鹾尹第”。

“朝议第”，宅主陈钟祺，同治年间任直隶州“州判”、诰授“朝议大夫”，“铨选县丞加二级”，官四品，“朝议第”是陈钟祺的会客厅，建于清光绪年间，建筑面积有700平方米。建筑耗时三年半，造价约三万五千两白银。建筑规模雄伟，有炮楼两座、高大门楼一座，有大堂、大厅、厢房、包帘、密室、照壁、天井庭、下井间、水井和屏风门①等。由于年久失修，建筑上的装饰多已模糊不清，唯有大厅内的彩绘和厅堂上额屏风的“福禄寿”雕刻，在演绎着曾经的繁华。

“司马第”，宅主陈洸瀷，乾隆年间，例封为“武略骑尉”，六品武官。此宅建于乾隆初年，建筑面积为1275平方米，砖木结构。“司马第”是六代“书香门第”世家，见下表：

注：
① 屏风门已丢失。

	学位	官职	官品
八世祖 陈洸瀷	国学	例封“武略骑尉”	六品
九世祖 陈式程	国学	诰赠“奉政大夫”	五品
九世祖 陈式玉		例授“守卫府”	九品
十世祖 陈卜世	国学	诰赠“奉政大夫”	五品
十世祖 陈卜五	国学	诰赠“奉政大夫”	五品
十世祖 陈卜年		“军功州史目”	九品
十世祖 陈卜甲		候选“州同”	六品
十一世祖 陈文兰		布政司“理问”	六品
十一世祖 陈文升		诰授“同知衔”	五品
十二世祖 陈麟经		“詹事府主簿”	七品
十三世祖 陈寿吉		候选“州同”	六品
十三世祖 陈寿朋		候选“州同”	六品
十四世祖 陈鹤翘		民国时期海康县长	

“奉政第”，宅主陈文升，光绪年间，任候选“同知”，诰授“奉政大夫”，官五品，妻诰封五品安人。此宅建于乾隆初年，建筑面积为1275平方米，砖木结构。

“明经第”，宅主陈桂汾，增贡生，咸丰年间，任候选儒学“训导”，诰赠“朝议大夫”，官四品，妻诰赠四品恭人。“明经第”建于清同治年间，建筑面积为510平方米，砖木结构。新中国成立前，陈桂汾这个家族约有150人，其中奴婢约50人，石租[①]4000石，豪华宅第七座面积共4000平方米，约值当时的20万两白银，另有白银约15万两。其中在本村豪华宅第五座，共2669平方米。有清代科举名人12人，仕宦者5人，其中四品官3人，四品恭人2人，八、九品官2人。

注：
① 每石租200市斤。

	学位	官职	官品
八世祖 陈洸鸿		按察司“照磨”	八品
十一世祖 陈天骥	国学		
十一世祖 陈钟离	庠士		
十一世祖 陈钟祺	岁贡生	铨选直隶州“州判”	四品
十一世祖 陈钟禧	庠士		
十一世祖 陈笃延	国学	例授“道员衔”	四品
十二世祖 陈国光	国学		

“鹾尹第”，宅主陈锡厘，字祝三，光绪年间任福建省“盐课司大使”，台湾宜兰、候官等县典史。

关于“鹾尹第”的宅主，还有个关于五代清官的传说。陈锡厘五代为官，人人为政清廉，两袖清风，祖、父均无钱修建宅院。至陈锡厘告老还乡，才用朝廷发赠的几支枪支卖得些许钱，建起“鹾尹第”。而“鹾尹第”面积只有126平方米，是村中最小最简陋的宅第。陈氏的分田也只有50亩，是全村为官者最少的。但一次徐闻山有山贼来潮溪村勒索打劫。当贼知道所缚中有陈锡厘后，不仅不再缚他，还让出车马，并跪求他去雷州府报告“招安”，自诩今后不再做贼。陈锡厘的名声由此可见一斑。

红砖大厝是潮溪村历史的活化石，见证着曾经的繁华与喧闹。那么，这些建筑因何而起，缘何而盛，又为何而衰呢？潮溪村的祖上，是过着颠沛流离、形单影只的生活的，幸而巧遇贤师，才得以白手起家。因此，祖上们非常珍惜这来之不易的兴荣，并留下了祖训和村规。

山墙

同样引人注目的还有山墙，即人字形屋顶房屋两侧的墙壁。山墙一般有三种形制，一是人字形，比较简洁实用，修造成本也不高，民间多采用。二是锅耳形，线条优美，变化大，实际上它是仿照古代的官帽形状修建的，取意前程远大，因它的形状像铁锅的耳朵，民间俗称镬(锅)耳墙。锅耳墙不但大量用在祠堂庙宇的山墙上，一般百姓的住宅也常运用。三是波浪形。造型起伏有致，讲究对称，起伏多为三级，实际是锅耳墙的变形，更像古代的官帽，百姓基本不用。

潮溪村的红砖大厝一律采用波浪形山墙，这在中国传统民居中是极为少见的，不但彰显出了宅主们的身份，也与闽潮民居的人字形山墙、广府民居的锅耳形山墙有了明显的区别。潮溪村的波浪形山墙造型多样，似乎有些还融合了西式拱券。拱券下方多绘有中国传统吉祥花纹图案。

波浪形山墙

被榕树包裹的天后宫

包裹天后宫的榕树

天后宫

天后宫建于明朝末年，起初宫殿只是简单地用几块砖头堆砌而成，只能容纳两人进出祭奉。后来宫顶生一榕树，久而久之，榕树将宫庙的砖石全部包裹起来，只留下宫门一处缝隙。而且榕树越长越盛，大量的树根向外繁衍，绕着天后宫外的空地围成一个小广场，彷如一个天然的大凉棚，独木成林，成为鸟的天堂。

康公庙

俗传康公是四方郡社之神，生来慈惠善良仁厚，从不虐待孤寡弱小，从不践踏生灵。因此徐闻籍青少年一般会契康公，改派名为“康”字，以求庇护。

五殿大祠堂

建于清代乾隆五十五年（1790年），占地面积约有1000平方米，神阁极美，可惜已毁，新中国成立后已改为学校。潮溪村每逢“冬至”，全村便举行祭祀盛典。生男孩需做饼入“冬至”分“冬至”。宗祠将宰杀猪羊，祭祀祖宗，行礼参拜。村规对违规者的一项重要的惩罚便是开除“冬至”。后因祠堂改为学校，此活动已停止至今。

炮楼

清末，为防御贼匪侵扰，保卫生命财产，潮溪村炮楼高耸。建有炮楼的宅第有“富德”、“朝议第”、“观察第”、“奉政第”、“德成”、“道义”、“儒林第”、“藩佐第”和“司马第”九座。分别建于清乾隆、嘉庆、道光、咸丰、同治、光绪年间，分布于全村的东西南北中。一般楼高两层半至五层，墙体厚1.5米，以大红砖、大杉木、糖石灰结构砌筑，非常坚固。每座炮楼都有防卫走廊，具防火防水防盗炮孔枪眼等功能，而富德为最，位于全村的中心。其中三座已毁，尚存六座，保存较为完整的有富德炮楼、朝议第、德成、道义及奉政第五座。

炮楼

“姑息同贞”节孝牌坊

据村谱、县志和节孝坊碑文记载，潮溪村陈式程，于清嘉庆年间诰赠“奉政大夫”，五品。可陈氏于嘉庆二十五年（1820年）去世，继妻莫氏年24岁，孀守31年。陈式程子卜世，于道光年间亦诰赠“奉政大夫”，五品。卜世于清道光十四年（1834年）去世，继妻梁氏25岁，孀守27年。清同治五年（1866年），经海康县功名秀才和仕宦者25人及潮溪村族老贤人，同请旌建坊匾“姑息同贞”节孝坊。同治皇帝命广东布政使、广西总督、广东巡抚及雷州知府、海康知县，同建“姑息同贞”节孝牌坊于雷州市英利圩官道旁。此坊工艺精美，保存完整，是雷州半岛仅存的一座由皇帝御赐的金玄武石斗楔贞节牌坊。

石狗

雷州半岛几乎处处供有石狗。民间传说奉祀石狗原因有二：一是作为图腾崇拜；另一是因为狗血污秽，鬼怪沾上狗血，永世不得翻身，所以有镇邪消灾之功。雷州地区十年九旱，许多人也会祭祀石狗来求雨。

镇村之石狗

绿树成荫

潮溪村周围四面，现存二三百年以上的古榕树有150多棵、荔枝龙眼果树约有1000棵，覆盖面积180亩以上。全村有蜿蜒三面和纵横田园的小溪，有24座岭24条坑，洞天福地，山清水秀。村西部是红沙节土，其余为白沙节土。坡地以造林、种果、种甘蔗、木茨、蕃茨、花生为主，水田以种植水稻、蔬菜、蕃茨为主。

工艺美术

潮溪村的建筑工艺有木雕、石雕、砖雕、陶塑、灰塑、彩绘等种类。其中彩绘是大宅中至今保存最为完好的一项工艺。潮溪村的彩绘内涵丰富，题材广泛，色彩多样，百年尤新。彩绘分布于内外山墙、内外门楣及照壁上，内容有亭台楼阁、喜鹊红梅、岁寒三友、鱼跃清波、狮子戏球、鹤鹿松梅、牡丹孔雀、三羊开泰、麟趾呈祥、七仙送子、八仙贺寿、卧冰求鲤、木兰从军、卧薪尝胆、渭水访贤等等。

此外，村南门有土地公庙。雷州人但凡破土动工和祈求生育，就要向土地公祈祷。

原村内不准挖水井，只有南门口有两口古水井。

壁画

乡贤事绩

书香世家

前面提到过，波浪形的山墙是一般百姓所不用的。那么，这些红砖大厝的主人们，到底有着什么样的身份呢？

潮溪村世代科举，人才济济。据村谱和县志记载，潮溪村清代有科举名人72人，其中翰林院待诏1人，增贡（生）、岁贡（生）、廪贡（生）共8人。监生、增生、廪生、附生、国学、庠士[①]共64人。仕宦者有59人，其中四品官3人，五品官8人，六品7人，七品5人。

注：
① 秀才的别称

家传祖训

创业祖元易公遗书

“祖置田地，为兵戈扰攘，税粮负累，走不敢认，予之生也。寸土无耕，劳落风尘；朝不保暮，食不充饥；第予之皮肤虽饿，而予之筋骨仍劳；昼耕夜读，无感偷安；几多思想，几多勤俭，颇创一些产业。土名坐落于调贤社内栽陶溪、东周仔下，合水村前等处，遗尔子孙，尔等千万慎守于后，父嘱子，子嘱孙，禁戒赌博，必不可酗酒滥费。父子兄弟，俱要和平勤俭，四字常存。出入守分，无陷入，亦无骄入，因人待人，世世遵予之言，而其继承后来必大必昌。尚有不肖者，不遵予言之教戒，而赌博酗酒滥费，以家法处之；处之不改，送官治之；治之不改，驱逐勿认，此非予之子孙者也。予之一言，贻之后来，世世之俱要传守勿失，若逢冬至拜毕，即将予言宣读，讲明与众子孙知之，使他遵照予言而行，是予之大幸也，各自思之慎之。”

由潮溪村的祖训可以看到，祖先们是经历了许多的磨难，几多勤俭，才创下些许的家业。因此，需禁戒赌博，禁戒酗酒滥费，需勤俭节约，否则以家法处之，送官治之，为甚者则驱逐勿认。这份祖训，或许就是潮溪村能发家而盛的重要原因。

此外，村内还有勉励考功名和读书的规定。凡赴京考取功名者，每人给钱十百千文，米六斗，凡主祭“冬至”每人分猪肉二市斤。凡有爵、贤老，每年祠堂“冬至”，每人分猪肉二市斤。凡养贤由科甲而出者，“冬至”每人分猪肉一市斤。凡在祠堂内读书，每人每月给油灯钱三十文。新官新娘拜祖公每人给钱二百文。凡新丁，在“冬至”日要做饼一百个，油饼二十个，槟榔一盒，答谢祖公。

故事传说

潮溪村人才济济

村谱和县志记载的故事传说颇多。

据村谱记载，四世祖陈尚富 ，年62岁时，昏迷七天，梦见玉帝要封他为“守备护国统兵义勇将军”，即赴任。他说，男未婚，女未嫁，乞求延期数年。玉帝允之，提笔注“宽下年”。可下字直笔误透其上，则变为加十一年。尚富公七天梦醒后，果真活到73岁逝世成神，保佑着潮溪村的兴旺发达。

据村谱和县志记载，九世祖陈荐于清咸丰年间，天才好学，十四五岁便考取庠士。后外出教书，两次赴山东省考状，次次名列前茅，可由于考场腐败，次次落选。此后他一直在外教书，每年年终收入30余贯，并全部用来救济穷人和贫困书生。

传说，在清光绪年间，一次朝廷大官骑马至潮溪村。潮溪村大小官员30多人一齐身穿官服到二公里远的地方迎接。朝廷大官看见如此多的官员，煞是惊讶，赶紧下马同行进村。

民风民俗

潮溪村有演雷剧、唱姑娘歌的习俗，有举武石比赛的活动。每年年头村民需到神庙去祭祀求福，年尾还福，每月初一、十五点香施茶敬奉神灵。村民生男儿十二天要“补期”，即要祭祀祖宗，做甜糟给亲人吃，要报名入丁。至于婚嫁方面，结婚前，夫妻要拜祖宗。女方出嫁前，同伴姐妹到女方家陪哭几天，称“哭嫁”。进入洞房后，新官用扇揭开新娘头帕，然后用扇打新娘头三次，打得越重新娘以后越听话。

访村手记

清代后期，潮溪村约有100户人家，其中富豪之家约40户，共有租谷一万多石，全部出租给龙门、英利镇几十条村庄的农民耕种。

民国战乱，潮溪村的簕竹砖墙抵挡住了贼匪的抢劫，却无法抵御日寇的连续不断的炮轰。村民与日寇的浴血奋战，至今仍可在闸门楼炮楼及部分民居墙壁留下的弹痕中找到丝丝痕迹。与日寇的抗战，潮溪村付出了惨重的代价。

新中国成立后，1952年的土地改革，除留两座宅院公用外，其余全数分给贫下中农。而宅院的主人，作为地主阶级，死的死，逃的逃，只残留三个单身汉，成为今天的五保户。我们到潮溪村调查时，村民误以为我们是曾到村里下乡的湛江师院的学生，很是热情。但一提及红砖大厝，则神色大变，恐慌地说道：那是地主的房子，那是地主的房子，那是地主的房子……

“林花儿谢了，连心也埋；他日春燕归来，身何在？”

“几番风雨，几度飘零；流云散尽，何处月明？”

难以想象，数十百年前，这里到底演绎着何种悲壮。只能看到，红砖已成黛黑，宅院已是莽草深深，闸门炮楼又多有坍塌……或许红尘已残碎，或许繁华已不再，或许骄傲已远去，又或许，荣耀已湮灭，但，感谢族谱，感谢石碑，让故事，流传。

旅游攻略

交通：

于雷州市区搭乘至龙门镇的中巴（7元），再转乘三轮摩托进村（租一辆摩托10元以下）。

（本文执笔：郑雅之）

李氏胄裔

——湛江雷州市白沙镇邦塘村

注：

① 现湛江东海岛开发区东山镇东头山。

② 已毁。

声名鹊起

邦塘村古称石奇村，早在明朝中期，邦塘村李氏始祖李德重便从鹿洲岛[1] 迁居此地，至今二十三世，历经500多年，分南北两个自然村，现有3500多人。今仍存有邦塘村李氏历代续修村谱两本。

南村概貌

邦塘村风光秀丽，四周簇拥着绿林。南北村之间是几百亩呈“Y”字形的葱郁田野，小桥流水人家，恬静怡人。当地土特产有黄皮果、芋头、杨桃、甘蔗及蕃薯等。传统手工艺有蒲织品，传统民间艺术有雷剧、木偶剧、走火场、傩舞等等。

邦塘古民居远近闻名。全村有一百余座古宅，堪称古民居博物馆。

邦塘村原有村围墙[2]，还有大宗祠一座、小宗祠五座，邦塘庙、天后宫等古庙五座，古碉楼一座，门楼坊三座，九条直巷、两条横巷，五大古井及一座古塔。古民居大部分集中在邦塘南村，其建筑形制如官府

绚烂古民居

布局，兼按传统五行风水格局构建，坐西向东，布局为“回”字形，威仪十足。其中李光祖一家便拥有古宅十多座，由四条巷道连成。现保存较好的有“廉让间”、“中和”两条巷道。较有观赏价值的是“居由轩”和“李云龙家宅”。

近年来，邦塘村声名鹊起，不仅号称雷州市第一村，还与江西婺源、山西丁村、陕西党家村等古村落并称全国十大古村。最具特色的有“邦塘村五奇”。

绚烂古民居

风水古塔

北村全景

李氏胄裔

据邦塘村委会负责人介绍："邦塘村人是李世民的后裔。"

一语惊人，此乃一奇。

李世民的"贞观之治"盛传至今。可大唐李世民的后裔是如何来到南蛮之地的雷州安家落户的呢?原来，安禄山叛乱反唐时，李世民的后裔们流散全国各地，其中有一支流落到江西宁都，后迁到福建莆田，再由莆田迁往湛江东海岛东头山。第四代孙李德重又从东头山移居邦塘村，是为该村始祖。

又据史书《旧唐书》卷八十六，《列传》卷三十六载："高宗八男，则天顺圣皇后生中宗……肖淑妃生许王素节"，"许王素节高宗之第四子也……被缢死，年四十三，则天令以庶人之礼葬之"，"素节被杀之时，子瑛……等九人并为则天所杀，惟少子琳、瓘 、璆 、钦古等以年小，特令长禁雷州……"由此可知，唐高宗是李世民长孙皇后的独生子，素节是高宗的第四子，长禁雷州的素节之子琳、瓘 、璆 、钦古是李世民的重孙子。

李世民之重孙曾长禁雷州，安禄山叛乱时李世民的后裔又可能曾前往雷州。这一切的巧合，是多么的神秘迷人。且邦塘村为李姓，村名又为邦塘（谐音为帮唐），李世民后裔的说法正确与否呢？这个历史之谜且待有兴趣的学者们进行考究。

石头泉

泉水叮咚

雷州大地常常久旱无雨，很多村庄都是靠打井抗旱才能勉强种下农作物，有的地方甚至井水干涸，取水困难。然而，邦塘却是另一番景象，这里俨如雷州的世外桃源，处处泉水叮咚，满眼翠绿。大路旁，村庄里，荔枝、黄皮果、菠萝蜜挂满枝头；坡地上，田野间，农作物欣欣向荣，稻穗沉甸甸地垂下了头，丰收在望。

原来，这条村子有8个泉眼，泉水都是从坡上石头缝里喷溅出来的，一年四季从不断流，不仅供正常饮用，也供日常灌溉。这8股泉水，源头在哪里，流往何处去，村民们也搞不清楚。南村的水井，无论旱天雨天，井水面依旧，不升也不降。解放海南岛那年，村里家家户户住满了解放军，用水增多，井水仍保持不变。北村的水井，井虽不大，水也不深，可是水桶之类的器物一不小心掉下去，却很快无影无踪。有一次，村民的一只鸭掉到井里去，第二天却出现在村边的田野上，令人啧啧称奇。难道邦塘村下面有一条地下河?如果不是因为有地下河，也一定和这里特殊的地质结构有关。更奇怪的是，凡是有泉眼的地方，都有一棵枝叶婆娑的大榕树，它们是前人种下的还是生来有之，亦难以考辨。现在北村村边的一个泉眼上，已用水泥、石条堆砌了一个长方形的小水池，一头承接源源不断的泉水，一头连接排灌渠，流向田畴，既可灌溉农作物，又可供村民们劳作之余的洗濯之用。游人来到此处，亦纷纷走到池边洗手洗脸，甚至走下齐膝深的泉水中，去体味炎炎夏日中泉水的清凉。难怪村民们自豪地唱道：“邦塘有个好泉水，髻蓬毛乱吃都光①，生鳞生壳②吃都妍，瘦骨落肉③吃都肥。”此乃二奇。

注：

① 光鲜、光滑的意思

② 皮肤疙瘩。

③ 瘦弱的意思。

邦塘村处处绿树成阴，几百年树龄的古树为数不少，如古榕、古凤凰木等，而最古老、最神奇、最珍贵的要数昂立路边的甘芦树了。

这棵树高约12米，从地面起至8米高处已全部空心，只有周边几条树干把已干枯的薄薄树皮连在一起，形成一个偌大的门洞，树洞内可同时站进4人。而高大的树冠却枝繁叶茂，郁郁葱葱。据说，这棵甘芦已有上千年了，树龄比村龄还要大得多，属于国家重点保护植物。这里的村民及远近的群众都尊称它为“树公”，认为其神奇莫测，甚有灵性。因此，经常有人在树下点烛焚香，顶礼膜拜。此树乃邦塘村之三奇。

为什么已大半截空心的古树还能开枝散叶呢？据林业工程师说，这棵树的树心虽然空了，树皮大部分也腐朽了，但还有几条支撑全树的形成层导管，把干枯的树皮连接起来，并把根部的水分和营养送到其他各部位，使古树上半截得以继续生长，依然生机盎然。他还说，这棵甘芦树经雷州市林业局特派员的实地考察、鉴别，已确定为我国的珍稀植物——“见血封喉”树。“见血封喉”树是世界上最毒的树，据说干、叶都含有剧毒的白浆，古代森林原住民常常取其白浆涂抹于箭梢，中箭者必死无疑，屡试不爽。但邦塘村却从来没有人因为这棵树而中毒。村民们依然对它顶礼膜拜。

邦塘荔枝远近闻名。据说清朝时，邦塘人李登三在福建当知县，离任时经吴川梅录带回了荔枝的种，并请专人种植管理。从此村里家家户户都种上了荔枝树，那时候漫山遍野都是荔枝树。改革开放后，全村大种黄皮果，数量多达400多亩，约5万多棵。每当果子成熟季节，金黄色的果实缀满枝头，犹如满树黄金，满村果香四溢。此乃四奇。

见血封喉树

民居

邦塘村古民居，红砖大厝，山墙高耸。可如果没有村民领着来访者穿村过巷进入古民宅，人们一定会在迷宫一样的建筑群里找不到方向。此乃五奇。

单是李云龙祖上的豪宅，就有7进，呈回字形，有72间房，84扇门，大小天井24个，有正厅、大厅、客厅、卧室、客房、银库、仓库、书房、私塾、饭厅、女儿楼、花园、戏楼、作坊、厨房、供女眷洗浴专用的小天井、石盆、更衣室、仆人房等等。

邦塘古民居是清朝中叶开始兴建的，已有200多年历史。李氏的先人们根据周易易数选择了邦塘这块“鲤鱼吐珠”宝地，按照北乾①、南巽②规划分为南、北两村，每村都建有7条互相对称的村巷，每条巷头都建有一个闸门楼，种有九株相对称的树木。“廉让间”对外封闭，向内开敞百余座房屋。

古民居的小巷又直又长，顺着坡势由低处向高处延伸，每隔一段就有几条青石板铺陈。小巷不宽，2米左右。房屋大门都临巷排列，且都开在堂屋的左侧，俗称“青龙门”。房屋的净高很大，檐口高度都在1.6米以上，并设有与广州西关大屋一样的趟栊③。门楣右方有一个与户主身份相对应的木字形标志。高墙深院利于通风，且可保障居住的安全。古民居屋顶各有不同造型的屋翘，屋内雕梁画栋，雕刻着姿势、形状各异的人物、动物和植物图案，美轮美奂。

邦塘村古民居的建筑如官府布局，威仪十足，如李光祖的新、旧两座客厅“外翰第”与“居由轩”。“居由轩”又叫“学修堂”，建于清咸丰年间，占地面积700平方米，砖木结构。“居由轩”乃李光祖接待宾客的地方，拨入这里的租谷每年有600石，这些收入专供这个家族的小孩读书及过年时接待宾客之用。全宅有三进，大门里层仪门相隔，大门外一副大石鼓，颇有庄严之感，足以彰显当时主人显赫的身份。轩内四面回廊曲径，幽静清雅，显出了大家气派。原藏有清代名人翁方纲、陈乔森的手迹，“文革”期间被红卫兵全部烧毁。清末民初，李光祖后代李世庆④、李舜廷⑤、李汉廷⑥等人将“居由轩”开设为学堂，后办成学校，为邦塘村培养了大量人才。

注：

① 乾，八卦的首卦，天。

② 巽，八卦之一。代表风。

③ 俗称栏柱。

④ 国学士。

⑤ 廪贡生。

⑥ 国学士。

居由轩

古民居中最具特色的是李云龙的家宅。李云龙的家宅建于清道光年间，乃其父亲李光祖所建。这座民居各层都有一道大门，高三米多，宽一米多，门前铺有坚固的石砖地板，有粗大的木柱子。大门檐铺有狮头绿琉璃瓦，进入大门，四面高墙深院，前层是客厅，两层弧形的门口，上面雕塑着“建德第”与“师古”的篆体字，这是接见客人的地方。从客厅的小门进入后上院是书房。客厅前面是二道门，进入二门即是正宅，宽深的庭院，正面是厅堂，两边是厢房。院子下面是一堵高大的墙壁，上面雕刻着象征着官府第各种等级的浮雕。正厅中间是一个全部用金箔镶就的大神龛，据说主人为建这个神龛花了一大笔银子。神龛正面刻着“安富尊贵”四个大金字，显示出一派富贵荣华的景象。厅内挂着四盏宫灯，显得金碧辉煌，气势不凡。大厅天井对过山墙的壁画是一幅“五鹤图”，五只飞、立、俯、仰、卧不同姿势的大鹤，形态各异，栩栩如生，象征着“五福临门”。

这家深院的正宅和厢房之间还有一道青龙门直通后院，其间有一个只有0.5米宽的小门口，这是古时富家府第的钱库。后院是一排排瓦房，供佣人居住。

邦塘除了“中和”和“廉让间”这两条巷道外，君会公祠和翰林学士李晋熙的客厅“南坡别业”以及知县李绍绎的家宅也是独具特色的。

邦塘村古民居数十座连在一起，居高俯瞰，真不愧是“闾阎扑地，钟鸣鼎食之家”！

李云龙家宅

古屋神韵

北村

余力轩： 客厅，建于清光绪年间，客厅坐西朝东，占地面积约400平方米，平面布局为回字形，分上下左右客堂，回廊相接、栏杆环绕，庭院宽敞，通风采光好。瓦屋面、硬山顶、四面合槽。室内装饰讲究，木隔断、木镂花窗、灰塑石雕都体现出较高的艺术水平。李绍绎为该厅撰联曰：余地尽堪培菊竹，力田还可事诗书。

李椿年家宅： 建于清咸丰年间，李椿年祖父李光洩在一条巷上建了八座住宅给后人居住。深街窄巷，清幽宁静。八座大宅的形制与平面布局基本相同，坐西朝东、正三间五房，二进院落。外墙全砖砌筑，瓦面硬山顶。室内装饰不俗艳、较简朴，是典型的居家宅第。

李其荣家宅： 建于清光绪年间，是一座正三间横带前后包帘、倒厅的宅第。庭院宽敞，光线充足，室内装饰也华丽，屏风、倒厅间木漏花窗、精雕细刻的厅门等体现出了较高的雕刻技艺。

李韶级家宅： 建于清光绪年间，此宅的平面格局为正五开间、前后包帘加倒厅，房屋开间和进深较大，庭院宽敞，室内装饰讲究，屋檐滴水板木雕瑰丽精致，墙柱上灰塑和彩绘玲珑剔透，体现了很高的艺术水平，是村中唯一的一栋青砖大屋。

李霞五家宅： 建于清光绪末年，该宅建筑很有特色，水形硬山顶线条流畅，条石门框，琢磨精细，外墙四周用细条石砌筑一米多高。宅内各种木雕、灰塑形态逼真，雕工精良，门额字“武德第”显示宅主人地位。李霞五儿孙辈李祖尧，曾就读黄埔军校，后任军事科长；李祖舜，毕业于中山大学，曾任广东省参议会参议员，国民党县党部书记。

李绍绎家宅： 建于清咸丰年间，房屋格局为正三间五房，开间和进深都较大，并建有前后包帘和倒厅，宅内装饰简朴实用。李绍绎，字景仲，清同治丁卯年举人，曾掌教海康睿元书院、徐闻贵生书院三十多年。

余力轩

南村

李元勋家宅：建于清道光年间，乃李元勋祖父李光祖所建，至今约180年。分为上下二进院落，砖瓦结构，传统格局。开间为正三间五房。

李登龙府第：此宅建于清嘉庆年间，是李光祖家最古的住宅。宅居大门青石门框雕刻精细。高墙深院，坚固实用。三间五房格局。

李元杰家宅：建于清道光年间，乃李元杰祖父李光祖所建。此宅为二进院落，中间为客厅。大门楼装饰以灰塑为主，造型轻巧，瑰丽精细，对称的一对麒麟栩栩如生。墙壁彩绘多姿多彩，居宅结构稳重牢固，历经沧桑，仍可居住。

李元模住宅：建于清光绪末年，为李元模本人所建。本宅格局为二进院落。院落宽敞，宅门高大。门匾字“永建”为光绪年间翰林学士李晋熙所书。

李元玙府第：李元玙，字奂若，官授广西试用知州（五品）。此宅建于清道光年间，为一座大型住宅，建筑格局为二进院落。庭院下为私家花园，占地面积千多平方米。李元玙出仕后，大门上还外加挂上“刺吏第”木匾。正三间五房的用料上乘且装饰风格古朴，不事华丽，坚固实用。

李元壁家宅：建于清道光年间，建筑格局为二进院落。客厅带小庭院，主屋连大庭院。在廉让巷的宅第中是别具一格的平面格局，有内部空间紧凑、开间尺度适宜的特点。

李元培家宅：平面格局为二进院落，通过客厅可到后花园。进入客厅拱门上书“步月”很有诗意。平面开间尺度协调、紧凑。

李文龙家宅：这座居宅是五龙九宅之一，比较有特色。三间五房，一进院落。门额框板浮雕彩绘线条流畅，构图奇巧。庭院下影壁的浮雕双凤朝阳图精雕细刻，巧夺天工。

李晋熙家宅：李晋熙，清光绪十六年（1890年）庚寅恩科进士，钦点翰林院庶吉士，授工部主事，工部裁併，宣统二年（1910年）谒选滁州直隶知州，曾受光绪皇帝赐花翎。此宅为其出仕前的居宅，简朴实用，不尚豪华，乃李晋熙祖父李暾曜所建。

官宦世家

不管邦塘人是不是李世民的后裔，却的确是人才济济，英贤辈出。在清朝中期至清朝末期，邦塘村曾有功名者一百多人，在山东、山西、安徽、广西、福建、广东等省份任职。任过六品以上的官吏有十多人，其中有五人任过五品官，他们分别是李登龙、李云龙、李元玙、李绍绎和李晋熙。李绍绎在清同治六年（1867年）中举人，是一个教育家和书法家。李晋熙在清光绪二十六年（1900年）中进士，钦点翰林学士。

其中，李光祖家族是邦塘村的大家族之一。李光祖有五个儿子。长子文龙，官授修职佐郎、试用儒学训导（八品）；次子见龙，官授琼州府临高县学正堂（八品）；三子毓龙，官授奉政大夫盐库大使（五品）；四子登龙，官授广西三旺河池州州同（五品）；五子云龙，官授即用京府通判（六品）。李云龙有三子，长子元玙，官授广西试用知州（五品）；次子元炳，官授直隶州同（五品）；三子元壁，官授中书科中书（从七品）。李光祖一家有功名者数十人，当时声名显赫三雷。

民国期间，邦塘村也曾出了一批较有名望的人士，有中山大学毕业曾任广东省参议员、海康县参议长的李祖舜；曾任广东省教育会委员、海康县教育会长、代县长的李华民；黄埔军校毕业曾任海康县国民兵团上校团副的李耀钧；黄埔军校毕业曾任国民党军队炮兵团副团长的李毓秀；黄埔军校毕业曾任军事科长的李祖尧；有国民党海康县抗日大队长李志仁。

新中国成立后，在中国共产党和人民政府的培养下，邦塘村又涌现出大批人才，有曾任国家农业部外援处总工程师、中国国际经济合作社学会理事的李成章，他曾去过四十多个国家和地区，受到许多国家的总统接见，还得到越南胡志明主席颁发的劳动勋章和友谊徽章；有曾任雷州市政协主席的李和养，以及一批局长、高级教师、文学艺术家和工程设计人员，邦塘村又显出了人才济济的新局面。

李绍绎

邦塘古村浓厚的文化氛围，曾培育出名闻遐迩的李绍绎。李绍绎为同治年间的举人，曾任海康的浚元书院及徐闻的贵生书院主讲。雷州半岛同治、光绪年间出类拔萃的读书人，很多都是他的学生。他是雷州一代宗师，笃爱生徒，因材施教。他曾资助过不少贫困好学的读书人，还担任过修筑城池、捍海大堤的指挥官，又是修县学宫、节孝祠等的负责人。有一次，海寇驶数十艘船至双溪口，攻城风声很紧，雷州城一片怆惶。知府卢端甫委任李绍绎为督丁团，组织团使奋起抵御。他英勇善战，运筹有方，使得海寇无计可施，确保雷城安然无恙。

李晋熙

李晋熙于清光绪十六年（1890年）中进士，是邦塘又一名人。他曾钦点翰林院庶吉士。在京供职期间，正逢清政府腐败至极。1900年八国联军入侵北京，清政府不抵抗，任由侵略军烧杀抢掠。慈禧太后逃命，文武官员一时作鸟兽散，李晋熙却意守京城。他曾因不愿意向洋鬼子作揖而被打得头破血流。李晋熙为人正直，不愿随波逐流，攀附权贵。因此，作为候补知府，苦等十年，直到宣统二年（1910年）才得到安徽省滁州直隶州知州的官职。

闻名遐迩的邦塘荔枝

清末光绪年间，邦塘村有个李登三[①]，原在福建任知县。任期满还乡，他路过梅录时，看到该地有白腊、黑叶等良种荔枝。其特点是体大、核小、香甜可口，加上成熟期早，价值高。他回家便与同村的李绍绎商量，决定由他带人到梅录购回二千多棵嫁接的荔枝苗，并不惜重金聘请名师指导栽培和管理。在村四周的荒山种植的荔枝苗，便成了后来闻名遐迩的邦塘荔枝林。邦塘荔枝在雷州大地红极一时，也曾兴旺了大半个世纪。

注：

① 外号妃蒙。

李志仁

李志仁，原名李世传，他从小父母双亡，一贫如洗。20世纪30年代，邦塘村的副乡长李志仁奉命上城参加军事训练，但他的母亲怕儿子军训后，会上前线打仗，因此不让儿子离开她。虽经上级多次催促也不能成行。后来经村里的群众讨论，认为李世传虽然没有文化，却是个胆大心细的军事人才，于是在群众倡议下李世传便成了冒名顶替李志仁的人选，而原来的李志仁则另改姓名。经过数个月军训生活的李志仁，在县警察所里做了一个小小的头目。抗战前夕，他与肖建茂、何鸿瑞等人结成百人兄弟会。因为足智多谋，加上他有了“一官半

日出而作

职”，竟成了该兄弟会的头号人物。20世纪40年代初，雷州城被日寇占领后，李志仁毅然用自己部分家产买了枪支子弹，组织数十人，在调风、东里成立游击队。当时国民党县长王光汉也委任他为抗日游击队的大队长。在作战中他英勇善战，曾击毙日寇多人。

戏台前的枪声

20世纪30年代末期，一个繁忙的夜晚，金字架的大戏台屹立在邦塘南村的村头，正上演着精彩的粤剧。戏场内外被村民们挤得满满当当。戏场旁青竹丛边搭着一列供观戏的小楼，楼上坐着谈笑风生的乡绅及其眷属们。其中最突出的是一对中年夫妇，男方满脸红光，神采奕奕，身穿绿尼军服。女方身穿蓝色旗袍，美丽动人，身上抱着一个刚满三周岁的男孩。戏台旁的青竹丛边有十多个卖小食的摊贩，其中有个卖牛肉粽的老头，其摊位较接近观戏小楼。食客中有个头戴毡帽、眼架黑色水晶眼镜、身穿蓝黑便服的壮汉。他若无其事地吃着牛肉粽，但眼光有时偷视观戏小楼，有时偷看手表。当时针指向十点时，小楼里的军官忽然发现儿子拉肚子，于是他马上抱小孩到楼下的竹林边让小孩如厕，正要上小楼时，蹲在牛肉粽摊位上的那个食客，马上吹灭粽摊的灯光，从身上拔出手枪，对准军官的上身，乒乓地连发了数枪。枪声震动了整个戏场，造成一片混乱，而那汉子也趁着混乱溜走了。演出停止，饮弹的军官躺在血泊中。事后才知道被害的军官是本村的李耀钧，杀手是和家村的符春茂[①]。李耀钧毕业于黄埔军校步兵科，当时是海康县国民兵团副，曾奉命到和家村逮捕符春茂的堂兄符永茂、符永发兄弟。杀手符春茂是为堂兄弟报仇而采取上述行动的。后来符氏兄弟越狱，兄长逃亡，其弟被杀。不久符永茂当上日寇侵雷时的警备司令，抗日胜利后被国民党枪决。而符春茂曾一度参加革命，后作叛徒，于解放前夕在沈塘被解放军包围而自杀。

注：

① 外号齐王。

昔日的繁华，将被凝固的历史——红砖大厝——所铭记，只是，远去的不仅仅是枯藤老树昏鸦，还有人们的记忆。豪宅大院经过一轮轮的洗劫，空留野草狂生。

今日的邦塘，在绵绵细雨中，让雨声滴答滴答地述说着昔日的笑语；在斜阳夕照中，让阳光呢呢喃喃地亲吻着斑驳的大厝；在幽幽小巷中，让端坐的老人家宁静悠然地牵起一根根的情思……

交通：

雷州城西郊，在207国道旁。

雷州市内有公交直达邦塘村总站，车费1元，坐摩托车5元。

（本文执笔：郑雅之）

北村建筑群郑雅之 摄

东坡二进

——湛江市遂溪县建新镇苏二村

古村概貌

苏二村，位于湛江市遂溪县东南方向33公里处，靠近湖光岩风景区，毗邻官田水库流牛滩，粤海铁路从村旁穿梭而过，是一座以黄氏家族为主的自然古村落。

该村历史悠久，早在北宋期间，苏二村始祖从福建莆田迁居此地，至今已近千年历史。村中现居住着500多户人家，3100多人。村落钟灵毓秀，民风纯朴。古荔枝密布村围，古溪河自北向南绕村流过。该村既有郁郁葱葱的数百年大树、山墙高耸的红砖大厝，更有铭刻历史脚印的千年古井。村里的古民居建筑群是粤西地区保存较好的古建筑群之一。北宋大文豪苏东坡，清朝粤西状元林召棠也曾到过村里，原解放军政治部联络部部长叶选宁中将，为苏二村文化宫题字，文化宫现是村的文化娱乐中心。原湛江地署专员黄明德，也为苏二村文化大楼写下了“万古勋名垂史册，千秋义勇壮山河”的题词。

苏二村原名荔枝村，因其荔枝多而味好，为当时的贡品，故名。北宋大文豪苏东坡很喜欢吃荔枝，他当年被贬，途经南北要塞“三十里官路”时，从荔枝村旁经过，见村口有一棵千年“双袋子”古荔，便慕名走进荔枝村。可惜荔枝成熟的季节已过。村里的长老告诉他，“要尝荔枝佳果味，待到来年五月时”。

后来，苏东坡遇赦北归，经过遂溪时正逢五月，他再次踏进荔枝村，这时村里的长老便捧出味道最美的荔枝王——“双袋子”来招待他，他终于如愿以偿。村民把荔枝村改名为苏二村，意即“苏东坡二进荔枝村”。

苏二村概览

千年官道

苏东坡南贬海南时经过的“三十里官路”，至今仍有迹可循。苏二村东南边，仍有段官道旧迹，官路上的石板清晰可见，沿着官路所种的荔枝树也还在。

官道上的《千年石官道记》有言：“千年石官道，石上双辙深痕乃昔高脚牛车轮碾而成，世之奇观也。

道自调丰出，向东北，经东吴、湖光，连广济桥，抵庄家渡，远接海上丝绸之路。耕者、商者、官者、旅者、驿者，多元一道，日夜兼程，近千年矣。

道跨银溪，架设石桥。一九四三年农历正月十四日早晨，日军炸毁石桥，人车涉水儿遇，翌年，村人自行修复石桥。”

从石碑所记，我们可以知道，石官道南至调丰，北抵庄家渡，路经苏二村。

拦河大屋

苏二村现存明清古民居113座，占地面积4万多平方米。村落以一条纵向的主道和多条横向的巷街为主要骨架，构成东西向为主、向南北延伸的村落街巷系统。所有街巷均以青石铺地，巷道、建筑布局相宜，村落空间变化错落有致。

古建筑以石砖结构为主，木雕、石雕、砖雕丰富多彩，色彩绚烂夺目，色调高雅大方。古民居平面布局有一进四合院式，分上房、套房、厢房、门厅、

碑记

千年石官道

拦河大屋

西式洋楼

照壁、院子等几部分；另有平面布局为二进四合院式，分前后厅堂、套间、外院、里院、巷及偏房等。这些建筑十分注重山墙和线条、门额题字、花雕图案及屏门花草雕刻等装饰。浮雕刻有花草树木、鸟兽虫鱼，形象栩栩如生，工艺精湛，巧夺天工。

其中代表建筑是一座共有50多间内房的“拦河大屋”，屋中保存着完好的枪口和炮口，屋顶的古墙蜿蜒盘曲，气势恢宏，共有100多个门口，一座民居就占地一条街，其布局之工、结构之巧、装饰之美、营造之精非常罕见。

波浪形山墙

拦河大屋门楼

福禄寿墙

年例

年例是该村村民敬神、祭祀，祈祷风调雨顺、百业兴旺、国泰民安的活动，该村的年例时间为两天，即每年的农历正月十五和正月十七。

苏二村民过年例，有“年例大过年”的说法，所以每当中国大地为过年而忙碌准备的时候，村民却为过年后不久的年例而忙碌起来。每逢年例，外出的村民都提前一天回到村里，将屋前屋后、巷头巷尾打扫干净。每年这一天，村里都张灯结彩，锣鼓喧天，每家每户都大摆筵席，邀请亲朋好友来吃喝玩乐，白天举行游神庆祝活动，晚上做大戏、放烟花，整条村都沉浸在热闹喜庆的气氛中。年例的主旨是敬神，所以重头活动还是“游神”，一般由村中族老组织，用铜锣、头牌开道，“担头旗”的是村中年轻貌美的男子，继而则是一队少男少女扛着五色旗，接着是狮子班、舞龙队、锣鼓棚、骑马童生等艺术队伍。神轿随后，罗伞遮顶，浩浩荡荡，锣鼓喧天，鞭炮齐鸣，围观之人熙熙攘攘。此时，各家各户预先摆设肥鸡、水果、糖果等祭品在门前，焚烧元宝香烛迎神拜祭。小康人家若是看上了某狮班，则用生蒜裹着红包挂在门前，这个狮班便要下功夫在爆竹声中向主人家殷勤献艺，并努力展示自己的攀高技艺方能采下红包，舞狮人称此过程为“采青”。

苏二石狗

做福

“做福”是雷州半岛地区盛行的一种祭祀方式。该村每年举行“做福”活动两次，年初一般正月中旬的某日，年底则在腊月的某日。由村中长老召集，选“福头”若干名，并明确分工，向村民收集“做福”费用，村民则以户为单位交纳“福钱”。因为这是带有祭祀求福性质的活动，且有以参加为荣，被革为耻之风，即使是家中无米下锅，也勒紧裤带到处筹钱以交纳“福钱”。“福头”收齐“福钱”，登记完毕，便盘算一下有多少份，酌量买回生猪、生鸡等，宰后全部放入锅里加水煮熟，捞起放在桌上，然后，由几个年轻壮汉抬到神坛前，点燃香烛拜祭，接着再抬回，按交纳“福钱”份数分配“福肉”。分“福肉”之时，围观的群众熙熙攘攘，尤其是小孩更是垂涎欲滴，高兴得手舞足蹈。

吊灯

苏二村还盛行旧例“吊灯”旧俗。凡添男丁者，次年春节期间，在本村祠堂、土地神前搭灯棚，吊挂各种花灯。即使出外做工定居城市，也要遵守此例。一般从正月十一开始，一直吊到正月十五。先是“取名”，正月十一凌晨，由村中长老带领道士，挨家挨户地为生男丁者祈福，并为男丁取名。接着是“出灯”，祈福完后一般是正月十一日早上，这时，主人备好酒菜，请来亲戚朋友，摆上几台乃至数十台，饮宴庆贺一番，俗称“做灯酒”。最后主人和亲戚朋友一起把吊在自家祖屋厅堂的“灯”一路鸣着炮送到村里祠堂或土地庙前的灯棚集中吊好，供人观赏。此后，主人每天早晚都要到灯棚里为自己的灯加油，务使灯火长明不熄，并拜祭祖宗和神灵，以示喜得贵子的谢意。直到元宵之夜，便把整个灯烧掉，称为“圆灯”。由“出灯”到“圆灯”这几天，村民还有聚众赏灯习俗，评论谁家“吊灯”好看，尤其是看灯裙所写诗意如何，所以灯棚里游人熙熙攘攘，加之昼夜锣鼓喧天，因而十分热闹。由于民间习俗规定：只有经过“吊灯”的男丁方能收入族谱。因此，当地人不管在外工作、经商多久，年龄多大，只要没有经过“吊灯”这个程序的，都要回来补上这一课。

雷剧

雷剧已在雷州半岛盛行了几百年。雷剧一般情节曲折，故事性强，唱词通俗易懂，深受村民喜欢。据说，从清朝开始，该村为演戏酬神而从外地请来雷歌班，渐渐形成了每年元宵节和中秋节期间演戏的惯例，并一直保留至今。每逢演雷剧，男女老少都早早地吃完晚饭赶到戏场，拿着长凳子、草席等到戏场上占一个好位置。当夜幕降临时，戏也快开始了，这时，戏场更加热闹，人们都聚集在戏台下，人头涌动，做生意的小贩也围在戏场四周，有小食摊、虾饼摊、白切狗摊等，犹如一个小集市。

传统小食

“大饼”——每逢新春佳节，苏二村民盛行做“大饼”，有的地方也称年糕，雷州俗称“圈饮”。因需将生饼料盛在竹篾编织成的围圈形托盘，然后再放在大锅上蒸熟而得名。“圈饮”用糯米、红糖加适量花生油制作而成。因为糯米软滑香口，红糖带有吉祥之意，故为人们所喜。因“圈饮”圆形，直径达五六十厘米，高约十多厘米，重量足有二十几公斤，所以称“大饼”。做“圈饮”日期一般选在农历除夕前二三天，有浸米、舂粉、搓饼直到下锅等工序，时间较长，功夫较多，尤其是搓饼，要有很高的技术，因为这关系到“圈饮”的质量问题。所以，即使是寒冬腊月，搓饼人往往工作到汗流浃背。搓好饼放下锅后，要蒸五六个小时才能把饼蒸熟。遂溪当地还有一种风俗，就是蒸饼一般在夜晚进行，并要将门关上，此举的目的是防止蒸饼时有外人闯入，按当地的说法，如有外人闯入，蒸出来的饼上会有一个脚印，饼面不够靓。到了大年初二或初三，才开刀割“圈饮”。由于饼太大竹篮子放不下，就有了一个“圈饮”分成四角，便于媳妇去村（回娘家）装篮的习惯。

木叶搭饼——用糯米粉加水搓制成饼坯、捏成饼皮包馅，再用上下各一至二张木叶包盖，放在锅里蒸熟，这种食品苏二人称“木叶搭饼”，也称“天盖地盖”。“木叶搭饼”所用的木叶多是选用菠萝蜜树叶。“木叶搭饼”按其馅分甜、咸两类。甜“木叶搭饼”馅用椰丝、花生或芝麻加糖制作，还要加入二三块用糖腌制过的肥猪肉粒，俗称“豆糖”（遂溪人习惯将花生叫“番豆”）。咸“木叶搭饼”馅料用花生、虾米加盐制作，俗称“豆盐”。木叶搭饼制作日期也是在春节期间，有浸米、舂粉、搓饼、捏饼、搭叶、下锅等工序，时间较长，一般要蒸三四个小时才能起锅。

虾饼——以其饼面有虾而得名。苏二村民家庭中很少制作这种小食，只有到了村中年例或其他重大节日，才有小贩制作出来贩卖。虾饼的制作方法很简单，用番薯或米粉、葱花加水搅匀成为米浆。然后，用一块木棍子，下面挑着一个五六厘米长、半厘米厚的圆形“虾饼壳”，即饼模，勺适量的薯粉浆在“虾饼壳”内，面上放一二条鲜虾，再放在油锅里炸熟即可。虾饼配料时不需要下盐，待炸熟后由顾客按自己口味蘸盐来吃。虾饼一般用花生油炸熟，十分香脆，趁热吃，其味更佳。

状元拜猪槽的故事

清朝时，村里的举人黄中润和状元林绍棠是结拜兄弟。林绍棠第一次拜访黄家时，刚到黄家门口就见到一位正在喂猪的老妇人，经介绍知道是黄中润的母亲，林绍棠赶忙跪地参拜。这时，黄中润的母亲因正在喂猪，手上和衣服都粘着猪糠，见状连忙回屋洗手更换新衣服，再出来双手扶起林绍棠。之前，林绍棠一直跪在猪槽旁边。于是便有了"状元拜猪槽"的故事。石猪槽还保留至今，教育着代代子孙孝敬父母老人。此后，体现林绍棠无比贤孝的"状元拜猪槽"的故事，也在当地流传开来。

千年古井的故事

苏二村中心有个千年的古井，清澈的井水养育着代代村民。

据说，苏二村的祖先挖井时，花了九牛二虎之力都无法挖到井水。当挖到十几米深时，又被岩石阻挡，很难继续挖下去。但祖先们面对困难，并不气馁，想尽一切办法终于打破了岩层。井水喷溅而出，溢了井口，流满全村所有的巷道，给村民生活带来许多的不便。后来有人提议，把一块石板放下去压住水势，果然奏效。从此，不管春夏秋冬，苏二村民都喝上了清甜的井水。

目前，那块石板依然在井底。井口周边已深深铭刻了代代祖孙的历史脚印。虽然现在村民都喝上方便的自来水，但是永远不会忘记挖井人，深深地牢记他们百折不挠的精神。

千年古井

访村手记

今日的苏二村，分为古村和新村两部分。早在20世纪80年代中期，古村的原居民便全部迁进了新居。但是村民们有什么婚丧嫁娶，红白喜事，仍要回老屋祭祖，贴上大红对联，在祠堂里大摆筵席。其风俗一直沿袭至今。

或许，就如一些人所说的，岁月是一张无形的网，光耀一世的门楣终究会枯败，琼楼玉宇也总会成残垣断壁，那些倾毕生心血而为之的能工巧匠，也许没想到自己的拿手绝活就这样一点一点输给了时间。

古旧的雕琢，已老成一把把凝固的伞，挡不住岭南春季淅淅沥沥的雨丝。那精绝的刀法仍是一道迷离的眼波，一如摆动着的村姑的裙裾，连在一个有血有情的胴体里，令你觉得古村虽然古朴守旧，却依然是鲜活的，不肯就这样无声无息地老去了。

回望古村，那被斜阳余晖映照得亮堂堂的古屋群，如同一片红色的记忆，肃穆而沉重。

旅游攻略

交通：

1. 湛江霞山区搭乘往太平方向的中巴，在建新镇下（6元），转三轮摩托（租一辆大概15元）进村。

2. 遂溪县城乘坐往建新镇的班车，到苏二村口下，再转乘摩托车（约3元）。

（本文执笔：郑雅之）

乾坤八卦玄妙处
——肇庆高要市回龙镇黎槎村

古村概貌

黎槎村，坐落于在肇庆高要市西南部的回龙镇肇江公路旁，村落建在凤凰状的小山岗上，布局巧妙，暗藏洛书河图，呈八卦之态，让外人惊叹这“八卦”村蕴含着博大精深的儒家文化及防盗拒险的实用功能。村落的房屋围绕着山岗呈圆形分布，村外围绕数个大水塘。最外一圈约有90间房子，门口都往里开，每进一圈古屋递减，村中有主巷15条，横巷84条，共99条巷道。若从高处鸟瞰这个小村，但见村道古屋排排相环，环环相扣，入其内者必会恍入迷城。村内的公共财产主要有祖堂8间，酒堂6间，门楼11座，古井3口，书舍2间，榕树12棵。在村子的周围是圆形的池塘和环村大道，环村大道长约2公里，宽8米，为水泥硬底的平坦道路。而村子只有两个出入口，分列南北与外界的陆路相通。两个入口均建有三层高的炮楼（抗战期间已经被国民党军队毁掉），配以大铁闸作防护之用。村内自成一方天地，村民自享乐土。

据村中苏、蔡两姓的族谱记载，黎槎村初为周姓之人开村，南宋嘉定年间（1218—1224年）和明永乐年间（1403—1424年），苏姓、蔡姓两族人从南雄珠玑巷迁至此地。由于此地常发水灾，故把村子建在免于大水淹没的小山岗上。建村时，苏、蔡两族确定了村落整体布局为八卦形状。意为生生不息，天地人和。此后，苏、蔡两族人果如“八卦生万物”般，后代子孙繁衍生息，而原住周姓之人因惧怕苏姓、蔡姓两族人而迁往外地，如此，苏、蔡二姓成了村里主要居民，又因为此村四面环水而如木筏浮于其上，故由“周庄”改名“黎槎村”，言下之意乃“如同木筏一样漂浮于水上”。现在，黎槎村常住人口1400人，基本已迁往古村外围居住。华侨也有1400多人，分布在澳大利亚、美国、新西兰等10多个国家和地区。

黎槎村俯瞰图

古屋外情

走进黎槎村，古村建筑古朴，年代久远，许多遗迹却保存良好。无论是曲折迂回的街巷，还是幽深的古井，无论是斑驳的门楼，还是香火萦绕的祠堂，无一不散发着年代久远的檀香。青砖结构的民居建筑，钩玄回转的屋檐，栩栩如生的灰雕壁画，还有那参天荫庇的百龄古榕树群，只有踏进这片土地，你才会深谙那份厚重。

民居建筑

这里的民居大多始建于明朝，砖木结构，由青砖、花岗岩、杉木、瓦片、瓦筒、石灰、沙等建造而成。村民都信奉建屋不能高过祖堂，不然就会不吉利，所有房屋都是官民一致，一律平等。即便有人想建造大屋却不得不在村外修建，故村里的建筑高度、结构方面也因此保持了一致。但祖堂则有所不同，有钱族人的祖堂门口的石阶花纹会更精细，石材也更坚硬名贵。

黎槎的房屋颇具特色。没有阳台，内无天井，无侧房，却有小阁楼。长方形结构居多，屋背无窗户，屋前只有一个猫眼窗，屋高3米左右，属于典型的广府民居。此外，房屋附属设施和装饰也别具匠心，屋顶常有利用瓦面形成的排水口，用了灰塑鲤鱼作装饰，鱼嘴是出水口。而房屋外墙装饰以花鸟虫鱼的灰塑和彩画。这些装饰，常常会让迷失于曲折巷道间的游客流连忘返。据村中老人说，砌墙时，把发好的石灰用石嵌舂灰，舂到石灰变成胶状后，然后用一块木板上灰砌砖、砌石，当地叫上壳灰砌砖法。屋顶的瓦面要盖瓦筒，瓦筒要辘草根灰。草根灰是用切断的干稻草放在灰池上一齐浸十多天后，再舂烂，就成为粘性很强的灰。门口檐墙的灰塑也是用草根灰去塑的。

经过几百年风雨的洗礼，这些民居建筑虽或有青墙斑驳却依然屹立如初，如同这里生生不息的村民们，历经岁月沧桑但却愈加坚强。

九里一坊

古迹遗韵

“九里一坊”

黎槎村呈八卦之形，在村子的周围是圆形的池塘和环村大道。这条环村大道大概一里长，保留着10座古朴典雅的门楼，每一座门楼就代表一个坊，也就是代表着一个家族，因此得名“九里一坊”。村子的西面分布着三个“里”，分别是“居和里”“淳和里”“尚仁里”；北面则是“仁华里”“遂愿里”；东面是“三里一坊”，为“仁和里”“毓秀里”“柔顺里”“遂德坊”；而处在东南角落的是“兴仁里”。门楼的建筑很讲究，门楼的木雕都是用红木刻制的，工艺价值甚高。每层设单数台阶，台阶是用条形花岗岩铺砌而成。门楼前是两层结构，即门口下先设有一个小平台，到平台侧转十多级才能到环村道。此外，十座门楼都有回味无穷的对联，比如，“仁和里”的对联是“仁善之心须常有，和亲之德不可无”，“遂愿里”的对联“遂因盛世太平福，愿在祥和祖德居”。虽然每座门楼对联都不同，但都不会脱离一个核心思想，那就是儒家文化里面的“仁”。

曲折幽巷

唐朝大诗人杜甫作有赞扬诸葛亮的诗一首：“功盖三分国，名成八阵图。江流石不转，遗恨失吞吴。”在此诗中可以看出杜甫对诸葛氏“八阵图”的欣赏。我们也无从考知这八卦迷阵到底如何了得，但假如来到黎槎村也许会明白一点玄机。

黎槎古村的巷道布局理念取自《周易》当中八卦形状，规划是按八卦图像的乾、坤、震、巽、坎、离、艮、兑分布，近而观之则无法感觉这种阵图巧妙与整体美感。村中主巷道的放射点是一个鸿运石，而巷道都是由小石块或鹅卵石砌成的。一共有15条主巷道，主巷道由岗顶向四周呈放射形分布，似八卦图像分布。村中横巷84条，纵

鸿运八卦台

横交错的巷道却多达99条。整个村落的房屋分布是一环一环由山脚向山顶梯级延伸，环中似通非通，像迷宫巷，只有门楼的巷道相通，陌生人走进古村往往会迷失其中。巷道看似尽头却相连，看似相连却已无路可走。好在有一座座雕梁画栋的古建筑，让你流连忘返。

酒堂与祖堂

黎槎村里酒堂与祖堂是颇具特色的建筑。酒堂是村中族人红白事摆酒的公共场所，也是族人商议族事的最佳场所，这也成为了酒堂建成的原因。酒堂的门口用花岗岩雕上酒堂名称，上面雕有灰塑画或壁画，这些壁画的花鸟人物栩栩如生，呼之欲出，雕有八仙过海图和山水画等。酒堂内画有壁画，比如绍安酒堂内就在正梁垂直线写有一副对联，在中间画有蝙鼠图案，檐底画有人物图和山水、花鸟图。摆喜酒时都会写对联贴于门口，对联多用四言对。与之相对的则是村里的祖堂，皆由砖木结构筑成，建筑风格独特。

仁华里祖堂

祖堂的外轮廓建有锅耳墙，屋檐角和梁脊边塑有鳌鱼尾，檐口有生动的灰塑彩画。堂内有一长方形的天井，井面露天，可透风通水。在祖堂内还设有一个供奉台，台上放有一座观音像，旁边立有祖先的牌子。每逢春节贴对联、门神，清明时都会在祖堂放炮竹。

古井

古村幽井

黎槎村中最古老的一口井由当时原住居民周姓族人开挖而成，叫周家井。它坐落在黎槎村的东边，就在村口的柔顺里旁边，位置很高。一般打井不会打在很高的地方，地理学上那是“背脊’，不宜积水。周家井位置处在高处本已不符常理，但泉水却更是源源不竭，可谓一奇。此外，黎槎村还有三口古井，分别是“木井”、“遂德井”和“绍安井”。木井在村西，遂德井在村北，绍安井在村东。这些井的分布看似零落无序，实则考虑了村民的实际需要。当游人夏日到此游览之时，穿街插巷、曲进折回，即使体魄健壮者也难免会口渴难忍，此时一口古井骤然出现，必定会让他们犹见绿洲。清澈见底的井水甘甜可口。

古榕树群

黎槎村周围分布着许许多多的百年榕树，主要集中在各个祠堂侧旁。这些榕树以树形奇特，枝叶繁茂，树冠巨大而著称。有些树高达十几二十米，可向四面无限伸展。其支柱根和枝干交织在一起，形似茂密的丛林，可谓“独木成林”。

而在黎槎村的东南角有两棵古榕树——龙凤榕，树叶覆盖一亩多地。关于这两棵树，还有一个传说。话说建村之时，开村的老祖宗整天为该村的未来担忧，一天晚上，他梦见了一位南海神仙，他告诉老祖宗植树福荫子孙的办法。老祖宗便按照该神仙的方法，选取一对同年同月同日生的小男女，两人各种下一棵榕树，这两棵榕树后来枝叶婆娑，便是今天看到的龙凤榕。据说自从有了龙凤榕后，村民也得到了福荫，但村民更期望可以家庭美满，健康长寿，于是又请南海神仙指点迷津，在村子的东北角种上了三棵树，这就是现在的三星榕。

村中老妇正制作草席

榕树下总会看到随意摆放的石椅，犹如这榕树的生长一样的自然、随意。炎炎夏日，村民就会走出家门，聚到榕树下或坐于石椅上或坐于地上编织本地特色的花席。一则享受阴凉，二则与邻人来点街头巷议，叨一下“八卦”，悠悠闲闲，便又过了一日。

花席编织

在黎槎村有一个让人一见难忘的场景，一些老婆婆在榕树下熟练地编织着花席，神态悠闲，有时互相说着话，不时抿着嘴笑起来。黎槎村的花席是用芏草编织而成。芏，是古代人对茳芏的称谓。茳芏，是一种多年生草本植物，喜生长在沼泽或低湿处，是改良盐碱地的优良草种，民间通称其为席草，又称咸水草、三角草和莞草等，东莞市，其名就源于莞草。

编织花席工序繁多，编织前需经过泡、洗、晒等工序后再细心舂平、漂洗、染色，之后才能按图在织机上手工编织，织好后还要用滑石打磨、平整才算完成。在榕树荫下、各里门楼前的空地上，摆放着很多大块的黄腊石。这些大块的黄腊石作何之用？就是用来舂芏以编花席的。有时你会见到一群少妇站在石上，摆动着灵活的身段舂芏。舂芏是要把芏舂到扁而不裂开，裂开的话，就难以编造出好的花席了，所以技术要求非常高。首先石要大而平滑，舂柱圆而有一定的重量。舂芏时，先把芏成捆放在舂芏石上，人赤脚踩在芏上，再用双手捧起舂芏柱垂直往芏里舂，舂了几下后，用脚拨转未舂的芏到舂的位置，如此反复上百次。几十斤重的舂芏柱要捧起舂下上百次才能把芏舂好，稍不小心脚趾就可能被舂着，那非受伤不可。因此，只有熟悉要领后方可舂好。

茶果节村民摆酒，一片喜气洋洋

茶果节

茶果节是高要县内西南片地区大多数乡村的传统节日。相传，在很久以前，有一个十恶不赦的瘟神在这个地方作恶多端，他常常昼伏夜出，到了晚上就吞噬牲畜，无所不为，还常常施瘟布疫残害百姓，百姓叫苦连天。后来大家想出了一个办法，制作了“茶果”用以供奉天神，祈求天神为人们铲除妖魔鬼怪，保佑人间人兴财旺、老少平安。久而久之，这就形成了一个习俗，那就是如今的“茶果节”。

茶果节，顾名思义，就是品茶和品食的节日，人们多利用绿色环保作物自制一些传统的小吃以应节或互赠亲友。较普遍的有：入口角、大团、薄撑、甜糕、濑粉、汤圆、水榄、裹蒸茶果、白水仔、水菱角、荡粉、芋团、番薯拌粉、煎堆等，有些传统食品甚至已经登堂入室，成为地区性的美食，例如裹蒸、煎堆、水榄等。

黎槎村民制作的茶果则多用米粉蒸煮而成。主要集中在每年的春节和中秋前后，黎槎村的茶果节在正月初三，这很有可能与春节拜年庆团圆，庆贺秋收和中秋送月饼的习俗有关。因为这恰是乡下人走访亲戚的黄金时节，一来是农闲的时候，农民可以暂时放下手头上的工作，享受一下悠然自得的生活。二来半年劳作已有积蓄，闲而有钱，自然要拿出自己的收成与亲朋好友共享，此乃一举两得。三来联系一下亲戚朋友的感情。村中的外嫁女在茶果节当日必回娘家探望父母兄弟，同时叫上家公家婆随同而回。

茶果节当天，全村人集资买一串大炮竹在村里一个较为宽敞的地方燃放，炮竹声声，震耳欲聋，响彻云霄。当天晚上，该村上一年生有男丁的家长用竹筒装有领奖纸条，放进烟花筒射上天空，竹筒系着一个小降落伞，让竹筒慢慢飘下，让人去抢拾，谁抢拾到奖金就归谁。这个节目是村里小孩的最爱，因为竹筒里面的钱往往数目不少。前面已经讲到茶果节当天村民总会探亲访友，其实这个节日每家每户都会大摆酒席宴请亲朋好友，来的亲朋越多，主人家就会越高兴，因为这样越显得主人有脸面。

侨乡古村

作为靠近沿海的地区，黎槎村民开始把眼光投向那渺茫大海彼岸的另一个世界。他们背起行囊，漂洋过海，远走他乡，去追求另一个希望。他们吃苦耐劳，在他国异乡辛苦打拼，终于在异乡创造了属于自己的一份基业。到了清朝中后期，他们纷纷回国置田产、建房屋。由于黎槎村从海外回村的人较多，所以还是远近闻名的 “华侨村”。

走出去的村民无论离开时间有多长，都不会忘记自己的根在哪里。每逢清明节，从新加坡、马来西亚、荷兰、澳大利亚、古巴、新西兰等国家回来的华侨都会回到村里烧香祭祖。即使有一些年轻人已经在外结婚，到了此节他们还是回来祭祖行礼，并且会在酒堂里热热闹闹地摆上几十桌酒席宴请邻人以及亲朋好友。

饲养肉鹅

村的四周都为水塘所包围，就像“瘦西湖”绕村一周。这环绕的碧波自然成了当地人饲养肉鹅的佳处良所。此地肉鹅肉质鲜美，肥而不腻。养鹅也成了该村致富的好门路，肉鹅年产量5万只以上。

村民上香

回龙山脉

“回龙”由来

黎槎村最为有名的是关于凤凰和蛟龙守护回龙镇的故事。话说在回龙镇的宋隆河原本驻守着一条勇猛无比的蛟龙和一只美丽动人的凤凰，他们像一对热恋的情侣那样感情至深，保卫着回龙，使这一方水土风调雨顺，百姓安居乐业。可是有一天，蛟龙和凤凰闹矛盾，于是凤凰就在蛟龙上天为地方百姓降雨之际偷偷地离开了，而且一去不复返，杳无音讯。蛟龙对凤凰感情甚笃，日夜思念着凤凰，希望她能归来，可是日复一日，凤凰始终没有回来，蛟龙不堪忍受相思之苦决定离开回龙去寻找凤凰。

蛟龙走后，一条伺机已久的孽龙偷偷地潜入宋隆河蛰居。这条孽龙在宋隆河这个地方胡作非为，闹得水灾连连，民怨载道。

人民为了除掉这条恶龙，携老带小的到龙王庙去祈求蛟龙重回宋隆河消灭孽龙，人民的诚心感动了凤凰，于是她找到了蛟龙并且冰释前嫌，和好如初，重回宋隆河。

在宋隆河孽龙与蛟龙相遇，两龙展开了惊心的殊死搏斗，其时河水翻飞，波浪滔天，地动山摇，浊浪滚滚。大战三百回合后，孽龙最终大声惨叫，命丧于蛟龙的利爪之下。在为民除害之后，勇猛的蛟龙与美丽的凤凰就在宋隆河长相厮守，守护着当地百姓。传说黎槎附近的连绵不断的山脉就是蛟龙化身而成，而凤凰则变成了一座凤形的小山岗，它就是如今黎槎村所处的凤岗。从此以后，风调雨顺，百姓生活安定。为了纪念蛟龙和凤凰，百姓把村子所处的山岗叫凤岗，而这个镇的名字命为“回龙镇”，意思是蛟龙回来镇邪除恶。

灵狗下凡

三星榕旁边有一个用红叶岩石雕成的石狗，它常年守护在环村池塘的岸边，保护着村民的安全。据说这是只天狗。几百年前，每到夏天，总有许多村民在池塘游泳，却不时有人溺水身亡。村民们便在池塘边上烧香祈求平安，他们的诚心感动了天上的玉皇大帝，他决定派一只法力高超的天狗化身石狗来到三星榕旁，保佑村民不被溺水。果然，此后便再也不见有人溺水，至今每逢初一、十五村民仍来给它上香。

访村手记

到过黎槎村的人无不为它的八卦状的玄妙阵图所折服。在这里你可以一览数百年前建造的古朴建筑，可以徜徉在纵横交错的幽深小巷，可以领略独特而栩栩如生的灰塑画或壁画，可以背靠古榕“把酒话桑麻”，还可以一饮古井“甘露”，可以远离喧嚣感受那份浓浓乡土情，在这里……你徜徉于雕梁画栋、青砖碧瓦之中时，便会深深地感受到那份纯朴与厚重。

旅游攻略

交通：

黎槎村所处之地交通颇为便利，如果游客选择自驾游则可直接驱车前往高要市回龙镇，到了镇上只要向当地人问黎槎八卦村在哪即可知道。此外到肇庆，先坐公交车到达桥西车站，在桥西或者南岸坐315路公交车也可以到黎槎村村口。

美食：

到了黎槎自然不能错过当地的美食。这里盛产肉鹅，游览之余可到当地餐馆一尝肥而不腻、肉质鲜美的肉鹅大餐。也可品尝当地最为出名的传统特产——裹蒸粽。

如果你觉得旅游不能把精力都放于吃上面，也可以看一下当地畅销海内外的花席，了解它的制作工序或流程。因为它有冬暖夏凉、去褥疮防风湿病的功效，可以考虑买上一两张。

（本文执笔：丁劲　陈焕明）

神蚬化岗成八阵
——肇庆高要市蚬岗镇蚬岗村

蚬岗村，位于高要市蚬岗镇，距肇庆城区约15公里，离广州市区约60公里。因其村落形状犹如一只蛰伏在水中的巨蚬，故取名蚬岗。全村面积80万平方米，其中传统建筑面积达3万平方米。

据有关史料记载，蚬岗村始建于明朝初年，至今已有650多年的历史。村中有李、邓、石、尹、钟、叶、何、陈等17个姓氏。李氏一姓的始祖可以追溯到明朝时期由南海小塘移居到高要蚬岗村西南门里的李秀卿，如今的李氏家族已经发展成为“五坊十五里”大族，因而村中以李氏人居多，其他姓氏约在明朝期间由南雄珠玑巷等地移居至此。

整个村落四面环水，依岗而建，从空中俯瞰该村时，你就会发现蚬岗呈现一个“八卦”阵之形，整个建筑群结构整齐，浑然天成。所有民居都依岗而建，直径大约600米，约20圈，房屋是圈圈相环。每进一圈，房屋数就会逐次递减，直到岗顶最后一圈的十几间房屋。

蚬岗俯瞰图

岗顶是蚬岗村的中心，该处原栽种有8棵古榕树，分处八个不同方位，暗含八卦玄机。全村一共有八个大出口，八个大水塘，而且每个大出口处都有遮天蔽日的大榕树。由任何一口入村，村道基本上由青石、鹅卵石铺砌而成，但道路迂回曲折，错综复杂，进入其中恍入迷宫。更为令人称奇的是，在同一个村子里，竟在环村大道不同方向建造了16个祠堂，实属罕见。除这16个祠堂外，该村还保存了清朝同治年间钦点蓝翎御前侍卫的故居、书塾、炮楼等古建筑。整个村落无论是从个体房屋、巷道，还是从整体布局，都有极高的观赏和研究价值。

蚬岗村最兴旺时住着1万多人，其中李姓居民占八成多，直到现在还有许多人居住。这里的村民安居怡然，日出而作，日落而息。

村庄在山水间沧桑了她的容颜，那灰雕壁画却依然栩栩如生，无论年华如何易逝，这座恬然自若的古村落似乎一直迷蒙着那份神秘，向人们诉说着这几百年来的风风雨雨。

檐塑艺术

李氏大宗祠内的牌匾

八卦十六祠

因为蚬岗村呈八卦状分布，村中共有16个祠堂，是故蚬岗又有“八卦十六祠”之说。16个祠堂中以李氏大祠堂最有规模而远近闻名。该祠堂建造时间为明朝天启年间，以后历代都有所修葺，但仍保持了大体原貌。祠堂为三进三厅式砖木构造，却异常坚固，经过几百年的沧桑依然屹立不倒。

门额上阴雕五个蓝色大字“李氏大宗祠”，门额之上的墙头画栩栩如生，门头镶着“奉训大夫”和“御前侍卫”的牌匾。进入大门后，屏风北面挂着两块写有“文魁”和“岁进士”的木牌匾，南面则为两块写着“武魁”的木牌匾，皆为红底金字。再往里走便是一个天井 ，穿过天井就到了14架椽屋。由这个祠堂的牌匾训语可知，这个宗族之人文武皆重，曾经是本地的名门望族。

祠堂里最有诗情画意的当属雕梁画栋，这些散发着古木清香的画中人物活灵活现，呼之欲出，梅、兰、竹、菊四君子雕刻之精致华丽，令人叹为观止。祠堂里那雕着龙凤呈祥图案的屏风，以及洁白的花岗岩柱和古色素香的木柱，无不令人在流连忘返之时感受着穿越百年的沧桑。

民居基本沿袭了广府地区传统的建造风格和建筑理念，面积较小，多无阳台。村中各姓都建有祠堂。青砖墙体，灰雕壁画，每一个装饰都寓意深厚。蚬岗民居多有灰塑或彩塑作为装饰，若村民捏塑山水风景，则寓意门前山清水秀，以山为脉，以水为源，山水相依；若是捏塑鲤鱼、麒麟等动物，便是寓意驱魔辟邪，年年有余。这些灰雕都是由民间艺人用草根灰塑而成，化腐朽为神奇的艺术魅力令人感叹。

岗顶八卦

该村整体布局源于八卦迷阵，村子房屋圈圈相环，层层递进，一共20圈左右，直至岗顶。岗顶面积约2亩，为整个村落所成的八卦之形的中心，它是由黑白两色铺砌而成的“太极两仪”图案，并在此图八个不同的方向，即乾、坤、震、巽、坎、离、艮、兑八位之中栽种有八棵古榕树。这里的榕树是在开村之时栽种的，树龄都已过百。榕树苍老繁茂，参天蔽日，盘根错节，枝叶向四面极力伸展，形成了独特的风景。

榕树下的老人

环村“瘦西湖”

“瘦西湖”是村外的一个池塘，此西湖虽“瘦”，也有西湖之美。池塘长2000多米，宽60米。两岸种有杨柳和榕树，池面碧波柔纹，鹅鸭嬉戏其中，一幅浑然天成的乡间田野图就此而成。日落黄昏之时，漫步池边，不由忆起北宋著名隐士林逋的七律小诗：

疏影横斜水清浅，暗香浮动月黄昏。

“行村”

“行村”即“茶果节”，每到农历的正月或二月初五、初八、初十、十二这样的日子，村民都会通过宴请亲朋好友、燃放鞭炮、舞狮等来庆祝。

醒狮武术、祠堂和大戏文化

醒狮这种民间迎祥纳吉的习俗，由来已久，且历久不衰。蚬岗村中共有16个祠堂，每个祠堂都有属于自己的醒狮队伍，每逢农历春节、迎春赛会、开张庆典，村民必敲锣打鼓，舞狮助兴，村中的祠堂也有很多男女扎马打拳。各祠堂派出醒狮队伍在街上表演，声声炮竹，烟火迷蒙中洋溢着喜气。

该村浓厚的祠堂文化，主要体现在祭祀上。每逢清明或春节，远在他乡的村民都会回到蚬岗村祭祀自己的祖先，为祖先扫墓。拜祭时，村民会抬上烧猪，带上香烛、鞭炮，敲起锣，打起鼓，舞上狮子去拜祖坟，拜完后，大聚一餐。

此外，蚬岗还有另一文化习俗，就是逢佳节喜庆时，请乡村戏班到村里空地搭棚唱大戏，由早唱到晚，引来四方乡亲和小贩，热闹非凡。

守门神

几百年来，蚬岗村人才辈出。据当地族谱记载，自建村以来，当地培养出不少的举人、进士，近代以来更有世界冠军、要员等名人。

明朝时期，该村李姓出了两个颇为杰出的人物（李全斌和李万雄）。李全斌是明崇祯丙子科第22名武举人，曾任苏州府嘉定县丞署嘉定县事。李万雄曾任参戎之职，后又调任临安水师都督，为当地作出较大贡献。

到了清朝，蚬岗村更是人才辈出，仅进士就已经有两名，而举人也有四名，此外还有不少在清廷担任重要职务的。比如， 李趣山就是清乾隆丁未科进士，另外一个进士是李国庸，他是清同治甲戌科第26名进士，后来成为了皇上钦点蓝翎御前侍卫。此后，村内四名李姓人也荣中举人，其中李汝刚为清同治壬戌御赐恩科举人，曾担任广西学政之职。李炳麟为清同治甲子科举人，李人荣为清同治丁卯科第7名举人，曾任增城县知县；李国安为大清同治庚午科举人。该地还培养出了许多武将。李兆安就曾任清光绪肇庆水师营右部分府，李兆康为清光绪肇庆水师营武将。

最让乡亲津津乐道的是，该村的李少珍曾荣获1998年第九届世界蹼泳锦标赛冠军，为国争光。

状元楼

蚬岗由来

羚羊峡是西江肇庆三峡中水最深峡最长的一段，非常雄伟壮观。西江流到肇庆就分两处出口，其中之一是由现在的金渡入口至蚬岗，所以蚬岗一带拥有很多大小湖泊，而关于蚬岗的传说便孕育在这茫茫的湖泊当中。

一天，太上老君路过此地，发现此地风水虽好，却常年有水患。太上老君找到他多年前经南海边时救下的海蚌帮忙，海蚌表示自己无能为力，却向太上老君介绍了它的好友神蚬。神蚬跟随老君偷偷地溜出了南海来到了烂柯山，老君把它放到东漫坳西江入口处，西江被截，水位上升，水不断地向羚羊峡流去，于是鼎湖、广利和金渡、蚬岗等地水位下降，才形成了今天的河道流向。但神蚬完成任务后无心再回南海，成了一个大岗，就是现在的蚬岗。太上老君最后变成了一座峰矗立在烂柯山前，世人称作“老君山”。

“八卦村”由来

据传，神蚬来到烂柯山后不再回南海，南海龙王大怒，派出四太子前来捉拿神蚬，却被太上老君轻易打败。后来，龙王三番五次地派了鲨鱼精、牛魔王前来，都被太上老君一一制服，他们就被变成了今天所称的“鲨鱼岗”和“牛睡岗”。

龙王得知太子失败后大怒，誓要荡平蚬岗。于是太上老君向伏羲借了一个八卦保护蚬岗，使得龙王每次来都无果而终。人们传闻这是八卦蚬，遂按照八卦方位在此建村，谓之“蚬岗八卦村”。

日军惊陷“八卦村”

话说抗日战争时期，当地村民曾劫走了西江上日军的物资，日军得知后誓要报复蚬岗村民。

当日军向蚬岗出发时，当地村民早已得知。许多村民纷纷外逃，只有少数人关门闭户留在家中。当时日军进入蚬岗村后很快就迷失了方向，因为村里巷道曲折迂回，纵横交错。无奈之下日军抓住村里的赌徒胡须佬李二，问他为什么这村永远走不到头。李二惊吓之下战战兢兢地说：“这……这是……八……八……卦村……”日军一听到“八”字就蒙住了，因为日军曾多次被八路打得落花流水。翻译再问：“你是说八路？”李二以为日军是问村里是否有八条路（即村里的八条主巷道），于是他一边连声答：“是……是……是……”，一边作出一个“八”的手势。日军看见这手势都吓得屁滚尿流，赶紧让李二带领他们仓皇地逃出此地。

村民因此免于此劫，这个传说，成了村头巷尾的永久的笑谈。

交通：

沿广肇高速公路在蚬岗出口进入蚬岗镇，沿途问乡民即可找到。

美食：

蚬岗盛产木瓜，其栽种面积占据了当地耕地面积的三分之一，是粤西北重要的木瓜生产基地。谚语有云：“梨百损一益，木瓜百益一损。”可见木瓜功效众多。当地的村民菜农已经跟多家食品厂签订了合同，生产木瓜成了村民们重要的致富之道，因为这里的木瓜都是在树上长熟的，味美汁多。

除了木瓜，蚬岗的西瓜也相当出名。

（本文执笔：丁劲　陈焕明）

织篢河边竹排地

——阳江市阳西县织篢镇大洲村

古村概貌

阳西县织篢镇大洲村，是一个以商立村，经商、耕读并举的小村，村虽不大，胜在风光秀丽，地灵人杰，让我们走近历史上声名远播的阳西首富村。

美丽富饶的田园

来到大洲村的人，无不感叹大洲村的美丽和富饶。大洲村的美，美在它前面的山峰和沃野。横亘在大洲村前面的，是一大片的平原沃野，沃野中，金浪浮香，硕果累累；穿过原野，是一座座舒缓的小山包，连接到龙高山脚。白云迷漫处，两座龙一样的山峰拥向大洲村，站在大洲村远远望去，二龙像在嬉戏，它们伏着的爪子一直延伸到大洲村口，福佑着大洲子民。伫立村口远望，胸中顿生豪迈之气。

大洲村的美，还美在它的水。水环绕着村子，像托着一艘绿色的方舟。旧时的大洲村，织篢河是来往大洲村的主要通道。村民出入以船为交通工具，往东，不出10里就是南海，往西，船行20分钟便可到达织篢码头。大洲村周围的织篢河段，水面开阔，溪流九曲，物种繁生。你随时可撑上小船，带上网具，在河中撒网捕鱼，或拿上长长的竹竿，在滩涂捕捉弹跳鱼和赤蟹。你还可以到河中收割席草，把它们晒干，然后编织篢凉席。旧时的凉席，是大洲村的驰名产品。

蓝天碧云下的大洲村

老树古墙

大洲村还有一个“金矿”，就是村旁织篢河中的3个咸水矿温泉。温泉水源源不断，把大洲村周围的河水变热变暖，现在大洲村人意识到始祖何恬斋的深谋远虑，他们拥有用之不尽的温泉财富。在未来的岁月里，咸水矿温泉会身价百倍，财源滚滚。

阳西首富何恬斋

大洲村古村落的历史，最早可追溯到清乾隆时代。清代乾隆初叶，大洲村的始祖何恬斋时正青年，他只身从阳江下织篢镇创业，最先在织篢镇上行街开了间福记油糖铺，经营油糖果品，不久扩大营业，在织篢镇上行街又新开了间大店铺，先开的福记油糖铺改名“南盛源”，后开的商铺称为“同盛祥”，两间店铺是织篢圩数一数二的大商场，商品种类齐全，资本雄厚。是时，织篢镇的工商业正处于起步阶段，何恬斋把握商机，在农产品加工销售的基础上，逐步扩展运输业，他建立了一支有20多艘货船的船队。何恬斋利用船队，往海南岛、雷州半岛等地方采购槟榔、花生、大豆、水果，运到东海黄海各港口内陆城市销售，最远的地方，曾到过北京、天津。在销售南方农副产品的同时，其船队也顺路带回北方的棉花和布匹、红枣以及各类丝绸织品，在南方市场销售。20年功夫，何恬斋从普通商人，一跃成为阳西首富，他在全国的商铺也扩展到40多间，其船队来往穿梭于中国东南沿海，生意蓬勃发展。

何恬斋的财富如雪球般越滚越大，他的年纪也大了，如何让财富保值增值，为子孙后代造福呢？深思熟虑之后，他花钱买下织篢周边大片肥田沃野，然后租佃出去，收取租谷。清乾隆二十六年(1761年)，何恬斋的田租总计达到7800石。乾隆二十八

大洲村附近的海子

年（1763年），何恬斋在织篢圩往南5公里的织篢河畔，买下一片湿地，开始建造大洲村。建村时间前后足有8年，乾隆三十五年（1770年），大洲村在何恬斋的主持下举行盛大入伙仪式，场面十分壮观。

挑鱼仔

清嘉庆十二年（1807年），何恬斋在他去世之前将财产平分给了7个儿子，并留出一部分田租充作奖学租、祭祀租以及公尝租等。后来，他的6个儿子相继去世，第7个儿子何桂蕚考虑到大洲村还欠缺祠堂和学馆，便与子侄们商量，在大洲村东建祠堂一座，起名何恬斋书室。祠堂建好后，又在村子四周砌筑围墙、四角炮楼，并增建一排厢房。这样，大洲村村体布局基本定型。历经200余年，一直保存完整。可惜的是，一些建筑在新中国成立后被当作封资修产物拆毁，岁月沧桑，村貌已今非昔比；庆幸的是，大洲村主体建筑保存还较为完整，风骨犹存。

建大洲村，何恬斋费了不少心思。为了寻觅一块好的村地，他诚心聘请了一位来自阳春的风水大师。买下地后，他按照风水大师的指点，在村子的中轴线上建起一座大屋，等大屋建好满3年后，各方面都称心如意，顺风顺水，这才大兴土木，着手建大洲村。

大洲村与通常岭南村落相比，有几个独特之处。首先，村落大多讲究依山傍水，居高临下，而大洲村则明显不同。大洲村以织篢河为依托，一面背河，三面环水，前面远山在望，后面清波浩淼，形成一个完全被水环抱的独特环境。其二，在村体架构上，一般村落是分巷口屋、巷顶屋，房屋由低到高，鳞次栉比；而大洲村很讲究整体布局，注重村落实用功能。进入大洲村村口，最前面是一口半月形池塘，它横卧在整条村子前面。绕着池塘，是一左一右两条进入村子的村道。村道尽处，是一东一西两座炮楼，进入炮楼，沿着弯曲的村道走进去，是村子的二重门楼。二重门楼连接笔直宽阔的跑马道，跑马道进去是又一道围墙，围墙进去是马路巷。两条巷道一宽一窄，跑马道用来跑马和村人练武，马路巷为村人往来出入通道，马路巷过去，是一排平房。穿过平房，是村子的第三重门楼，进入门楼，是一个几千平方米的晒场，横贯村子东西，晒场进去，是整齐划一雄伟壮观的七座砖木结构民居大屋。大屋与大屋之间，设有巷道。每座大屋都是三进三院落，里头二天井，四廊，廊与廊之间，相互可以走动，村里人不出大屋门口，可从第一间的廊屋，走到村最末的一间廊屋。村子的东边，除横屋外，还有两排大屋。紧靠村子的一排大屋，前面是礼乐厅，后面是大洲村祠堂。祠堂高大雄伟，富丽堂皇，雕梁画栋，具典型的清代岭南建筑风格。此外，祠堂后面还建有一座大院，是村人每年做社的地方。村落建筑功能齐全，布局合理。

甘泉

站在村外高处俯瞰，村子呈规则长方形，村中房屋整齐划一，高低有序，巷道纵横交错，均匀对称，加上绿树青山，四周水波粼鳞，大洲村极像一个浮在水面的仙宫。懂风水的人，把大洲村称做竹排地。

大洲中景

大洲村的孩子

向天歌

乡贤事绩

大洲村以商立村，却以耕读为本。大洲村始祖何恬斋，虽然是生意人出身，但他重视文化，重视教育，他在晚年时花巨资捐了个进士的头衔，以鼓励后代子孙图强奋发，可谓用心良苦。其子建祠堂，不以祠堂命名，而直叫书室，用以培育何族子孙。何家后人，也热心教育事业，织篢镇第一间民办学校——振西义学，就是何恬斋的孙子何光大发起捐资建立的。秉承何恬斋的遗志，大洲村何氏子孙代代奋发，人才辈出，举人、拔贡、秀才层出不穷。当今现代，仍有10多名高级工程师、博士生导师、博士，他们有的在国家重要科技部门，为中国的科技发展而努力；有的远涉重洋，为世界的和平进步作贡献。

大洲村的农耕文化文明，还表现在他们生活工作的方方面面。几百年来，大洲村人都是严遵祖训，崇尚耕读持家和诚信经商。直至新中国成立，大洲村还存有奖教奖学的“公尝”，许多建筑还是村人的共有财产，受到合理保护，甚至，村中还留有扶贫的田租，以供村族人济急之用。

大洲印象

大洲村民俗文化是极其丰富而多姿多彩的，全面而深入地反映了传统农耕文明。如每年的春祭和秋祭做社打醮，如村里流传着的一个个神话与传说，诸如五鬼运银的故事，兄弟赛跑的故事，风水先生点穴的故事，“至善人家”匾牌来历的故事，晚清榜眼朱汝珍赠送“贻厥传庆”匾牌故事，“进士”匾的故事，“文魁匾”的故事等等，从不同的侧面反映了大洲村不同社会历史时期的人文风貌，值得我们去细细品味和欣赏。

是上天赐予了大洲优越的生态环境，赐给大洲雄伟的大山、肥沃的原野、清澈的河流、丰富的矿产，还有众多的动植物。这里还是鱼类的良好栖息地，村民传统的捕鱼作业花样繁多，让你感叹村民诗意的生活。

所以你到大洲村，不要急于看几眼古屋，望一望织篢河水，你可多找上几位当地的老人，倾听他们有关大洲村的故事；或坐上小木船，做一回渔民；你或者跳到河中，泡一泡温热的矿泉水，感受那飘飘欲仙的舒畅，这时候，你才能真正感受到来大洲村的乐趣，感悟古村落给你“天人合一”的人生境界。

交通：

从阳西县城向溪头镇方向出发，出县城约2.5公里可见到一旧砖场，然后前行大约600米，左边路口，可直通大洲村。

（本文执笔：吴邦忠、陈益刚）

祭祀归来

春风道貌　理学家声
——云浮市云城区腰古镇水东村

古村概貌

水东村，位于云浮市东部云城区腰古镇境内，地处肇庆、云浮两市交汇点，坐落于新兴江江畔。古村始建于明初，距今已有600年历史。

飘萍一叶入莲洲

“洛学”“理学”，在今天，这两个词汇怎么都无法让人联想到岭南珠水旁的小小村落。事实上，在中原人两千多年的南迁史上，名门望族举族南迁并不在少数，既有帝王，那么将相王侯更是不在话下。他们或藏匿于山林之中而拄杖呼啸，或躬耕于平原之上而吐纳稻香。不变的是，先人们“天人合一”的自然观让他们在岭南创造的美丽而恬雅的村落文化。

这些村落中，就有一个世代吟诵着“理学文章留万古，光风霁月祝千秋”的水乡，这便是水东村。

水东古村落全景

腰古水东，宛如浮水一岛

明永乐二年（1404年），腰古镇上来了一人，名唤程绍明，他在镇边上隔河而望，见东边一半岛被腰古河呈“几”字形环抱，依水傍江，好整以暇，状如水浮莲花。他心中大喜，决意从此定居于这莲花洲之上。水东村由是诞生，程绍明被水东村后人尊为“绍明公”。

莲花，于理学也好，佛学也罢，都具有十分重要的意义。当然，对于程绍明这程氏一族来说亦是如此。莲花在佛学中的地位自不必说，腰古镇所在的云浮地区新兴县也是佛教六祖慧能的故乡与传教之地；在理学中，北宋“二程夫子”（程颢、程颐，“洛学”始祖）所师从的理学创始人周敦颐，也留有千古名篇《爱莲说》。虽说永乐年间距离北宋已有400年之久，但程绍明却从未忘记自己是“二程夫子”之一程颢的后人。

虽是理学后代，却有佛家潜流

据今天的水东村《程氏族谱》记载，程氏一族本祖籍徽州，而后于“二程夫子”时迁至河南。北宋末年，战火连天，程颢的嫡孙程昂为避战乱，又从河南千里迢迢迁至岭南，由是，他成为岭南程氏一世祖，而传到了程绍明时，已是岭南第八代。绍明公娶宋氏太婆，于新兴江腰古河段之东畔建村繁衍生息，分别以“序伦”、“笃庆”、“聚顺”为堂号，至今已传至23代，而且还有不少族人分支到了云浮、阳春、阳江、高明及广西等地，总人口约1.6万人。

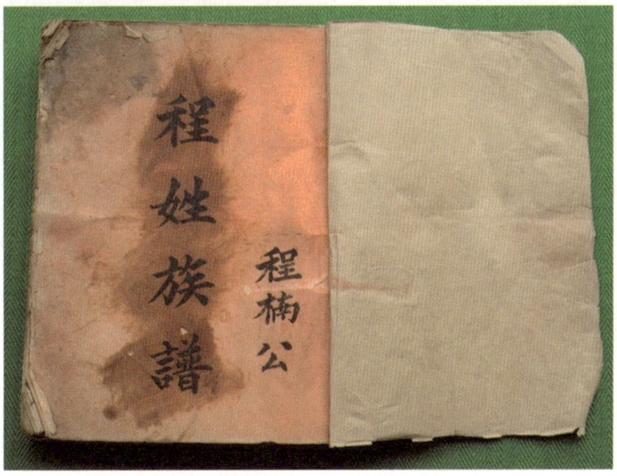

自安徽祖先到岭南族裔，族谱中的记载跨越了上千年

堂堂溪水出前村

自水东村建村600多年以来，这片土地上逐渐兴建起了壮观而富有生活情趣的明清建筑群。按风水堪舆的说法，“莲花地”的村民建屋是可以随意坐向的，故其建筑坐向不拘一格；但整体建筑却不失规矩，村中建筑主要以南北轴中间巷为界，西边建筑以坐东向西为主，东边建筑以坐西向东为主，其余坐南向北者有之，坐北向南者有之，宛若莲花开放即四向繁荣，亦若太极环抱而黑白双生。故该村建筑东西南北坐向皆有而无论，于是才形成了今天独特的古民居建筑群。直到今天，水东村里保存有明清建筑588座，其中有明朝庙宇1间（明徵庙），明朝宗祠3座，明民居163间；清代宗祠6座，清民居421间。

每屋的阶梯之下都是古码头，堂堂溪水出前村

村里流传这样一种说法：“水浮莲花而不没”，为何有此说法？原来，在近代未改建新兴江腰古旧河道之前，这里河道颇深，而村中的地势很高。老一辈村民们说，从前他们坐在巷口看河中的航船，顶多只看到桅杆而不见船体，由是高差之大可见一斑。高差保护了水东村不被洪水淹没，这也是人们几百年来，在这长约1200米、宽约600米的河洲之上，乐此不疲地建造民居的重要原因。

但河道水流量大时，也会水漫入村中。人们深谙其中奥秘，故建筑时室内地台肯定会较室外地平线至少高1米，当室外水浸1米时，室内仍能确保免于水患。20世纪70年代，政府将新兴江腰古河段经水东村的主河道改直，过去环绕村庄而过的“几”字形水网、水涌、旧河床等也被改成为水塘，这更使水东村变为河中之洲。经过河道整改，河水已经不会再漫上“莲花地”了。然而痕迹依然，整个古村落，每栋民房的外墙也都还有明显的渍痕，也几乎每一处房子的门口都有垫高的石阶。从前，那垫高的石阶便是临时的码头，堂堂溪水出前村，这都是当年水乡的印记。

岭南一隅徽州墙

程氏先祖自安徽迁至河南，到程颢时为第五代；再由河南五世祖程颢的嫡孙迁至岭南，再由岭南八世祖建立水东村，距离安徽祖先也已经隔了整整14代人，国家的朝代也由北宋，经南宋、元，而改换到了明代。然而最令人惊异的是，水东村的整体建筑基调竟是被称为中国建筑一大派系的徽派！

徽派封火山墙，夹杂在众多镬耳中间

粉墙、青瓦、马头墙、砖木石雕以及层楼叠院、高脊飞檐……这些徽派建筑的重要组成元素，在水东村里比比皆是。徽派古民居规模宏伟、结构合理、布局协调、风格清新典雅，尤其是装饰在门罩、窗楣、梁柱、窗扇上的砖、木、石雕，工艺精湛，形式多样，造型逼真，栩栩如生。徽派建筑最为中外建筑界所重视和叹服的是所谓“徽州古建三绝”的民居、祠堂和牌坊。自然，水东村的民居建筑和宗庙祖祠建筑之精巧典雅，也就不在话下了。

徽派封火山墙，夹杂在众多镬耳中间

水东村的民居建筑均为砖木结构瓦房，进门入天井之后，正面与左右均有房间，通常是一进或二进。房子的前檐多为重檐，且雕刻颇为考究，有琉璃瓦烧成的花鸟鱼虫，也有砖雕、灰雕、木雕而成的各种民间故事、神话传说。在前檐之上的是小青瓦覆顶，最底端还有各式瓦当，同样流光溢彩，直至今日也都保存完好。

说罢民居，就要谈谈现存最具特色的明清年间的九座程氏祖祠了，其中又以建于明朝末年的寿庵祠年代最为久远。这是水东村的程氏八世祖素隆公为纪念其父程用爱（字“寿庵”）而建的。寿庵祠位于整个古建筑群落的中央地带，砖木结构的祠堂亦具有十分典型的徽派建筑风格。在岭南地区常见的宗庙祖祠通常在屋顶两侧修建半圆形的“锅耳”，但寿庵祠外墙两侧那高出屋面的封火墙，却是呈倒梯形，层层叠叠而建，这便是“马头墙”。在建筑上，马头墙是为阻挡炎热的空气，在室内制造阴凉的环境而设的，建筑外的热空气随着墙体升入高空，当人们走进屋内，便感觉冷气从脚底冒出，形成一个冷热循环圈。寿庵祠的屋内外用石雕、木雕、砖雕和灰塑等装饰，题材以各种神兽、民间故事、花草图案等为主要内容。

宗庙里的雕塑

乾隆十九年建成的程氏大宗祠，近代曾经是云浮县东区农协会总部，新中国成立后一度被改作小学

另一座建于清乾隆年间的程氏大宗祠，占地约1200平方米，始建于乾隆十七年，完工于乾隆十九年。整个宗祠为广三路三进合院式布局，宗祠正厅曾供奉着程氏祖先灵位，宗祠内的石柱梁撑均有精雕细琢的花鸟神兽，有些廊门的上方似有半圆形状，有些还有嵌彩色玻璃或外国图案。现在，程氏后人依然在此供奉祖先、集会和聚餐。在程氏大宗祠后面有两棵近200年、树冠投影近200平方米需几人合抱的古“人面树”，宗祠天井内一株近300年历史的罗汉松，传说是从外国引进的，生长速度极慢，几十年才长一两米。如今这棵树高达5米，径粗约40厘米，足见这棵树已经经历了几百年的风霜。

直至今日，程氏大宗祠仍是族人聚餐、集会之所

水东村宗祠屋顶的陶瓷雕塑上有“吴奇玉店造”的落款。“吴奇玉店”是佛山石湾制陶业早期的著名老字号，在广州陈家祠、石湾陶师庙、关帝庙，甚至远在东南亚都能找到这样落款的陶工艺品，可见其走俏程度，也可见水东村当年为建宗祠，追求完美的不遗余力。

水东村人还十分注重家学文教，今天村中所见，无论是什么时期的宗祠、庙宇，在其门框上的楹联都宣示着理学的精神。“春风道貌，理学家声”，“渊源宗洛水，枝叶发桐林”，“理学文章留万古，光风霁月祝千秋”都充分体现出程氏家族独特的“洛学”和“理学”文化意蕴。

上图：宗祠屋顶的艺术品是吴奇玉店的杰作

左下图：水东建筑连瓦当都极尽考究

右下图：罗汉松叶青翠长春

仕楼，考取功名的象征

九宗联情一井牵，悠悠历史一路藏

在村之南偏西处、大塘之东，村前地坪有一口极具特色的古井。据村中传说，水东村只有“一程”，而“程”字拆开为“禾”“口”“王”，是一“口”为“王”，不能有二“口”，而且“程”姓音通“埕”，“埕”是不能有“二口”的，有“二口”即破“埕”、烂“埕”，有违宗族各支和谐共处的希冀，是不吉利的。故村里只能打一口井，这口水井也就是全村有史以来唯一的一口水井。井口为正方形，用青条石砌成，井口下面连有四四方方的井台，井台四周曾建有围栏，同样用青条石砌成。井口内壁由青石条密排砌成，井深三丈余，500多年来从未断水，每天都可供全村村民饮用。上世纪破“四旧”时曾专门另打一口圆形井，但不知为何，这口井至今未能使用。

古井旁便是青石板路了。想当初，青石板路是为了改善村民生活而筑的。原来村民耕种出入走的都是土路，一下雨道路泥泞行走艰难，为解决这一难题，村里的先祖们看中了青石容易清理，雨天不泥泞、晴天不扬灰的特点，于是环村铺设了宽约40厘米、约2公里长的青石板路，石板上还别致地雕刻着云彩一样的图案，乳白的、墨绿的点点圈圈，十分雅致。

这条路原本蜿蜒曲折足有2公里长，但随着时间的推移，如今仅剩几段还保存得比较完整。从前，这条路还是完整时，村民们赋予了它更多的意义。以前村民的婚嫁迎娶，新人们都会在喜庆的锣鼓声中、在族人的簇拥下，沿着这条青石板路走遍全村，告知族人一个新家庭的诞生。

家学与名士：躬耕不忘读书阁

作为理学大家、“二程夫子”的后裔，水东村村民受“洛学”和“理学”文化的熏陶，一直崇尚诗书礼仪、文武双修。如当年素隆公建寿庵祠，还不忘在旁建学堂以供族人读书。直到今天，每一个老少村民也都能琅琅吟诵“渊源宗洛水，枝叶发桐林”、“春风道貌，理学家声”、“理学文章留万古，光风霁月祝千秋”这样源于祖先显赫学问的诗词。当然，村民不仅崇文，也十分尚武，因此小小的水东村在历史上出过不少文武举人，祠堂外的“旗杆夹”就是专门为村人中举而设的，而且村中还能找到几所与众不同的民居——仕楼，这种楼房的建筑规格要比普通民居高大，只有中举当官的人才允许修建。

传统节日的表演中，武术是少不了的。水东人好文也尚武

正月里来抬“公仔”

拜社，时间在每年的正月初八至正月十二，这是村里从不间断的集体活动。

“公仔出庙啰！”

过去，村中德高望重的长者往往会被推选为族长、族老，大家相信他们办事公允、有一定威信，有事时找其裁决。如有宗族矛盾如何解决、家庭纠纷如何裁定、不守妇道是否浸猪笼、小偷是否要游刑、斗殴是否要赔偿及裁定数额等均由族长召集各宗祠族老议定后执行，可见长者在村民中的威望之高。在正月初八这天一大早，锣鼓乐队就会在村里德高望重的长者带领下，到明徵庙里将神像请出来。

在香火的引领下，由年轻力壮的小伙子抬着神像在锣鼓伴奏下走遍村中的各家各户，祈求新的一年全村有好的开始；到了正月十二这日，再由长者将神像送回明徵庙，整个拜社活动历时五天。

水东的传统节日总能把附近其他村的人们吸引来

虔诚的水东人，似乎要燃烧了黑夜，让福气早点过来

二月初二抢“炮头”

烧“添丁炮”是在每年的农历二月初二举行的。这是村民们迎接新成员的最隆重仪式，为一个小小家庭中，一个小小男孩的出生赋予了极其丰富而深刻的社会意义。

由于附近村庄没有烧“添丁炮”的习俗，因此每逢二月初二这天，邻近村庄的村民会从四面涌来，还有各家的亲戚都会参加这一年一度的烧炮活动。仪式举行时要放炮，每一个“炮”都是由村中在上年添丁的村民提供的。“炮”的数目并不固定，视村中上年添丁家庭的多少而定。“炮”呈六角形，高约60厘米，直径有30至50厘米不等，由擅长竹编的村民用纸和附近地里长出来的竹扎制而成。每个“炮”的中间为炮筒，筒内放有特制的爆竹，这种爆竹内带一支小竹和系在小竹上的红布条，叫做“炮头”。爆竹点燃后，“炮头”会射到20至30米的高空中再降落，这时人们簇拥过去抢接“炮头”，谁抢接到“炮头”，谁就会得到主家提供的“利是”和供品，据传抢接到“炮头”的人会得到好运气，寓添丁发财之意。

水东村的烧炮活动在各族宗祠前的地坪举行。是日下午4时左右，村中族人男女老少、亲朋好友、远方客人齐集，放炮的主家陆续到来，并按例在土地神位前奉上一份大小不拘的“利是”和各种供品，然后烧香礼拜，祈求神灵的保佑，据说求财得财，求子得子。吉时一到，场内爆竹齐响，八音齐奏，人声鼎沸，热闹异常。烧完爆竹后，点炮手就会依次点燃“添丁炮”，点炮顺序依照各放炮主家上年男丁出生的先后顺序排列，随着炮筒内“炮头”的升降起落，围观的人们会一拥而上，奋力拼抢，谓之“执炮”。执到“炮头”者只要携“炮头”拜倒在台前的神位前，即算大功告成。

烧“添丁炮”仪式结束后，放炮的主家会大摆筵席，宴请亲朋好友，以示庆贺。晚上还会在宗祠前燃放烟花作为庆贺，一直持续到深夜。

清明祭祖络绎至

每年清明，全村人集中在一起，拜水东始祖程氏太公（绍明公）和宋氏太婆墓，抬大烧猪、焚香烛。拜完后聚餐。接着各宗支房分别各自拜祭，直至自家祖先。一般拜几天。

男婚女嫁系大伦

旧时水东村的男女需婚嫁时，往往根据“父母之命，媒妁之言”，纯属盲婚哑嫁。即使个别有认为需要见面的也有“枪手替代”之事，结婚后才知道不是所见之人。婚嫁程序繁琐。媒人缀合，两家相愿，就“合八字”，看男女之间有无相冲相克，之后还需持女子的“生辰八字”（出生的年、月、日、时），用红纸书写放到男家的“米瓮”，如半月内（有时甚至更长时间）无大小事故（包括家人争吵、跌跤、打烂东西，甚至禽畜食量减少等等）才有下一步发展，否则不成事。然后出日子（择日）落“文定”，没有定下来即无定（武定），定下来是无（武）定的相反，即“文”，故称文定，最后讨价还价过大礼后迎娶。女家回礼要回一颗槟榔，喻“只此一郎”。

男娶。布置新房，请“好命公”安床，安床完毕多数都念一口诀：床头拍拍，床尾拍拍，大仔会行，细仔会“辣（爬）”。并在床上放上红枣（早）、花生（生）、瓜子（子），都是祝福早生、多生、密生（密度大）。男家用花轿迎娶新娘，锣鼓八音、花灯“水旗”（上书对联或颂语的长形红布），进房时要用手拿扇子打新娘头部，愈大力以后新娘就愈听话。如不用扇子也可用手“五指菱角”一凿。

女嫁。临近“日子”前几天不干活、不出门，唱“啼哭歌”（出嫁歌），内容多为念父母恩、弟妹情、对未来生活的恐惧与徬徨，也有极少数向往的。上头（梳新娘妆）髻手会边梳边唱：一梳梳到尾，二梳梳到白发齐眉，三梳梳到儿孙满地。女子到男家太早，会有人话你“恨（想）嫁”，男家亲朋要等新娘回到才开席饮酒。新娘迟迟不到男家，会认为新郎“无面”，什么时候才合适、到村边又怎样进村，这都是不容易把握得恰到好处的。

旧时并无“联婚”一说。结婚当天男家摆酒，新娘在家婆的带领下逐席“捧茶”，比新郎辈分高或年龄大、或社会地位高的人都要逐一“捧茶”请饮。被请饮茶者均需回敬红包。饮后多有“玩新娘”一环节，多为考新郎新娘的小聪明或庸俗的内容。如用筷子夹玻璃球或夹二只叠起的火柴盒、或竖放两对筷子怎样能放稳。庸俗一些的如用线吊一粒糖叫新郎新娘互咬，或站到一条凳上怎样才能闪过等。

第二或第三天回娘家，叫“三朝回门”，一般均由男家负责请客的费用，新郎由一能说会道并有一定酒量的兄弟做“担担佬”，用以“挡驾”劝酒或代饮或应付新郎的难题或难堪事。三朝当天新娘新郎一定要回家。“做七朝”即新娘在娘家住一晚，新郎回家，这一天一般不请酒，只是至亲吃一餐饭。到“十二朝”可多住几晚。以后在男家的村或邻近村饮了“好事酒”（结婚请姜酒等，与自家无关系的都可以去饮）就没有禁忌，就成为本村家族一分子。如未有机会饮“好事酒”，自家族或娘家有什么红白大事都不能参加，要回避。所以有时本村碰巧没有“好事酒”，即使去邻村也要赶一次“好事酒”。这习俗一直沿袭至今。

在20世纪国民大革命时期，程氏大宗祠还曾办过农会，这个幽静的小村落燃起了农民运动的火种。在这样的背景下，村中出了一位革命烈士——程鸿才。

程鸿才，1902年出生，其父程冬初是前清武举人出身，既是一位武林高手，又是当时腰古方圆十里的首富，他共生育了五子四女，程鸿才在家中排行第三。由于家境富裕，程冬初聘请了名儒为其子授课于家中的柏庐书室。程鸿才从小聪慧过人，幼读圣书古文，并且文武双修，从小练就了一手好枪法，据说他在百公尺外随手拔枪就能射中挂在树枝上的沙煲。虽然是大财主的三少爷，但程鸿才平日生活作风随和，与众多乡亲融洽相处。在他24岁时，深受周边地区农民运动的影响，与广大穷苦农民一起成立了农民协会和农民自卫军，农协会的地址就在村中的一座宗庙里。程鸿才任云浮县腰古分区农协主席、指挥部指挥和农军常备队队长，在他的带领下，腰古、小河、思劳的农民运动进行得热火朝天。农会指挥部组织了400多人的农军和1600多个农会会员举行起义，联合新兴、高要等地农军攻打肇庆。由于叛徒出卖，程鸿才在水东被捕，并于1927年4月28日下午在腰古元岗被反动派残忍地剖腹杀害，被害时年仅25岁，家中房屋被烧，直到今天，我们还能看见那栋外墙有焦黑的房屋。到了1950年7月，程鸿才被政府追认为烈士。

水东村的乡亲

关于古井的开凿还有一个传说。据传水东村建村后，几代人都是在村前的旧水网形成的大池塘里取水饮用，直至程氏一脉传至第五代。时遭大旱，池塘里蓄水大减，乡亲们的生活用水严重不足。

天忧忧，地忧忧，落场大雨洒神州；天可怜，地可怜，落场大雨洒禾苗；
天忧忧，地忧忧，落场大雨捎吾州；天可怜，地可怜，落场大雨捎禾寮。

村里人大办祖宗留传下来的求雨仪式，又拜土地求雨，又舞龙游乡，口中齐齐唱颂着口耳相传的《求雨歌》……但是，旱情仍是没有缓解的迹象。

精于风水地理之术的五世祖近溪公深感旱情严重，遂利用自己的风水地理知识寻找合适地点，与乡亲们合力打井解困。可是在村边四周一连打了十多口井却没有引出井水，不禁有点泄气。旱情越来越严重，近溪公看在眼里，急在心中，仍然坚持每天带领乡亲打井。一天晚上，近溪公在梦中隐约似乎听见有人叫他名字，并告诉他第二天正午在村前的地坪挖地三丈就能找到水源。第二天正午，近溪公依照梦中高人指点，带领乡亲们来到村前地坪，在如今水井的地方开挖井口，当挖到三丈深时，井水涌动如注，乡亲们奔走相告。正是这口井，帮全村村民度过了大旱，并造福子孙后代，直至今日，这口井依然泉水不断，满足全村人使用。

历史，往往也如这山墙般，重重叠叠

访村手记

著名学者梁漱溟在《乡村建设理论》中说，“外则相合答，内则相体念，心理共鸣，神性相依以为慰……”中国人的崇尚祖先、重视家庭，就体现在每一个细小的单元里。在过去的几千年里，乡村生活一直是中国人生活的主要方式，出生、成人、婚娶、终老……这个过程在村人看来，就像春耕夏耘秋收冬藏一般，自然而天成。水东村人依凭着“理学家声”的身份，更是无比看重“天人合一”、“道法自然”的朴素理念。

水东村是活的，正如环绕它而永不停息的河水。当年朱熹吟下诗句：

半亩方塘一鉴开，天光云影共徘徊。
问渠那得清如许，为有源头活水来。

当年朱子吟诵之处已不知所在，但若思索，是在一处充满活力、充满灵性的水乡之畔。

旅游攻略

交通：

从广州各客运站坐车到云浮市，再转至腰古镇，镇东边不远就是水东村。

（本文执笔：麦苗）

守望古村，守望未来

粤东、粤北区

世代的村人栖身在这片以冲积平原为主的土地上，悠然而居，斗转星移间感受着不甚分明的春夏秋冬。

中西合璧　侨乡经典

——汕头市澄海区隆都镇前美村

古村概貌

历史的眼眸总不曾遗落这一片淳朴的土地。而今，她温柔地俯瞰着这一座古老村庄——前美村。

前美村是汕头市澄海区隆都镇的一个行政村，坐落于澄海区西北部，隆都镇中部。东与后沟接壤，西与后溪村相望，西南与前溪村相连，鸟瞰全村，形如卧蚕。其地处韩江三角洲，世代的村人栖身在这片以冲积平原为主的土地上，悠然而居，斗转星移间感受着不甚分明的春夏秋冬。

前美村始建于元朝末年，至今已有六百余年历史，历史文化底蕴丰厚，创基人陈氏世序公，约于元朝至正年间携带家眷至此定居。据陈氏族谱记载：“世序公世居福建省泉州府，因避乱携四子而迁于潮之饶隆，卜溪尾乡而居。”随着子孙繁衍和朱姓人家的入住，在溪尾乡又聚起了朱厝、后陈等村落。清康熙三十二年（1693年）陈氏长房门下第十一世祖陈慧先创立了前溪陈村。清末民初，以泰国著名侨商陈慈黉为代表的一批陈氏后裔华侨，纷纷回梓建造宅第，创建了前溪陈乡新乡。至民国三十年（1941年）建立乡镇，将前溪陈村溪尾的居美村、朱厝、后陈等村落合并为一村，取前溪陈的“前”字和居美的“美”字，称为前美村。新中国成立前，前美先后隶属海阳县和饶平县的隆眼城都（简称隆都），新中国成立后，划属澄海县至今。现今前美村面积约80万平方米，居住着1500户人家，6500多人。

天空，纯粹得看不见一丝杂质，偶尔一阵风悄悄地抚过，唤醒树叶沙沙的和鸣，挑起村前池水涟涟的舞蹈。古色古香的前美村，承载着几代人的生息繁衍。先民迁于斯，长于斯，最初以渔农为业，而后纯务农。这不由让人想起陶渊明咏诵的“晨兴理荒秽，带月荷锄归”的怡然自得。漫步过几个世纪，斑驳的墙壁烙下历史的记忆，村民们徜徉其间，悠然书写着新的痕迹，彰显前美亘古的飘香。

前美村全貌

宁静

隆都前美村历史悠久，传统民居建筑繁多，规模宏伟，古朴典雅，风格独特，集古今中外建筑艺术精华于一体，为潮汕乃至全国少有的建筑群，令人叹为观止。

宗祠，先人遗训传千载

宗祠是供设祖先的神主牌位、举行祭祖活动的场所，又是从事家族宣传、执行族规家法、议事宴饮的地方。前美村历史悠久，宗祠繁多，古朴典雅。身临此境，摩挲着、见证着古老的痕迹，竟也由内而发，感受到一种端庄和肃穆。

世序祠（报本堂）

建于清康熙年间，是前美村陈氏创基人世序公的宗祠，建筑面积470平方米。

溪尾祠（松荫堂）

建于清康熙年间，是陈氏二世祖松山公的宗祠，建筑面积450平方米。

后陈祠堂（松荫堂）

建于清雍正年间，是陈氏二世祖松山公的宗祠，建筑面积448平方米。

朱厝祠堂（著存堂）

建于清康熙年间，是前美村朱氏宗祠，建筑面积428平方米。

居美古庙

供奉北帝爷，新中国成立后被拆除，现只存残垣断壁。

长房公祠（世昌堂）

建于清光绪年间，是陈氏十一世祖慧先公派下长房宗祠，建筑面积448平方米。

古祖家庙（聚星堂）

建于清末，是陈氏十六世祖懿古公宗祠，建筑面积1504平方米。

永宁寨寨门

永宁寨，百年古寨的传说

在前美村的一头，坐落着一个有270余年历史的古寨，它是陈氏先祖陈慧先和陈廷光父子于清康熙年间兴建至雍正十年建成的方形巨寨。驻足于寨前，便会被犹如泛墨的墙面吸引。墙面上一道道斑驳的印记和长短不一的裂纹，诉说着岁月的留痕。拱形的寨门托起了这一切，顺道而入，幽深古老的画卷将渐渐展开。而寨门边的护寨池，盈盈地泛着光泽，陪伴着永宁寨度过悠长的岁月。

说起永宁寨，我们不能不提及它独特的构造。它既不像闽南粤东许多山村圆寨，更不像普通的民居住宅，而好似一个四方形城堡式的宅院。永宁寨寨墙三面高一面低，低的一面寨墙俯临寨外的大池塘，寨内所有民居都朝着这面矮的寨墙，因为这个朝向正对着莲花山，相传这面寨墙之所以建这么矮，是为了让寨里的这些府第能够不受阻挡地吸纳到莲花山的“吉气”。若对建筑有所了解的人，不难发现寨的正座为传统潮汕民居建筑“双背剑”，两边是两座“四点金”，且建有花巷和通巷。邀上几位友人，在纵横交错的巷道中穿行，别有一番风味。

探及永宁寨的建造结构，顾其名，思其义，是为防洪、防涝、防盗而永保安宁。关于它的创建，还有一段为人称道的故事。永宁寨的创建人陈廷光为官三十余年，政绩颇多，后来因为厌恶官场腐败，辞官回乡，造福梓里。他回乡前的三年，潮汕大地连续三年遭遇夏季大水灾，田园失修，民不聊生，盗贼蜂起。他回乡伊始，耳闻目睹这一切，决意为民排忧解难，于是他继承父业建成永宁寨。他深知隆都就像一个大鼎，而前美村则地处鼎脐，一遇水灾，必是重灾区。于是他选择这地势较高，可避洪涝之处兴建住宅，并建成村寨，以防盗贼。村寨建成后，就将族人全部迁入寨中居住，为表其心愿，取名永宁寨。在村人对建寨史的娓娓叙说中，我们仿佛也能忆及当时的情景，在心中感怀先人的恩泽。

如今的永宁寨，景色宜人，护寨河绕过村寨，一条石板桥，一棵古榕树，在夕阳余晖下，更显得有如诗如画的意境。此情此景，不由让人联想到马致远“小桥流水人家”的行吟。若是晴空万里，纯粹得无一丝流淌的微风时，池水便犹如凝结成镜，据说还能从中望见莲花山的倒影。又说寨中下埋有个八角石井，从前水清时，可见井中有井，那

是一个方形木壁古井，深不可测，永不干枯。此外，在古寨旁俗称“寨脚”的地方，还有陈慈黉父子建的两座“通奉第”和“仁寿里”，气势恢宏，其建筑格局与现在新寨陈慈黉故居几乎完全相同，是当年陈氏父子回乡修建的第一座大屋，现在看去，老寨的这两座大屋，更具原汁原味的乡土味。

陈慈黉故居，古老独特的侨居

当地流传这么一句话：“富不过慈黉爷。”现在在乡间，偶尔听老一辈茶余饭后闲聊，还能听到这么一句俗语来谈论家境的殷实与否。可见，陈慈黉的富有给老一辈留下了很深刻的印象。

虽然已经被开发成一个旅游景点，然而陈慈黉故居仍保留着浓郁的生活气息。当风尘仆仆的旅人到达此地，无一例外地会被故居前的大池塘吸引。尤其当夏天来临，碧绿温润的池水上方，将席卷满池的绿，那是层层叠叠的荷叶。看到此情此景，不由让人想起朱自清在《荷塘月色》中对满池荷叶的描写：“微风过处，送来缕缕清香，仿佛远处高楼上渺茫的歌声似的。这时候叶子与花也有一丝的颤动，像闪电般，霎时传过荷塘的那边去了……”一席话，道出了意蕴万千。

激动的心绪抚平，环顾周围的一草一木，人们不由沉寂着，把历史的烟云尽收眼底，置于心中回旋、沉淀。陈慈黉故居始建于清同治十年（1871年），至民国二十八年（1939年）建成，是陈慈黉家族在家乡修建的许多住宅的总称。因陈慈黉在泰国创办黉利行，也有称其故居为黉利故居。黉利行由一个跨国米业贸易体系，再到一个集工商贸易、金融保险、船务航运和房地产于一体的跨国企业集团，富甲南洋，因此在民间才有了“富不过慈黉爷”这一说。

陈慈黉故居

陈慈黉故居规模宏大，形成历时近半个世纪，集陈家几代人的心血，是所有宅第中规模最大、设计最精、保存最为完整的一座。它的房屋很多，一部分建在前美乡，一部分建在前美新乡，合共有大型住宅7座，小型住宅5座。其中，位于老乡的住宅有寨脚“通奉第”，刘厝“通奉第”和“仁寿里”3座。位于新乡总共有9座，大型住宅有向西厝“通奉第”，老向东“郎中第”，向南“康寿里”和新向东“向居室”4座，还有小型住宅五间过3座，“观察第”和“三庐”书斋各一座。这9座连成片，地处新乡东南，约占整个新乡的一半，登高远眺，栉比鳞次，十分壮观。

现在作为旅游区的陈慈黉故居，有郎中第、康寿里、善居室、三庐书斋等宅第，占地面积25400平方米，共有厅房506间，是潮汕建筑文化的缩影，被誉为“小故宫”“南国大观园”，号称“岭南第一侨宅”。在这些宅第中，最具有代表性的是“善居室”。它建于1922年至1939年，汕头失陷时尚未完工，占地面积6861平方米，计有大小厅房202间。

故居里随处可见中西结合的装饰

陈慈黉故居既有浓郁的民族风格和潮汕农村住宅特色，又巧妙融合了西方建筑风格，是中国早期典型的中西合璧建筑。它的总格局以传统“驷马拖车”，糅合西式洋楼，点缀亭台楼阁，通廊天桥迂回曲折，进而如入迷宫，乐而忘返。陈慈黉故居的建筑材料汇集了当时中外建筑材料之精华，其中单进口瓷砖式样就几十种，有的是来自一百年前的意大利、西班牙。这些瓷砖历经百年，花纹色彩依然亮丽如新。堂柱表面打磨得和镜面一样光亮，据说当年的丫鬟梳头，就以此为镜。各式门窗饰以灰雕、玻璃，高雅大方，富丽堂皇。木雕石刻多以花鸟、祥禽为内容，表达吉祥、喜庆、富贵的美好愿望。

故居左侧

旧时宅门

相传在建造此居时，陈慈黉十分注重建筑质量，只求好，不求快。有一次他看到某个工人干活时紧紧张张，拼命劳作，就立即责问他："是不是家中有事？"然后就叫工头先给他发工钱，让其回家处理完事情再来做工。因为类似的事情一再发生，民间形成一句俗语说"慈黄起厝，好慢孬猛"。他所主建的"郎中第"历经十年建成，其间就因质量不好，曾反复三次推倒重建。陈慈黉故居的坚实由此可见一斑。

稍一留意，便可观看到故居内的书法石刻，它们皆出自名家之手，一字千金，是一本集众书法名家手笔的"活字贴"。置身其中，宛若跨越了几百年的历史，在独具匠心的构造中体会自然和谐之美。

陈慈黉故居里的建筑设计在外表美观的同时，更注重房子的科学性与实用性。以故居多得不可思议的门窗为例，据说以前陈家有个专为开关窗门的佣人，每天清晨开窗，开完所有的窗，又开始关窗，当所有的窗都关上了，天也就暗了。这么多的窗户并不仅仅是通风透气的作用，它同时还通过装饰虚设形成错觉并达到空间开发利用的效果。如门窗、壁橱组成走廊、厅、房的隔断，并将门框骨架用板材结合，做成里面可以贮物的空间，门顶摇头窗从外表看是精美的彩金木刻窗，但里面则是可以开启的壁橱，这种虚设的门框摇窗既夸大了门户的视觉，又扩大了装饰的效果和实用价值。

精致的屏门

郎中第

花开文园

“郎中第”、“康寿里”、“善居室”和“三庐书斋”这四座宅第只是陈慈黉故居的一部分，但这部分建筑已经令人叹为观止。这部分建筑实在规模宏大，且风格独特，集古今中外宅居建筑精华于一体，既古朴典雅，又富丽堂皇，连片成群，是潮汕地区乃至全国罕见的民居建筑。每座宅第的具体情况如下。

第一座“郎中第”为龙虎门，硬顶“驷马拖车”式宅第建筑，坐西向东，该宅四进阶，龙虎门内置舍南、舍北书斋各一座。该宅照壁后院落为平房，两厢及后胞为二层洋楼。有骑楼和天桥连接，全座建筑占地面积5106平方米，共有大小厅房158间，于1910年至1920年建成。

第二座“康寿里”，与第一座“郎中第”基本相同，只是坐向不同，坐北向南，故称向南。全座建筑占地面积4097平方米，共有大小厅房116间，于1922年至1930年建成。

第三座“三庐书斋”是别墅式两层洋楼建筑，处于“郎中第”和“康寿里”之间，也是坐北朝南。它设计为二进门结构，一进花园，二进天井和厅房。楼层两侧走廊为全封廊，装饰五光十色的玻璃窗，光彩夺目。屋顶式天台，四周护栏，依栏眺望，远看桑浦山，近观韩江水，山清水秀，如诗如画，令人心旷神怡。全座建筑面积占地799平方米，共有厅房30间。这一座与“康寿里”同时开工建设，同时竣工。

第四座“善居室”为双层四进“驷马拖车”式宅第建筑，四周及后胞均为两层洋楼，厢房仿北京故宫的东西宫建筑，各成若干院落，前后天桥密布，处处相通。全座建筑面积占地6881平方米，共有大小厅房202间，是四座建筑中最为豪华、最为庞大的一座。

其他特色建筑有永祚楼、文园小筑、通奉第、大夫第、太守第、儒林第，其中通奉第有厅房240多间，占地11700平方米。

八卦古井

在永宁寨下埕北侧建有一个直径约3米的露天八角石井，穿过一条小石径，便可就近观赏这口大古井。石径的两旁长满郁郁葱葱的青草，走在石径上仿若踏着青草的芳香。在古井的前方，一排形态各异的树木似卫兵般驻扎守护着，其中离古井最近的一棵树，虬枝盘旋，焕发着苍劲的力量，微风一过，满树的黄花朵便会撒下星星点点的花瓣，为古井平添了一抹浪漫色彩。井口高出地面不多，俯视井内，可见井中还有一方形木制井圈的古井，井水深不见底，从不干枯。旧时，全寨的生活饮用水就靠此井。

古牌坊——重宴鹿鸣

永宁寨的正厅是中翰第，步入中翰第的前厅，悬挂着的一块牌匾便映入眼帘，牌匾上 “乐善好施”的字样，显示着主人的风节。前厅的右面墙上张贴着古寨主人陈廷光及其夫人余妙德的遗像，遗像下面以连环画的形式简单地介绍了陈廷光的生平。正厅的中央悬挂着一块牌匾，上面写着“重宴鹿鸣”四个字。据了解，“重宴鹿鸣”又称重赴鹿鸣宴，是清代科举制度对考中举人满六十年的庆贺仪式。

清康熙癸酉年（1693年）22岁的陈廷光荣中举人，授内阁中书，后因在职业绩优秀，数年后蒙恩升任直隶省（河北省）赞皇县知事，并先后署理获鹿、阜平二县印务。他在任期间，谨慎廉明，兴利除弊，政通人和，万民额手，为官三十年，政绩颇多，于清雍正五年（1728年）辞职回乡。至乾隆癸酉年（1753年），82岁高龄的陈廷光适逢又一次癸酉科举而获朝廷特赠“重宴鹿鸣”。时任两广总督的苏昌，特向82岁高龄的陈廷光赠送对联：“与宴重逢攀桂日，问年已越钓璜时。”从此，族人都以此为荣，勉励后代子孙勤奋向学，争取功名，光宗耀祖。

该牌亭新中国成立后已被拆除，现只剩石刻牌匾散落于下北村。

水松荣荫

在刘厝北门外，下有一溪涧，岸边种植水松，闻为先人航海经商，平安荣归，顺带此南洋珍木苗，落户唐山，手植以志盛事，让后人知创业之维艰。水松虬髯龙纹，针叶长青，现今只剩下一株，余皆物化，抚孤松而盘桓，当忆先人的荣荫了。

竹宅神榕

陈氏三世祖松隐公肇基于竹宅，栉风沐雨，耕耘繁衍，至十四世已有魁梧儿孙十八人，聚义同居，为存纪念，各种榕苗一株，在清仔围溪边茁壮成长，后人崇奉，视为神明。竹宅人慓悍，善水性，善舟楫，端阳节在清仔围龙舟竞渡，屡屡夺冠，天时、地利与人和，有谓神榕之显护。

鸿运当头

澄海隆都前美村的民间习俗与潮汕地区的民俗大体相同，但也有其独特的民俗文化，时令八节祭祖春社游神，日常礼仪如出花园和婚嫁习俗等都应遵《乡礼便览》之习俗，各种红白帖式，各宗祠祭祖祝文和礼仪等，《乡礼便览》都一一列明。

一到时节，前美村人山人海，村民在时节前就会把一切准备好，当天清晨，村人把家里的八仙桌搬到祠堂前，排列整齐后，家家户户再将鸡、鸭、鹅和水果等供品摆放到八仙桌上祭拜，人们摩肩接踵，场面十分壮观。“游神”是社日活动的高潮，这个时候，整个村都会热闹非凡，阵阵热闹的鞭炮声响彻云霄，村里无论男女老乡都欢腾起来。

传统手工艺

早在100多年前，竹编灯笼手艺传入前美村，逢年过节，家家都要在自家门上挂上一对灯笼，表示喜庆。制作灯笼的工艺比较复杂，先是做好灯笼坯，再裱糊纸面，然后在灯笼上写字。而这写字工夫就是关键，字写得好不好，会影响灯笼的外观。买一对灯笼不叫买，叫写一对灯笼，因为灯笼挂在自家门口或宗祠前的，都要写上姓氏和宗族的郡望。如“忠顺世家”、“九牧世家”、“济阳故家”等，如挂于庙宇宫前的，则按供奉的不同写上如“天后圣母”、“风调雨顺”、“玄天上帝”等。

题写灯笼

在潮汕地区，前美灯笼一直十分“抢手”，这首先是得益于潮汕农村盛行“正月点灯笼”的传统习俗。每年从除夕夜开始，各乡各村各家各户乃至祠堂庙宇都有挂灯笼祈福习俗。初八至十五夜，那些年内结婚或“添丁”（生男孩）的人家都要选购灯笼高挂，俗称“吊灯”。正月里，不少村落在夜幕下都有“游灯”的惯例，以祈新年五谷丰登、合乡平安。多年来，潮汕民间老百姓喜欢选购竹制灯笼，还因为潮语“竹”与“德”同音，有好意义好兆头。世代风俗的沿袭使前美人制灯笼这门古老艺术深受青睐。

前美村人除了传统的竹编灯笼外，还有潮绣、织网、纱灯制作、泥工石刻等传统工艺。

竹编灯笼

前美村地灵人杰，人才辈出，历史以来较有名望的有：

陈廷光，族号笃序，溢泓泽，生于清康熙十一年（1672年）农历八月三十日，22岁中癸酉科举人，考授内阁中书，数年后改授直隶省（河北省）赞皇县知事，莅任十二载，署里获鹿、阜平两县印务，政绩颇多，捐置学田二顷余亩，为赞邑士子盘费，邑中随俗何有兄收弟妇，同姓结婚，详请禁革，转移风化，康熙六十年（1710年）赞邑大荒，开仓赈济，仓粮不敷，捐俸买米继济之，活全甚多。

陈慈黉，又名步銮，自幼受其父影响，熟悉航海技术和经商之道，青年时即接管父业，因时代发展，帆船被淘汰，遂把实业转向泰国，1871年创陈黉利于泰京曼谷，专营出入口贸易，陆续创设火砻于曼谷，与族人集资创立陈生利行（后改为陈元利行）于新加坡，联新加坡、泰国、香港、汕头经营于一环，40岁时回乡，捐资修桥筑路，倡建新村，创办成德学校。20世纪初，在汕头市区购地建置房屋近400座，建筑面积4万多平方米，对汕头市政建设起了推动作用。

陈立梅（1880—1930年），字惠芳，号鹤珊，陈慈黉次子，青年时弃学从商，前往泰国曼谷接替父业。民国元年，鉴于各港联号组织庞大，于泰国、香港、汕头分设黉利栈汇兑庄，以便资金周转，调节盈缺，于泰国、汕头陆续广置房地产，巩固工商业的基础，并继续发展航运事业，承租挪威国船舶之中暹轮船公司，航行于泰国、新加坡、香港、汕头以及日本等地，前后达40余年。立梅热心公益事业，与高晖石等发起组织中华总商会，先后任泰国中华总商会及火砻公会会长多年，参与创办泰国报德善堂，潮属培英学校，潮州女校。解囊捐助汕头存心善堂、福音医院、华洋贫民工艺院、香港广华医院、澄海便生医院、泰京天华医院等。

陈守明（1903—1945年），字和旸，陈立梅次子，少时遵父命偕三弟守镇赴泰，习练工商管理诸务，父亲去世，20岁便继承先业，管理辖下全部企业，民国二十一年（1932年）按泰国政府规定，将黉利栈汇兑庄改为黉利栈银行，并开拓新兴事业，创銮利保险公司，28岁起任泰国中华总商会主席，历四届八年，民国二十五年（1936年），守明被国民党政府委任为外交部驻泰国商务专员，联络中泰商务事宜，抗日战争前期任国民参政会第一、二届议员，参与政事，宣传抗日，民国二十七年（1938年），捐大米1万包，支援抗战，民国二十八年（1939年）到重庆捐资85万元作为抗日经费，民国三十年（1941年）冬，日军入侵泰国后，他被迫出任第十八、十九届中华总商会主席。民国三十四年（1945年）8月15日，日军宣布无条件投降，翌日下午四时，他在总商会筹备欢迎盟军事毕，车抵英哥泰码头时，突遭暗杀身亡。

朱叟林（1900—1974年），又名朱壁图、朱进，是澄海县较早的共产党员和党团组织创建人之一。他于民国十一年（1922年）到上海大同大学读书，接受马列主义理论，积极参加反帝斗争，民国十四年（1925年），从上海回汕，8月，受中共广东区汕头支部和共青团汕头地委派遣，到澄海负责开展共青团工作，12月以澄海凤山小学（即县立第一高等小学）校长身份，在凤山小学成立了澄海第一个团支部——共青团澄海支部，民国十五年（1926年）1月上旬，在凤山小学成立澄海第一个党支部——中共澄海支部（党员10人）并任支部书记，同年调任中共潮安县委书记。

大革命失败后，朱叟林避居泰国，抗日战争爆发后，他同侄儿朱维崧回国，奔赴延安，参加抗日，转战于冀中、冀南一带。

抗日战争胜利后，朱叟林重返泰国，在中华人民共和国成立后回国，1974年3月11日在北京病逝。

访村手记

儿时

前美村历经了朝代更迭的风风雨雨，日渐形成了浓厚的地方特色。当我们驻足冥神，遥望无涯的天际，可以感受苍穹之下这个古老村落的古朴幽雅。逝去的岁月在每一个角落留下了点点印记，在一代代村民心中烙刻了不可磨灭的回忆，我们有什么理由忘却过去？而今，这个飘散着浓郁潮汕文化气息的古村落，因为中西文化的交融与现代文明的传承，愈发出落得颇具神韵。也许，只有当你真正置身其中，你才能体会到前美村的迷人气息，亘古飘香……

旅游攻略

自驾车线路：从广州出发，可经广汕高速，再走汕汾高速，在店市出口下，或可到达汕头市区后经324国道，再走省道安澄公路可到达，沿路皆有“陈慈黉故居”的指示牌。

巴士线路：从广州出发，在省汽车总站、天河大厦及天河客运站均有直达汕头的高速巴士，整个行程四个半至五个小时，到达汕头后，市区有直达陈慈黉故居的旅游专线103路公共巴士。

村游联线：前美村离潮州市约20公里，距离比较近，可以考虑把前美村与潮州串联起来玩，而附近的莲花山温泉也是不错的选择。线路设计上可为：绍河珍珠科技园—陈慈黉故居—莲花山温泉、陈慈黉故居—淡浮院—莲花山温泉度假村、陈慈黉故居—塔山风景区—莲花山温泉度假村。

陈慈黉故居里随处可见中西结合的装饰

（本文执笔：李丽葵）

粤东襟喉　潮州门户
——汕头市澄海区莲下镇程洋岗村

村落作为非物质文化遗产，有着独特的特征，古宅悠悠，岁月的沟壑深深浅浅，然而“活态”却成为古村落超然的象征，它表现为人脉之兴旺，传承之完整，传统之活跃。与现代繁忙都市相比，程洋岗无疑是一大奇观。

山明水秀，凤岭古寨

程洋岗位于北回归线之汕头市澄海城区东北十五华里处，一个自古扼于韩江干流之江海交汇处的地方，得天独厚的地理位置使其青山环绕，绿水萦回，山明水秀，文化昌盛，人才辈出。蔡、陈、许、林、郑、柯、李、薛、郭等姓氏的围拢，使这个旅居七千余人的村落更加美丽动人。然而，程洋岗并非自古称程洋岗，它原名大梁岗，故称歧陇，又叫旗岭、凤鸣岗，海拔高100米，村东倚凤岭（又名虎丘山），与窖东村、窖西村相接，北面紧靠韩江，与隆都镇的后蔡村隔江相对。古时韩江出海口的泥沙沉积成为横卧于凤岭及鸡翁山之间的一条沙陇，远观如大梁，故称大梁岗。著名汉学家饶宗颐教授给程洋岗题：“粤东襟喉，潮州门户。”唐代建村，它才易名程洋岗，寄寓着驰骋于海洋之丘陵之深意。

村旁虎丘山石刻

程洋岗全景

古迹遗韵

宅第纵横，风骚各异

程洋岗是古时重要的出海口，也是澄海少数最古老的村落之一，它的建筑格局合理，空间格局完整。村内的传统民居为院落式，常见的有下山虎、四点金、双背剑等，典雅古朴，从整体景观到单座建筑，从座向的讲究、明暗、风水、对称等，至建筑物上的装饰细部、布局特点、工艺技术，均体现传统文化的连续性、完整性，遵循传统潮汕民居特点。村寨前和一些祠堂前面都挖掘有较大的池塘，因水是聚财生财的象征；此外，也有洗刷、养殖之实用功效。村民热衷“村前种榕屋后种竹”，榕树潮汕人俗称“成树”，寓意成功、有所成就；潮语中的“竹”与“德”同音，寓意为积德行善。

目前村落历史建筑基本保存完好，具有文化底蕴和商业特色的巷名如纺车巷、和美巷、成记巷以及许氏大房祠巷、二房祠巷、三房祠巷、李厝巷、薛厝巷等依旧保留甚好。村落民居大小不定，大座民居占三四亩地之多，如成记、加合兄弟俩均各占一条巷整一座建筑物。民居装饰特点一是装饰类型多，主要有金漆木雕、石雕、灰塑、嵌瓷、壁画、彩画等；二是装饰部位广，大凡石木部件、门窗户扇、墙头屋脊、外墙檐下无不施以装饰。装饰多以花岗岩石门框、厚重漆门扇，或泥塑或彩画，华美艳丽、各具姿态，门楼顶和屋脊多采用潮汕嵌瓷，花鸟虫鱼，人物故事，琳琅满目。这样的装饰不仅体现了高超的潮汕民间工艺技艺，也展现出地方特色的审美情趣。

程洋岗的古旧宅第大量藏在老街的两侧，如宫廟的丹砂古寺、古葵庵、七圣庙宫、晏侯廟等；祠堂有“蔡氏宗祠”“蔡家世祠”“陈氏宗祠”“八郎祖宗第”等；府第的“儒林第”“大夫第”“进士第”“文林第”“中宪第”等；书斋私塾的“杏园书屋”、绿波书院等珍藏着历史故事的古屋旧宅。或许有人会认为，远离尘嚣以外的生活，与今天的繁忙与充实是脱节的，纵然是休闲、旅游，也只能是驻足观光罢了。但

嵌瓷

程洋岗的现状，幽静却不乏淡定之气，这就是它的原始概貌，也包含着一份感情的延续。它是曾经的辉煌，更寄寓着游子思乡之情；它是曾经的辉煌，也是未来的驿站。所谓风俗习惯，在潮汕人身上体现得相当的完整，把心灵的寄望托付在神明身上。求神拜佛，过年抬神游街，都是潮汕人重要的生活礼节。在程洋岗的历史气息里，与神连在一起所表现出来的权威历史价值无不包藏在每一座独立又相连的宅第之中，传承于在这里昼夜辛劳的村落里，它们风骚独领，成为粤东不可多得之一景，更是古村落非物质文化遗产的另一种珍藏。潮汕人向来注重落叶归根，而这生命之根，连着的就是那个充满着幽静、娴熟的故土，并且有着自己最钟情的一草一木。程洋岗就是把人脉蕴藏在这一砖一瓦中，纵横的老屋，驰骋的风骚。让我们走进程洋岗，掀开她那神秘的面纱。

程洋岗的民居总是给人感觉很幽静

丹砂古寺

丹砂古寺

丹砂古寺原名紫宵楼，坐落在程洋岗虎丘山西麓。丹砂古寺雄伟壮观，建筑精巧，主体为依山而建的土木结构，中轴三进，观音阁、地藏阁附房二间，左右两小巷有四厅八房配称，近山门内侧有园圃二片，植木艺花，以增颜色。伫立在古寺里的山门有一对石勒古联，右为“虎虎天地间，虚虚实实，实实虚虚，太虚容实，小实弥虚，虚怀须历千仞嶂，见丹方入圣，实求富民强民，真传乃武抱凌紫。”，左为：“丘丘世上事，是是非非，非非是是，克非纳是，恭是制非，非凡应经万斛浪，淘砂始得金，是达兴家兴国，有道者当负云霄。”把古寺在人们心中的希冀和古寺的实质镌刻得入木三分。有人说丹砂古寺是潮汕道教宗寺，又是儒、道、释三教合一的寺观，里面供奉文昌帝君、三世释迦、玄天上帝，独具特色。2003年新建的山门柱中记载一石联“丹饰高台，三教归宗儒道释，砂披万类，四方共悟去来今”，正反映了这种兼容性。

在丹砂古寺面前，始终让人止不住遐想的是那久远的层层叠叠的文物、石匾。各殿堂多处有先贤前辈的手书，有蔡恭“仙室壹踪”，许樾湖的“宝路压严”，楚湘潭王岱的“文武司命”以及吴殿邦的“众生法母”等，虽然多数是被破坏后时贤所添，然而一种历史辉煌的印迹依然存在。那寺门石匾“丹砂古寺”四字为清康熙年间澄海知县王岱所书，相传寺内客堂的苏铁即是王岱手植，树龄已有300年，神案前的香炉，寺内和尚用过的木鱼年代久远，保留至今，堪称珍品。寺前天启六年民间组织所竖起的石牌坊，上面留有明代杨任斯所书“凤来武当”和蔡粟庵的“千年宝光”。主殿两侧有明代陈良弼的《紫宵楼记》和清代杨钟岳的《文昌祠记》两块石碑碑文，至今保存完好。

寺门两侧所留有的两尊日本人雕像，其脚下的石刻为“倭寇犯境，烧杀劫掠猖狂，主此倭身，千秋请罪。”丹砂古寺铁铮铮的传奇，刚正不阿的气魄表现得淋漓尽致，这也是岁月冲刷后古建筑所散发出来的魅力所在。

宗祠

蔡氏宗祠之“饗堂”——它位于村中心坪埔山东南侧，始建于元代，主座坐西向北朝东南，建筑面积约1333平方米，是全乡两个最大的祠堂之一。从明至今已经四次重修。

“蔡氏岳祖祠”——俗称加合祠，湖北派分房祠，祀奕加祖，位于乡中心，在蔡氏宗祠左下侧，面向“巷口内池”，坐东南朝西北，清乾隆年间建，道光年间重修，建筑面积1666平方米，是全村最大的祠堂。宗祠，在潮汕人看来，是亲缘的象征。家族的兴旺发达全看宗祠的脉象，因此，宗祠从选址，到动土建造，都依据一定的风水，行五行，走八卦。地域环境的差异，塑造了独特的潮汕人传统，一种纵横联合的气势，一种同族为亲的观念，像从地域的中央被撬开。宗祠的维系，宗祠的修葺，除了建筑上的风光，更重要的是有亲情之根的延续，它像不可泯灭的纽带，紧紧地攥着亲情之根，这同时也说明了潮汕人崇尚祖先崇拜的传统。风俗习惯就是在一方地缘中所酝酿形成的，这种相互式的传统，是民族真正多样化的风格渐显的宝贵资源，是一笔历史遗留财产。

蔡氏岳祖祠

蔡氏家庙

庸祖祠

府第

中宪第，又称八角楼，位于市篮尾的狭石巷头，为清末实业家薛同泰的故居。说起程洋岗中宪第还得从丁日昌谈起，他是与薛同泰有八拜之交的巡抚官，“中宪大夫”的封赠正是丁为薛所取得的，以报答薛的昔日交情。这一宅第背后通巷有一浮坛，拾级而登，上面筑有一木柱、瓦顶的八角亭，红椽瓦配以翠碧琉璃瓦口，极为美观，它地势较高，屹然矗立，故称八角楼。

画家蔡仰颜就出生于此，亭内原有海瑞字迹和梁启超题赠匾额，由于历史原因，现已湮灭。曾被誉为中国文化巨子、著名教育家的蔡元培先生于辛亥革命前夕因革命形势为避锋芒，避居汕头市同泰大商行。汕头自是商埠以来，热闹非凡，先生为避免露眼，于是转避于侠石巷八角楼薛同泰家中宪第内。当时蔡先生与程洋岗蔡族父老交游甚笃，并在此段时间内留下墨迹赠与杏春园蔡云松医师，题款为：“宗弟蔡元培”。虽然只是简短的一句话，然而无不表达出潮汕人重传统、重亲族的心理特征。不管是海瑞、梁启超还是蔡元培、蔡仰颜，止不住的是对这份荣誉的惦念。

有这样的府第，乡旺民丰是自然的事，依山傍水，山清水秀自然也就有了灵气之光，而如今府第风韵犹存，虽然历史带给它的是沧桑与孤静，但还是没有掩饰住这醉人的辉煌气度。

书斋私塾

书斋是潮汕文化比较普遍的民间组织形式，是培育“海滨邹鲁”气质的主要阵地，一个乡、一个里，书斋多寡，常常作为衡量当地文化素质的标志之一。程洋岗历来被誉为文化之乡，书斋文化浓郁，“书斋林立，墨韵笔香，耳濡目染，泥香翰存”往往成了程洋岗书斋历史的写照，这里也因此人才辈出，文武并举。如“养竹山房”出一代潮乐宗师郑映梅，“绿耕别墅”出名将蔡茂植，“寄尘书屋”出诗人笠僧，“杏园书斋”出史家蔡家泰、画家蔡光仞等，不胜枚举。据统计，全乡有31个书斋，其中杏园、梅园、柏庐、松园等远近闻名，尤以杏园最具代表性。

物阜民丰，人才辈出

程洋岗人以农业为主，也兼营船运、糖业。历史上有远洋船垄主蔡彦，为粤东船运之佼佼者。唐宋时期，民间传这一带有瓷窑17个，现已发现12座，产品皆外销。民间抽纱在历史上也很发达，过洋谋生者甚多，尤以在泰国及东南亚为最，在外人口与本村人口相当，多为中小企业，也有政界、潮乐界的能人。早在北宋太平兴国二年（977年），商业老街就已形成，有码头，有集市，历史上商贾云集、名人聚至，古宅、古寺、古石刻林立，虎丘山、营盘山、山顶仔、公鸡山屹立其间，古木参天，山水相拥，令人赞叹，其历史之悠久，文化之丰厚，均为粤东所罕见，为后代留下了丰富美妙的不朽传说故事。

公鸡山二宝

都说这座山因形似公鸡而得名“公鸡山”，从凤岭“山兜”石牌坊门入村，于公鸡山西麓，有一列麒麟古榕道，它浓荫密布，临巷临池，蔚然一清凉世界，走到末端，便有麒麟王树。该大树背山面水，枝叶婆娑，生机勃发，树阴宽大，树躯干雄壮挺拔，状如一头巨兽，故以麒麟王树名之。古榕道共有古榕多达30棵，古榕间又植以金凤树相伶，这些千姿百态的古榕，静静地矗立在程洋岗中，风霜雨露，年年岁岁。昔年，汕头画院名誉院长王兰若老先生携夫人黄文凤题词于程洋岗“古榕之乡”，更把一个秀色可餐的程洋岗衬托出来。这棵生长在公鸡山上石缝里的古樟树，大有“凤凰台上凤凰游”之势，它因长得酷似公鸡而得名“公鸡树”。公鸡山地势突出，抑或又似公鸡树，似是而非。因此，南来北往的外航海者见树如见乡，思乡之情悠然系在这酷似公鸡的公鸡树上。

岐岭港遗风

岐岭港也称凤岭古港，东有南峙山，北有凤岭，西有象山、观音山，形成一个弧形的自然港湾。凤岭古港牌坊门楼斗高悬，分左、中、右三门。右门题款“太平兴国，丁丑吉立”，左门题款“辛未柱日，北京刘乃和书”，匾上加横石，上托双凤朝阳，两肚匾左勒“四通”右勒“八达夷川”。 潮州府志有史料记载“旗岭港，距城十五里，南洋大州港之北，自韩江发源而来，凡来往客舟多泊于此”。港岸有市集，名为“永兴街”，匾上有“兴国丁丑”四字，东侧有凤岭宫，凤岭宫原名岐陇宫，位于程洋岗凤岭之凤颈山腰，与龟山汉兵营遗址相望，步由十八阁石级沿上，再从两端各九级石级攀上平地，平地宫前一侧专为南越王赵佗设曲水流觞台。建筑物坐东北，向西南，面向凤岭古港湾，斜面对龟山古峙。宫分两进，始建于唐代宗乾符年间，供奉太阳神珠光佛、南越王赵佗及药王孙思邈真人，后增祀东岳大帝继而又配祀林默娘以保佑出入凤岭港之船舶商贾，宋代后期才增祀潮汕特有之神“三山国王”。在凤岭古港东侧蛤蟆石上，有“建炎大道”石刻，该石乃是程洋岗尽南山麓的一块拦路石，肖形取名。据说南宋帝赵构建炎二年难逃路过此地，见此蛤蟆石当道，触景生情，遂拔剑自祷“能破此石，南宋不亡”，遂向蛤蟆石奋力砍去，却终没能劈开，今仍依稀看到剑击所留下的痕迹。“蛤蟆大石”至今仍俨然挺立，蔚为壮观，成为凤岭古港从唐宋至南宋初遗存的见证物之一。

门神

古葵庵趣闻

古葵庵始建于雍正八年庚戌年间，位于程洋岗村西北。据古葵庵碑文记载，它与儒林古庙连而为一古建筑，蔚为壮观，庵中壁画多处，是民间工艺高超之作。壁画中所运用的焦墨、淡墨、赫石等色彩，写出画家宣纸韵味。现保存的“一苇渡江”壁画、“渔樵问答”壁画、“三娘挑经”壁画均配有联对，为潮汕宫庙壁画中保存最为完好的作品。古葵庵口右侧有一口水井，栏石上赫然刻着“古葵泉井”四个楷体字，井北短墙上用白灰塑上一幅扇形装饰画，额上有“一泓清水碧瑶天”的诗句，尽管久旱的冬天，水井仍然保持着清澈充沛的水量，可谓取之不尽用之不竭。井底有一石，水从石下源源涌出。一到春雨如酥的春天，站到高不及一米的井栏边，伸手便可用小勺打到井水，水总是清中略带白色，用于漱口，水味甘沁心脾。

陈吊王传奇

陈吊王名陈燧，因其生得英俊，眼角飞扬，被人们称为吊眼，福建漳州白叶乡人。陈吊王乃是宋末农民起义的领袖，程洋岗“洄潮寨”是纪念吊王丰功伟绩之一寨，寨庄围基本完整，西北向东南坐势，保持着原来格局。

关于陈吊王，相传于吊王花园植有两棵连理的榕树，也称“兄妹树”，据说是陈吊王与妹妹陈吊花手植的，树龄已达数百年，蔚为壮观。连理树乃是不可多见的一种自然景观，向来都是爱情的象征，但扎根于此地的连理树却含有超乎常理的意义，它是兄妹携手同心抗敌的伟大亲情的象征。《漳州志》载“陈吊眼，后入粤，归附者甚众，共有五十八寨”。

洄潮寨又称临江寨、石寨，于临江寨寨外有无名宫一座，是人们为了悼念功勋卓越的吊王而建的，2000年更名为“三山国王宫”，从此以三山国王来怀念陈吊王，有古联云：

三山倚半山吊民伐拓雄风在，两水归一水皇恩浩荡虎气扬

正隐含“吊王”于联中。“三山国王”神乃是潮汕地区特有的地方神。

潮乐界沙龙

潮剧是用潮汕方言演唱的古老地方戏曲剧种，明代称为潮腔、潮调，清代初称为泉潮雅调，它是一种独特古老又是中老年人所喜闻乐见的悦耳小调。潮乐古法悠远，虽所用方言偏僻难懂，但于潮乐界出类拔萃者甚多，清代至民国期间，爱好潮乐的朋友凑集而乐，在郑厝埕以郑映梅先生为主，活动比较频繁。郑映梅乳名锦春，号祝三，乐友多以“映梅师”称呼，通晓管弦乐、打击乐乃至古筝，造诣高深，以音调古旷洪亮，铿锵豪壮取胜，古法奇妙，拷打推点技巧娴熟，乃“潮乐一代宗师”，其乐友弟子遍布海内外，汕头、饶平、潮州、泰国、新加坡、马来西亚等均有，如广东潮剧院二弦大师杨广泉便是他的弟子。另一厝是夏厝蔡远涛先生，也常作萧、弦、琵琶、筝等合奏，他是澄海三古筝名家之一。全国古筝名家曹正的来访，更使潮乐锦上添花。郑映梅、蔡远涛合著的三部古筝、潮乐、外江曲已列入中国音乐学院珍藏，郑、蔡的潮乐沙龙精神永溢芬芳。

卫生馆蔡氏

潮汕地区，自古以来在药理方面以偏方、裤头方著称，多数家庭自行拥有一套养生祛疾的古法，并且效果颇佳。蔡氏卫生馆的建立与传承，是潮汕古韵、自强的体现。它始建于康熙年间，首创人蔡桂，名俊心。蔡氏卫生馆历代精于方脉，疗病用药无不显效，其实属蔡氏家传，他们历代博览群书、勤奋力学，精益求精，耕耘于这小小的卫生馆里，却换来“术精岐黄”“学通灵素”的美誉。蔡氏家族所撰写的《卫生馆医学秘笈》凝结着几代人的心血，早已成一家之言，该馆后裔至今仍传承祖业医术，专攻妇科疾病，闻名海内外，不少泰国、新加坡、越南的华侨及省内外人士都慕名前来求治，医术至今仍深得患者好评。

久远古朴，绘声绘色

程洋岗全年气候宜人，雨量充沛，生活环境优美，依山傍水，四季如春。程洋岗民俗与潮汕平原地区民俗基本一致，但因古代曾住过僚人，在民族融合中，汉人后裔不少传承了多族习俗，相当部分在现代趋于湮没。在服装打扮穿戴上，喜用僚人的水布，冬天扎头，下池洗浴作围巾，田头休息当枕席，劳动作业则喜穿俚裙仔，即男子汉超短裙，十分帅气。在游艺风俗上，过去每逢重大节日有火烧麒麟，扮麒麟舞，乾隆末年至嘉庆年间建加合祠时，表演过这两种传统文化，近年来湮没。龙舞在湖北社中仍有保留。扮涂戏和潮州大锣鼓同样是程洋岗节日里的重头戏。

游神赛会

都说潮汕地区拜神拜佛盛行，重神灵敬祖先是潮汕人慷慨豪气的另一表现。程洋岗丹砂古寺的玄天上帝，是邻近县市最信仰的，每12年一次大游神，历史上有走庵踏火路表演，人潮如涌，热闹非凡。另一种情况是请神到各祠堂朝拜、祭祖活动，各祠堂规定不一，有的三年一次，有的两年一次；有的要击通天鼓，上香（大龙香），斟酒，宣读

游神

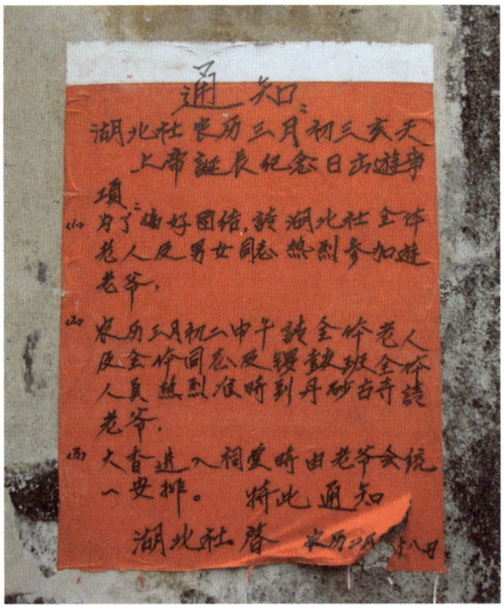

游神通知

祭文、焚祭文、献祭品（猪头、鹅、鸭、鸡、羊或鱼等五牲）、施饭；献花，以尽孝道，如修祠请祖公神上神座，则由最老辈及最小辈的人及主祭人主持，陪祭上用竹葫递请，由最老的宗叔点主。这些礼节，基本是传承了春秋战国时期孔子所提的那些“温恭谦良检”风尚，明清时尤为讲究，今仍实行，但多数从简。另外，“施孤”即七月半施食物给孤魂野鬼的日子，寄托着照顾家中活着的孤寡老人之意，是日各家各户安备饭菜、大粿放于门口，插上香以施济阴间孤魂，集中于大榕树下广场供拜的，则要设大爷（观音大士化身的鬼王）以镇祭场，丹砂寺在此时有僧人念经，糊上金山银山，并请师公甩斗作神功武技，还撒面粉、风吹饼让人抢去喂大猪。

赛大鹅和赛大粿

这是一种庆丰收文艺活动，每逢丰收年，即有此举。程洋岗是文化乡，在这一天，以五谷制成汤五碗，大糖方、豆塔（元宵则加糖狮）献祭，渐渐地潮汕美食文化连着风俗文化构成了本地特有的勤劳古朴风俗。每年的这一天各祠堂还把文物布展，让人共赏，如加合祠就展出了明·吕纪的《百鸟朝凤》，明·沈周的《山水》，清·高其佩的《水墨荷》，以及朱汝珍的书法，余世楠的《风耳草蝴蝶》等。成记祠则展出了雍正皇帝题字的“玉白菜”；世德祠则动员民间艺人演艺，庸祖祠则摆出各式花灯，山尾则陈列潮汕名人古画等。过去种种活动多在两个时间举行，一是元宵，二是十月冬收后，既庆丰收又得到高品位的精神陶冶。

聚

灯谜

澄海享有“全国灯谜之乡”的美誉，谜事相当活跃，以“拙道人”、“笑佛”、“烟柳”、“虎丘谜苑”等谜号开谜。村文化室有谜组一个，成员10～12人不等，经常跨村、跨县、跨市交流会猜，并与福建、台湾经常有往来。看来“灯谜”这个似乎离我们远去的名词在程洋岗还是相当火热的，它既是对传统文化的传承，也是现代休闲间隙里难得的文化消遣，可谓一举两得。

闲间乐馆

它是唐宋时最早的闲馆组织，系搬运劳力者的聚集点，共有二处，一处在陇路，名为“北顺胜”；一处在港湾前沿，名为“南顺胜”。该馆石联写着“双足行南北，一肩挑东西”；“南来北去蹈月披星熬汗海，顺风求利零券碎票涤酸寒”的联句，这两幅联不仅点出人们平时的辛劳，也道出人们在忙碌之余所期盼享有的闲乐。

凤鸣岐岗，游子情深

程洋岗村历史悠久，重要的碑刻、匾牌等完好历史遗存就是一部村落历史。一部村落的历史，对于程洋岗而言，却是一部游子亲情之根。

从出土的南朝墓遗物看，远古就有人在此一带渔猎劳作；从唐代的第二次葬礼形式看，早已透视出繁衍生息；山上镌刻的南宋丞相陆秀夫题字“凤鸣岐岗”，更是把一个古老村落的形象刻印出来。它既是一个古村落，又是粤东海上丝绸之路和千年凤岭古港的中心点。在这块古称“凤地”的凤岭古港历史长河里，如果单凭资料记忆，要让这古色古香的村落也保存着久远的醇香，似乎有些牵强。

然而程洋岗却保留了它的色香，保存着根系的记忆与梦想，这与程洋岗被誉为“著名侨乡”息息相关，潮汕人向来重宗族，兴祠堂，敬祖先，虽然传统，却把一份亲缘深深地系在心里，多少侨民游子，就是把故土的思念深深地埋在心中，他们的情，他们的意就是通过故土的一砖一瓦来表达，从宏观的角度出发，更多的是烘托出一个族系的情怀与大无畏。

都说一方水土养育一方人，我想，就因为特有的地理环境、特有的气候，先天性地把程洋岗一个民族的魂魄庄重地表现出来。

背包族：

离前美村不远，从市区可坐8路、旅游专线103路到达程洋岗，每15分钟一趟。

（本文执笔：林婧）

古朴儒雅　浑然天成

——汕尾陆丰市大安镇石寨村

古村概貌

石寨，位于粤东碣石湾畔的陆丰市大安镇东南部，大安镇所辖之陆军村环珠寨为唐武德五年（622年）所置安陆县之县城，因镇内各寨门、巷口的名称均带“安”字，后人取“大家安居乐业”之意，而得名“大安”。

陆丰市内的村寨命名大致与社会历史、封建家族相关，多数村寨人群的姓氏相对集中。如石寨村由于聚姓而居，其族人代代传承，严守祖宗筑寨时之格局及规制，且几百年来没遭受大型的自然灾害和人为破坏，故风貌犹存，成为市内保存较好、规模较大的古村寨。关于石寨名称的由来、石寨为何时何人所建各有不同的说法。一说该寨主要由石料建成，所以称石寨。一说石寨村最先定居者系石姓人家，因而名叫石寨。当年石姓族人在北门所建的石公爷庙至今遗迹尚存。

石公爷庙

该寨始建年代查无史载，据清乾隆《陆丰县志》所载，黄易、黄继隆、黄德星等石寨人传略，以及当地群众的介绍，石寨原有石、陈、谢、黄等姓氏居民居住，至明末清初，黄氏家族因先后出现黄易、黄继隆、黄德星等显赫人物，成为当地望族，而其他家族纷纷迁走，最终形成黄姓独居局面。由此考证，该寨始建于明，原为一简陋的土寨，于清初黄氏家族鼎盛时期扩建，形成今日格局。

游走于历经沧桑的石寨，顿见历史的刀剑雕刻于它们古旧的轮廓之中。岁月流转，然古迹尚存……

石寨概貌

鉴湖

鉴湖

石寨筑于一座小山冈上，坐东向西，周围有几处泉眼，自有“泉眼无声惜细流，树阴照水爱晴柔”的趣味。水流四面环绕缠护，形如“冠带”之势。这种水势在“风水学”上是大吉的格局，被称为“金城环抱”。更让人称绝的胜境是，所有的泉眼最后汇聚到位于村内石寨学校旁的鉴湖，形成“四水归湖”、“鉴湖出涨”、“象鼻击湍”的自然景观。骄阳斜射，衬着青山绿野，湖面绿光粼粼，煞是可爱。游走于如此天人合一的诗意山水间，仿佛能穿过尘世的一切纷繁和困扰。

古墙

石寨呈不规则椭圆形，面积约37000平方米，寨墙周长约700米，高10米，基础部分由石板垒砌，足有3米高，上部由三合土夯筑，墙宽4米，三合土夯筑部分分内外墙，内外墙之间有2米宽的巡城道，可跑马，叫“马路”。外墙遍设礌口和炮眼。墙体已显斑驳沧桑，但因有了周围满眼葱绿苍翠的映衬，而增添了些许生机。触摸其中，能感受到那份历史文化的厚重，有恍如隔世之感。

古墙

石寨西门

城门

石寨城门分设东西南北四门，距城门40米处两旁各设墙头堡。西门为正门，城墙上方嵌着一方书着“石城”两个漆金大字的石匾，笔迹苍劲雄浑，相传为黄氏先祖黄易手迹。据说，当年黄易认为村名称寨未免显得小气，子孙会因此在科场上被主考官瞧不起而落第，故改为“石城”。位于山顶上的南门与东门相距仅数米，相连相通。门楼高两层，面积约20平方米。东门之上有小楼名叫朱紫楼，寓意紫气东来。在封建朝代，只有皇宫皇城才能开全东西南北四个城门，因而石城将南门隐于寨内，既达到开全四门的目的，又不致会触犯皇威。南门楼上置魁星爷祠（文昌爷），每年正月村里要举办隆重的祭拜活动。

黄氏家庙

黄氏家庙

进入城门中的正门，便看到黄氏家庙。 家庙一器一物，颇具儒雅大气。它建于清代，面积约60平方米，抬梁式梁架，梁架有斗拱结构，内悬一方清乾隆三十九年（1774年）钦定的“清标彤管”匾额。

巷道

寨内巷道呈蜘蛛网状。家庙左右，沿寨墙延伸两条石板铺砌、宽约1.2米的巷道环绕全村，为主巷道，主巷道与次巷道纵横交错，二端相连，并依山势高低铺设石阶。寨内民居沿巷道而住，大多属“三间二伸手”平房，处在同一层面的房屋，分列两边，门当户对，鳞次栉比。巷道两边筑有院门与环城巷道相连，给行人以方便。

黄氏家庙梁架

相通相连

在巷道中闲步，冷不防会发现巷道角落中不时冒出斜倚的几丛蓬草，清新滴翠，欣欣向荣，实在惹人怜爱。

暗渠

全部巷道以石板铺砌，石板下是又深又宽的排污暗渠，因山势呈螺旋状，各暗渠由高到低汇入环城巷道主暗渠，再流向寨内直通鉴湖。暗渠不但是排污设施，而且是秘密通道，渠内可藏匿数百人马，若石寨遭围攻，还可派人由此道秘密潜出，向外通风报信。

蜘蛛结网

在石寨内制高处的巷道旁，有一通体漆黑巨石，上钝圆下肥硕，其状如蜘蛛，又若一颗镶嵌在大地的璀璨的黑宝石，叫蜘蛛石。

周围巷道走向都以此蜘蛛石为中心，向四周呈放射性纵向分布，横向的巷道又交错穿过纵道，使整个寨在布局上呈现成一张巨大的蜘蛛网，据说这是因此寨属蜘蛛地之缘故。

据村人介绍：蜘蛛石周围三百米无蚊蝇。当然，这不是因为蚊蝇让蜘蛛吃了，而是缘于寨内居民讲究卫生不乱丢垃圾以及寨内具有通畅的排污系统。

石寨八景

游历名山大川，常闻“八景”、“十景”之说。石寨黄氏先祖、进士黄易就有《海丰八景》诗四首传世。小小石寨，也有八景之说，而且是有内外“八景”之分，都有诗咏流传。其中内八景有：大树银王、魁亭夜月、蜘蛛结网、龟山列案、象鼻激湍、四水归湖、仙人古迹、留峰倒影。外八景有：龟山列案、鉴湖初涨、澳港归帆、留峰倒影、仙人古迹、马鞍张图、蜘蛛结网、九龙弄尖。一幅幅美景，众妙毕集，相映生辉，诗意嫣然！

巷道

蜘蛛石

黄易画像

石寨来货郎了

崇儒重教

石寨村有着诗礼传家的风气，每年正月十八，当地读书的小孩要跪在孔子像前，把红鸡蛋推向孔子像，推得远意味着读书好。

在清代，石寨人还建立了一套寨内会考的淘汰机制和激励机制，那时不足千人的寨内就设有16处书塾，书塾的学生每年都要进行寨内会考，第一次选出20名优等生，享受“儒租补贴制”，能免费就读；第二次会考再从中筛选出10名，每年另由族内提供六担稻谷奖励；第三次是参加由府衙主办的乡试，考中者每年另可享2担租谷的奖励。一些经济困难家庭受此鼓励，也迫不及待地让子女入学，读书形成热潮。旧时的石寨村城门外广场，曾树立28座各式各样的石旗杆夹。每逢佳节，旗杆上升起各种功名的旗幡，翩翩舞动，蔚为壮观，成为当地著名的人文景观。只可惜这些石旗杆夹在“文革”时已被毁弃殆尽。

独特禁忌

当地有着不从事剃头、吹鼓手、扛轿三个行业的独特禁忌。据村民黄文杰先生介绍，其原因与该村尊儒学有关。按年长村民的说法，石寨村重文轻工，村里设有文昌爷，尊孔，教育子孙后代读书，认为万般皆下品，唯有读书高。那如果石寨村村民刚好需要剃头、抬轿、吹鼓手时怎么办呢？只有到外乡请了。

闹元宵

元宵节亦称“上元节”，上元是春回大地的第一个月圆之夜，是要张灯结彩、欢庆大团圆的节日，潮俗称“十五夜”。它是吉祥如意的象征和对美好未来的向往。清同治元年(1862年)，潮阳知县陈坤监生咏《潮州元宵》诗云：

上元灯火六街红，人影衣香处处同。
一笑相逢无别讯，谁家灯虎制来工？

道出了闹元宵时的热闹非凡。石寨的“闹元宵”非常热闹，有参加天灯大会和灯谜游戏、放“麒麟”（烟花）、唱戏等活动。

旧时的石寨村，文化娱乐颇兴旺。设有四间乐馆，三班戏曲，一班皮影，一班虎狮。据说，20世纪五六十年代，县戏剧团需要乐手时都会事先到石寨挑选。1964年，在汕头乐团当笛子吹奏师的黄宽柔就被抽调到北京参加大型音乐史诗《东方红》的演出。

两祭

黄氏族至今仍依古制进行春冬两祭重大活动。春祭于每年正月十六日在新寨的黄氏宗祠举办，冬祭在石寨黄氏家庙进行，其仪式与内容自清以来基本保持不变。其仪式是：事先选学行优秀的生员当乐舞生，文武各一对，一般32人。另选文行兼优，仪表端庄、声音洪亮的“文人”10人为赞礼生。祭后，按功名高低给参加祭礼的人分不同品种、份量的胙肉、粉饼。另外，凡年届五十或具秀才身份以上者均可在祠堂吃三天。在三天里，既可总结村落过去一年取得的成绩，分析存在的问题，又可对来年族务作大体的安排。科举制被取消后，则规定凡年届五十或具高中毕业身份者均可被请至祠堂聚餐。

到了这一天，在外经商工作的石寨人，甚至出嫁的女儿、海外宗亲等都要赶回来，带着祭品朝拜先祖。在拜祭的三天里，村里还邀请地方戏团来演出，村人则围观喝彩，呈现出一派节日的欢乐气氛。

在陆丰东海镇的黄忠贞公祠，在古代则享朝廷的春秋两祭；每逢此时，清朝历代地方官员必到黄忠贞公祠拜祭，且一到迎仙桥，文官必落轿，武官必下马，然后步行前往，以示敬重。

如今的两祭已被注入了新的时代内涵，村人可借此讨论家乡的发展，捐资公益事业，造福乡梓。在外地工作生活的石寨人还分别组织了联谊会，以敦睦族谊，增强外出宗族凝聚力和向心力。在他们的热心筹划下，家乡已兴建或开始兴建众多公益项目。其中2004年1月竣工的新石南公路，正是由外出经商乡贤捐资700多万修建的。它连接新寨—石寨—南溪，全长3.5公里，路宽12米，是一条具有农业水利综合功能的现代化村道。

春秋二祭

“群星璀璨”

石寨村重视耕读和“伦理教化”，追求读书——科举仕宦之路和儒道伦理精神修身齐家。明清时曾出过三进士、七举人，有“文墨乡”之誉。黄继隆在清雍正二年（1724年）中举，授山西太原府繁峙县知县；黄德星于乾隆十八年（1753年）中举，在广西柳州知府雒容县连续六任知县，后晋升为全州刺史；黄良享、黄竹衍等人也授知县之职；黄景才在嘉庆申酉科拔兼中举，后加入国子监读书；黄观澜在清道光十一年（1831年）成为举人。自嘉庆至道光的五十多年，该村的太学生共98名，至光绪初期考取贡生、廪生、庠生功名的不胜枚举。

忠节垂范

黄易（1630—1677年），字子参，号苍潭，石寨黄氏开基三世祖。他才华横溢，是顺治十四年（1657年）丁酉科广东乡试举人，顺治十六年己亥科进士。任通政司观政使时，他始终清正廉明，心系民生。比如清廷的“迁海令”造成东南沿海居民“卖妻鬻子，苟活旦夕，离徙他乡”，他便冒死上《奏开界疏》，为民请命。

康熙初年出现 “三藩之乱”，其中一藩耿精忠在闽反清，黄易坚贞不屈。在朝廷平叛期间，黄易一直竭力帮助康亲王平叛。康熙十六年（1677年）农历五月初二，由于心力交瘁，终卒于福建军中。临终前，他书下绝诗一首：“浩气追太古，丹心照太虚。君亲恩未报，惭读圣贤书。”其忠节孤贞，一片浩然之气，闻者为之动容。康熙皇帝获悉黄易事迹后，为表彰忠烈，命厚葬黄易，追赠他为福建按察司佥事，赐谥“忠贞”，并赐题楹联“职任花封，清廉克彰乎庶事；才堪良吏，慈惠允着于当官”。

此外，康熙帝还亲拟黄易祭文：“烈士成仁，赍志而殁，忠臣报国，捐躯以从，尔黄易矢志忠贞，服官敬慎。值逆寇之煽乱，励臣节以弥坚。方冀遐龄，忽焉长逝，朕用悼焉，特颁祭葬，以慰幽魂，尔如有知，尚克歆享。”

石寨的田野

惠州府试居半榜

相传清光绪年间，历经十年寒窗苦读的四位石寨学子随带二书童往惠州府参加府试。发榜时皇榜12人中竟有石寨人6名，四文、一武、一贡生，占了半榜。原来，两书童凭着平时侍读时的耳濡目染，也参加了考试，而且都榜上有名。有人问书童石寨有多大，书童豪情万丈道："寨外6万人，寨内不曾入。"其实光绪年间的石寨只有600人左右，但因怕地偏人稀而被人瞧不起，书童只得信口开河。自此，"惠州府试居半榜"的美谈开始流传。

据考证，在清光绪十一年（1885年）乙酉科，石寨村在惠州府试中确实中了六个贡生，他们是黄其章、黄列玉、黄朝贵、黄明敏、黄李升、黄锦江。

黄德星巧作对联

雍正二年（1724年）秋，在黄氏大宗祠内（新寨黄氏族源出石寨），石寨黄氏族乡亲们正欢聚一堂，庆祝宗贤黄德星（聚东）高中甲辰科广东举人。

大家酒兴正浓之时，德星的祖父黄子韬（黄易的二弟）要他即兴作一副有关传家教子的对联，并许诺作得好的话将把对联添加至内堂的石柱上，传给子孙后代。德星谦恭地对祖父和其他长辈们作揖婉辞，说"不能，可不能啊！"祖父不依，而此时大堂里众人已鼓励起德星来。于是，祖父便要德星将"不能"冠首作联。

才思敏捷的黄德星思考小会后，便举杯再向长辈敬酒，道："晚辈不才，作不好请赐教。这里我先谢诸位了，先饮为敬。"说罢，将杯中酒一饮而尽，再向大家鞠了躬，高声读联："不听妇人言不徇私自可同居九世；能承祖父训能教子何须择里三迁"。德星用鹤顶格成功地将"不能"冠首嵌入联中，表达了他尊崇祖父的情感和心中的宗族观念。众亲友听罢纷纷喝彩，满堂掌声雷动。

这副长联至今仍高挂新寨黄氏大宗祠的内堂，格外引人注目。因为它正是这个大家族三百年来高度统一、高度团结、迅速发展、和谐生活于石寨新寨两个大圆围墙之内的印证。

故事传说

仙困石传说

相传八仙中铁拐李到南海谒见南海观世音菩萨，来到大安石寨村案山前的大石下时，一阵清风拂面，倦意袭来，躺下后就睡着了。一觉醒来，把腿一蹬，铁拐李在另一块石头上敲了两下，咚咚直响。附近居民以为是鼓声，抬头却见一仙人拄着铁拐驾着祥云徐徐升起。村民即赶到仙人升天的地方，发现大石有明显被人睡过之痕，而且还有脚印，一敲旁边的石头，好似擂鼓的声音。可惜，遗址尚在，大石却没有了——据说大搞农业时，该石被采成石料修水利了。

尿布退山贼传说

明末清初，沿海地区经常遭受山贼袭击。某天，一群山贼气势汹汹地赶到了石寨，但见石寨依山而建，寨门紧闭，易守难攻。原来寨中已探知到消息，做好了抵御准备。山贼强攻不破，又不甘心撤退，决定采取断水断粮的方法使寨人就范。

被围了一个多月后，粮食充足的寨中出现饮水困难的情况，城外水井也已被山贼占领。城中人人都急得团团转，黄氏祖母也忙着在内堂与族人商量对策。此时厢房传出小孩哭声，祖母一看，原来是小孙子尿裤子了，被其母亲打骂，裤子尿湿了无水可洗，自然也无裤可换。祖母灵光一闪，想到了一条好计。

当夜，她命人从暗渠潜至城外鉴湖中抓来活鱼，取回食用水。第二天又将活鱼和用尿水弄湿的衣服挂至寨内高处。

第二天，山贼见到了这样的事情：妇女在城内高处晾晒鲜鱼，湿淋淋的衣服挂满竹竿。山贼颇感不可思议，却也只能无奈而撤，因为他们以为寨内粮食水源充足，静待县城救兵降至。

从此，海陆丰流传着“尿布退山贼”的传说。

访村手记

魅力石寨行，既领略到了大自然的鬼斧神工，又重温了遗风古道，且收获了萦思绕怀的感动，实在不虚此行。魅力石寨，尚待我们再细细解读……

旅游攻略

自驾车族：

1. 走广惠高速，转深汕高速到陆丰东海镇，走省道240线13公里后到大安石寨村。

2. 走国道324线到陆丰东海镇，走省道240线13公里后到大安石寨村。

背包族：在天河客运站乘车到陆丰东海镇，在车站买到大安的车票（或坐公交车、面包车），在石寨村停。

（本文执笔：林曼青）

潮州典范　祠第千家

——潮州市潮安县龙湖镇龙湖寨

“六巷三街自在行，门风阀阅认明清。当年御寇龙湖寨，功在刘公早勒名。”

一副对联包含了潮安龙湖的时代气息，读懂了它的对联，也就读懂了潮安龙湖寨的人文与历史，也就感受了潮州古城龙湖寨的海滨文化。

滨海相拥，状如其名

龙湖寨，古称塘湖寨，旧志称唐湖市，地处韩江中下游西岸，潮安县东南部，南距县城庵埠镇11.5公里，北距潮州市区16公里。但见韩水东绕，堤岸并行，水陆贯通，是为交通之要塞。龙湖寨始建于宋代，明、清为发展盛期，曾是潮汕滨海的贸易重镇，至今已有1000多年历史。古寨呈带状，南北走向，面积1.5平方公里，寨内辟三街六巷，从门到街巷显得设计有致，布置明朗，其地形及建筑风格与古时潮州府极其相似，故有龙湖是潮州小城之美誉。

“未有龙湖先有徐”，首创塘湖者，徐氏也。相传“塘湖”的命名也由徐氏祖定。继徐氏之后定居的有董、关、曾、金、苏、周诸姓，后又有潮州宋英宗驸马许钰裔孙许达夫迁居塘湖堤上房地方，当时南宋末胡骑充斥，中原之诸姓星奔电驰逃难，从福建漳州移居塘湖。先前塘湖乡，是海滨沼泽地带，村内祖先挖西面土垫地基，烧砖瓦，盖房屋，造成四面池塘。每口池塘都以姓氏命名，星罗棋布，“塘湖”之名因此得之。东沿韩江边，五窖塘水连绵，水陆交错，地势南北高，中间低，村容极像一块船地。明朝将灵法庙改为龙首庙，是因庙宇建得雄伟堂皇，可比高昂的龙头，寨中路面中央用石摆成一直线可比龙骨，两旁以不规则石块砌于路面很像龙鳞，“龙湖”之美誉更是名副其实。

龙湖寨全景

建筑雄威，谁与争锋

古代的寨是一种乡里自保的防卫设施，明嘉靖年间，潮州沿海乡村建寨主要是为了防御倭寇。当时倭寇侵犯，民难谋生，风声鹤唳，从龙湖寨的建筑风格里我们可以看到当年丰富的防范情结，它承载着历史过去的苍劲与未来的安定繁华。潮汕人信奉顺风顺水，顺应历史，顺应自然，他们不屈不挠的潮汕人风采，就镌刻在街巷瓦片中。我们说潮汕人是传统执着的，从龙湖古寨建筑中看到，他们是充满胆识与历练的族人，他们的虔诚就像建筑的雄风一样无与伦比，正是这种敬天重地的族人气节，才使得传统建筑遗留更加弥足珍贵。

绝无仅有女婆祠

市头婆祠，又称阔嘴祠，它是潮州唯一的女祠，是富商黄作雨为他生母周氏所建的。黄作雨建婆祠，颂母情，可谓母慈子孝。婆祠大门肚宽达建筑物宽度的一半，比例极其张扬，故有“阔嘴祠”之美称，她就像珍宝一样悬挂在历史的过去，展示在现代的繁华中，略显高贵与显赫。这座婆祠始建于清朝康熙年间，建筑材料极其讲究：其门楼壁上面两旁，左边加冠，右边加爵，皆石刻人像，配有树石、小山，配置合理，面貌如生，动作灵巧，身段优美。两边通窗麒麟，生动灵活，下边的壁肚，左为松鹤，右为松鹿，姿态栩栩如生。祠内“临街”和石埕，是用石最厚最大的。婆祠获得这么一项殊荣并非虚名，它建筑的格局为传统四点金模式，大门楼屐下还以倒挂莲花为装饰，过去称这种建筑形式为皇宫建。正门匾额有康熙十八年进士翁廷资所写的“椒实蕃枝”四个字，灵气逼人，端庄大方。女祠的建立，虽然是封建社会的产物之一，而黄作雨为生母争女权也一时成为佳话，他的反叛精神使得婆祠更具苍劲。

汉白玉石雕

三奇龙湖天后宫

人们习惯把潮汕人文化誉为海洋文化，这与潮汕历史地域特点息息相关。祭妈祖，建妈祖庙，是潮汕人与海洋文化联系最紧密的体现。妈祖也称天后圣母，相传是宋代福建省莆田县渔民林弘愿之女林默娘，她原为王母御前玉女，假托降世拯救溺者，后无疾而终，因恩及黎民，朝廷封她为“天妃”，清康熙皇帝册封她为“天后圣母”，后人争奉，称之为“江海之神”或“海上女神”，建天后宫祭祀她，每年农历三月二十三为默娘生日。

在海洋文化与这位海上女神的故事中，各地区并没有多大的渊源差别，但一提到祭祀妈祖的天后宫，龙湖寨的天后宫便显示出独特的一面，俗称有三奇。一奇为大门两侧的抱鼓石内向一面，分别为剔凿花活（浮雕），主题为双狮戏球。在中原地区，抱鼓石型的门侧样式是常见的形式。在潮州的龙湖却是孤例。二奇为天后宫的门神绘着两位端庄肃穆、和蔼慈祥的女性。历来门神多采用征战疆场的英雄人物，如秦琼、尉迟恭、韩信、关羽等男性人物，虽个别地区也有绘花木兰、穆桂英等女性将军的，而潮州府却未曾见到，至于天后宫门神不是将军形象应是龙湖独有。三奇为天后宫门口有三株三人方可合围的大榕树，已有几百年的历史，远近闻名。榕树在潮汕人中称为成树，寄寓心想事成之意，凡有庙宇的地方，都会有古榕的身影，以作屏障。这三株古榕，经岁月冲刷，树身早有枯萎之貌，而谁又知道它虽然苍老却依旧挺拔。古榕皮呈麒麟状，身干粗糙，但从它树底下盘根错节的姿容里无不让人探视到古榕的苍劲。它中间虽然早已腐朽，而一种无可名状的力量却使它延长身躯，茂盛常绿，这奇观异景构成了龙湖天后宫又一奇闻。

天后宫一奇观

古榕

明序堂

四进祥门许家祠

龙湖寨最大的祠宇，位于龙湖市头村中平巷，始建于明朝前期，由许氏三世祖（质翁公）所倡修，于明末清初由第十一世祖扩建重修。其建筑风格遵循潮州传统住宅模式，为四点金格式，分为四进布局：大门、二门厅、中厅和后厅。二门是一扇较有特色的三面门，称为三山门，中门平时多关闭，有高贵客人或祭祀大事才开，三山门体现了建屋者的尊贵身份；中厅在这里也称“明序堂”，每年冬节祭祖或开席，需按辈序入座；后厅是祖公厅“著存堂”，中设大龛，供祖宗神主，是每年祭祀的地方。

这是一个建筑最为坚固的祠堂，地板大多以石板为主。不管从楹载、梁、大厅还是埕门，结构性质都蕴含着家族的气脉与辉煌。这里还是第一个新式学堂的旧址，许氏家族的气度又在这浩瀚文化中翱翔前进，直至新中国成立后，许氏宗祠成为中心小学，这如同学校的一副对联所言：震为雷无声光焉能赫赫，华而实有文质而后彬彬。

中西合局“布政第”

都说“潮州厝，皇宫起”，这座坐落于龙湖客巷中段坐北向南的宅第，规模虽然不大，但却工艺精致，它不仅荟萃了木雕、石雕、嵌瓷、彩绘、贝灰塑等潮汕民间工艺精华，也融进了外来建筑艺术和我国宫殿建筑文化，这就是明嘉靖年间广西左布政使刘子兴的宅第。

进士第

刘家府重修于民国十二年，建筑特色以中式为主西式为辅的中西合局建筑风格。刘府大门为进士第，二门为方伯第。刘子兴授广西左布政使，依明朝建制，布政使为一省最大行政长官，相当于封建制度五爵中的伯爵，故也称方伯第。方伯第被称为近代侨宅，俗称“五间过”，由门楼、二进、后厅、后包、浮坛、从厝花园构成，建筑格局充分利用空间，装饰典雅豪华。方伯第的大门楼肚两旁有四面博古屏，线条流畅，布局精美，石质坚硬，刻工精细，着实美观。其门楼清一色由青石板构建，大门上悬“进士第”匾，二进上悬“方伯第”匾，前后两方石刻匾额，彰显了祖先刘子兴的贤达盛名，让人们想起先贤组众抗倭寇，捍卫龙湖寨的光荣历史。

尽显奇风十进门

这是一座难以想象的古建筑，坐西向东，不管是远观还是近看，它俨然是一片小建筑群的说法绝不夸张，它让人感受到建屋者的阔绰与富有，这就是清道光四年（1824年）所建的位于龙湖下中栅下段的许伯岩民宅，共计两座，每座拥有“十进”。许伯岩的父亲，人称“愚太公”，家资富足，乐善好施，“愚（太）公”美名因此得之。“愚太公”有一妻一妾，正妻生五子，偏房四子总共九子。北面靠祠堂的大厝开正门，其建筑格局，计正座三进，三进后面带三个庭院，其庭院的建筑为前埕，一大厅四房，另一格仔同行，格仔的北面又一花所，一女书斋，在三庭院的后面带一后包，共称十进。

这是寨中占地最多规模最大的住宅，倘若不知许伯岩的为人，看到如此恢宏的民宅会认为是搜刮民脂的地方恶霸所为，这就是许家大宅“十进门”更为出奇的地方。从十进门的特点我们可以窥探到潮汕人为子置家室的家族观念传统。不管是贫穷人家还是大户人家，一子一屋，最好是子孙永远能住在一起，一来显示家族的相亲和睦，二来给其他家族带来足够的威慑力，让人们知道他们是大户家族，不得轻视，这种似乎约定俗成的民俗传统却也让不管处于何地的潮汕人有着同根的思想归宿。

十进门

奇峰突兀探花府

说起龙湖寨唯一的“探花府”，谁人不识安道君。姚宏中，字安道，南宋海阳县塘湖人，潮州历史上唯一的一名探花。南宋嘉定七年（1214年），28岁的学子姚宏中荣登一甲第三名进士（探花）。中国文化发展到宋代已是十分成熟，读书人都有一种清高自负的感觉。他们厌烦世俗，喜欢走入内心去寻求精神世界，通过内心世界的调整来取得心理的平衡，能够著书立说，是读书人认为最不朽的事情。姚宏中天资聪明悟性极佳，专心好学，术业精湛，性格独立不群，狂傲耿介，但他却志向远大，能够针砭时弊。他著有的《姚安道稿》，久已散佚。

三星齐现隆庆巷

古时候“仕途”耀眼，光宗耀祖，可谓德高望重。古韵悠悠的龙湖寨，竟然在一个时代（明嘉靖年间）诞生了三大官员，并且都在龙湖寨隆庆巷。一位是独占鳌头，圆了龙湖科举夺魁梦，也是潮州历史上首位文科状元郎林大钦；一位是率众抵御倭寇的刘布政刘子兴；还有一位太仆寺卿成子学。人们把隆庆巷誉为“三贵巷”便出自于此，虽然这里早已草色青青，苔绿横生，仍掩饰不住龙湖寨昔日荣耀的风采。

书斋林立赐伯仲

龙湖寨人文荟萃，人才辈出。据考证，龙湖寨历代科举出身的进士、举人达六十多人，名人题词、书法、碑记更是层出不穷。是什么使龙湖古寨如此具有个性，人文历史并存呢？这不禁让人联想到这古寨里面林立的书斋私塾。龙湖璀璨的历史文化，自宋、元以来已是佳谈，虽起初仅是为数不多的本氏族子弟请明贤先哲教诲，但至明清时代，私塾发展迅猛，“生童”人数剧增，书斋也是成座成落，有的还有花园、假山、亭榭、莲池等。门有楹联，壁有题词，堂上不是唐贤杜甫、李白、白居易诗句就是孔孟之道、朱子家训。

由于龙湖为多姓聚居之地，故书斋命名一般都以姓氏郡望为据，如黄姓的“江夏家塾”、许姓的“高阳家塾”、肖姓的“肖氏家塾”。但更多的是以进士或举人命名，如“梨花吟馆”“读我书屋”“抱经舍”“怡香书室”“雨花精庐”等，书斋名可谓别出心裁，意蕴深远，别有情趣。如今尚存的黄姓大夫第“读我书屋”有对联曰：“读史方知司马笔，我诗不让杜陵篇”由此可见，自古伊始，龙湖人早已意识到知识的重要性，其中最典型的要数始建于明代的“龙湖书院”，它也称韩祠，是纪念先贤韩公昌黎而立的书院。韩山书院年代之久远，更是古书斋私塾研究价值和文脉气息的历史见证，它延续着龙湖文化传统根系，是一座古寨所散发出来的亘古的芳香。

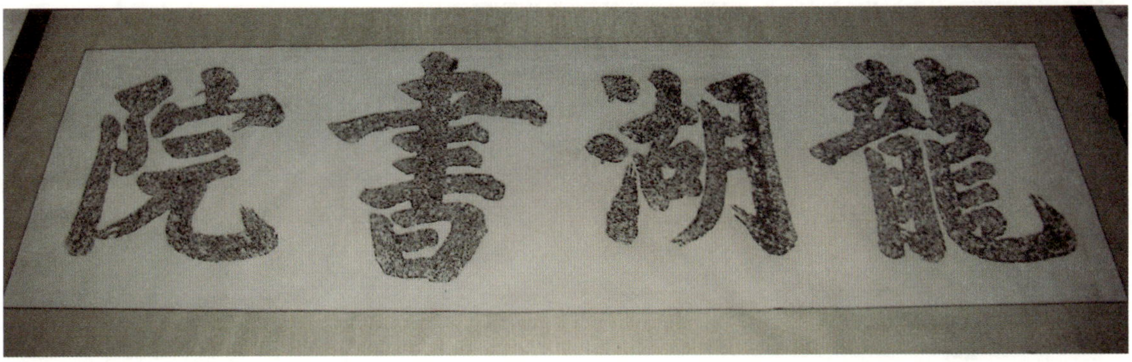

清乾隆十三年状元梁国治亲笔书写的“龙湖书院”

御倭碑情结

在潮州龙湖寨有一块特殊的石碑，上面赫然印着“御倭碑”三个字，这是一块普通却又特殊的石碑，很少有人会在它的身上品读出什么。但其实，它是一块记载着潮汕遭倭寇侵犯的“史碑”，它让每一个龙湖人都记住了倭寇的罪恶，同时也把龙湖人抵御倭寇、捍卫家园的气节表达了出来。现在这块“御倭碑”就矗立在韩江路旁的大榕树下，静谧地陪伴着韩江水，时刻目睹着龙湖的风土人情。它还有一段鲜为人知的故事：1958年，它差点就被改造后运走，当时潮安县东凤“引韩工程”完成时想调用“御倭碑”作为工程碑记，龙湖寨村民见状，认为“御倭碑”既是当地的历史文物，同时也是倭寇侵犯潮汕的历史见证，这是时代泯灭不了的，故村民们找到潮州当时文化馆的纪衡股长说明原委，才最终得以保住今天我们看到的“御倭碑”。该石碑碑文结构严谨、流畅，感情真挚，读来感人肺腑，是中华民族御侮的一曲不屈不挠的赞歌，唱响民族团结之气魄。

无面目石狮，美誉满龙湖

刘氏宗祠是龙湖寨一个张扬的三山门祠堂，令人奇怪的是，在祠堂埕前立了两只石狮，一只雕琢得威武气派，另一只却面目模糊。这其中的来龙去脉还得从进士刘子兴和成子学说起——刘、成二人从小乃是小学同学且为邻居，明嘉靖二十年（1540年），刘子兴喜中进士，当上浙江临海县令，衣锦荣归，宴请亲友，热闹非凡，并把演戏时用的大布幔绳不经成子学家同意就盘在成家屋顶，成子学找上门来，刘子兴没好气对成子学说：“你若当官，我家门环给你拴马”。成子学无语，回家后发奋图强，功夫终不负有心人，明嘉靖二十三（1543年）年，成子学也中了进士，在任期间，政绩卓著，官至太卿。如今龙湖太卿第刚正不阿，气宇非凡，风采依然不减当年。话说成子学告假回家，恰巧刘子兴因身体欠佳也在家休养。刘子兴自知早前自己说过狂妄之语，不免心中难过，所谓“君子一言，驷马难追”，于是亲自登门道歉，成子学不但没有怪责的意思，还盛情款待旧友刘子兴，成子学如此宽宏大量，让回家后的刘子兴更感内疚，于是在刘氏家族建祠堂时，刘子兴特别吩咐族人刻下一只无面石狮立于门前，以检讨自己，告诫后人要胸怀阔达。这段美谈也亘古不变地陪伴着龙湖朝夕，这又是龙湖寨安宁祥和，龙湖人以和为贵的精神展示。

除以上所列举以外，独特的龙湖建筑依然枚不胜举，例如还有人称“九十九门”的清道光时期“文翰第”；最引人注目的是长达12.8米的“黄悦爷厝”檐口楹（嘴口楹）；横跨面最大的乾隆年间“驷马拖车”三壁连大厝等。龙湖寨建筑，不仅是建筑物的“堆砌”，它所融合的潮汕人经济、文化、历史更是不可估量。

雕刻的时光

刘子兴建寨护家园

刘子兴，字宾之，号见湖，明海阳县隆津都唐湖人，嘉靖十九年庚子科举人，嘉靖二十年辛丑科进士，曾任浙江临海县知县，后来任兵部主事，车驾郎中兼职方事，福建参议，四川建州兵备道，广西参政，福建按察使，广西左布政使等职。后为尽孝托病回家，当时倭寇猖獗，刘组织乡民兴建望哨台、栅栏等军事设施，招募勇士，守住龙湖，抵御倭寇，名留千古。

黄作雨智取贼丘辉

黄作雨，字腾芳，号垂伯，生于明末清初，他继承先人遗业，家世殷实，善于经营，又勤于积蓄，后又广置田地万余亩，房屋数十座。家资丰盈，富甲潮州。

黄作雨仗义疏财，保障一方百姓安宁。崇祯年间，时势动荡，黄作雨出巨资招募乡勇以保护地方。顺治年间，海贼姜世英劫掠龙湖，他带领乡勇积极抵抗，因寡不敌众，龙湖乡被焚烧，贼寇离开之后，他又尽力抚恤房屋财物被焚的穷人。康熙二年（1663年），黄海如聚众作乱，打算攻夺龙湖，黄作雨命其长子黄衍参组织乡勇备战，使贼众不敢贸然侵犯。康熙五年（1666年），贼首丘辉带领四千余人，驾船数十艘抵达龙湖寨，勒讨粮食，全乡百姓惊恐万分，他镇定自如，在家里埋伏一批乡勇，设宴假意邀请丘辉到家中饮酒，趁其不备，砍下丘辉人头，众贼群龙无首，鸟兽散去，龙湖寨于是得以保全。更让这位商贾具有人格魅力的是他因孝建婆祠的动人事迹，黄作雨的功德在龙湖一带早已耳熟能详。

龙湖寨门

滑稽秀才夏雨来

别说是在龙湖寨，整个潮汕地区，夏雨来可是家喻户晓。夏雨来，原名夏午莱，字时兴，明万历年间秀才。原来雨来是其诨号，他出身书香门第，官宦世家，在厦厝巷尚保留其旧居。如果夏雨来是凭借家族殷实之力来取得后世为他写上一笔的秀才，那他或许仅能与穷酸挨上边，而并非声名远扬，并具经久不衰且有愈演愈烈的态势。从近现代夏雨来故事被挖掘出来并在荧屏上演后，夏雨来更成为老少皆乐的时代角色，把这个明代年间的人物形象推上高潮。他本豪门世家子弟，为何落上“雨来”诨号，只因他风流倜傥，可谓才子，然而却为“墙头草”，凭借一三寸不烂之舌响遍潮汕四乡。哪里有家务事难断，只要夏雨来一插手，保证皆大欢喜。“夏雨来分狗”的故事就把他的智慧表现得淋漓尽致。他又是如何使计让其婶娘点头《为叔谋妾侍》，他又是如何《舞文玩法，坐收渔利》，他又是怎样《拜姑掉帽》骗家财……就是一个现实又不失风趣的夏雨来，才能使得满街大小巷都啼笑皆非，也就是一个如此特别的秀才，才使得他能名留史册，是夏雨来把一座古韵浓烈的龙湖寨变得更加秀色可餐，让人们在文化领域翱翔之余感受幽默与风趣。

卖鱼的老伯

风土人情，神人合一

翻开尘封的族谱，顺着历史的轨迹，一条条笔直幽深的巷道，至今还能让人感觉到这里当年的繁华与富有。龙湖寨自古以就是一个多姓氏移民族群，思想信仰或许不尽相同，但寨中庙宇文化、饮食文化、娱乐休闲文化等却体现出“和而不同，不同而合”的相包容特点，并且都与海洋地域文化密切相关。

潮汕人爱拜神，擅拜神，至少是广东地区普遍的共识。龙湖寨不少古庙如一社的龙首庙、二社的双忠庙，三社的五通庙和四社的天后宫，这些庙宇供奉着如陈瑶佐、林默娘（妈祖）、许远、张飞、关羽等有功于民的神像，常年香火不绝。 其中五通庵还供奉被称为“三教堂”的儒道释佛像。这种现象在周边地区较为少见，从一个侧面体现了龙湖独特、底蕴深厚的传统文化特点。此外，一年下来，龙湖参拜神明诞辰的节

门神

舞龙

日是接二连三的，有的有共同的祭祀地点，有的则以各社为据点参拜。例如过完新年闹过元宵后，正月十九夜市头宫三夫人寿辰，全乡都要到神前上灯；二月十五龙宫二夫人寿辰又是热闹非凡的一夜；接着是三月二十三妈祖寿诞；五月十二的关帝圣寿；七月十五拜姑爷；七月二十五后宫双忠爷寿辰等等。而往往在这些参拜节日上，是潮汕人最繁忙的时候，人们虔诚地供应别具特色的供品，有共通的“三牲”贡品，有样式繁多的瓜果、干粮等，人们争先恐后地进供品，一来想求得神明更多的庇佑，二来是显赫家族的展示。

龙湖寨民俗活动丰富多彩，其中舞龙最有特色，那雄浑的气势，变幻的招式，多彩的排场令人叹为观止。它以其独特性、唯一性注定龙湖寨必将散发出无穷魅力。在龙湖人们还流传着这样的顺口溜：市头龙湖酥糖和炖糕，市尾竹笋风来朵（龙眼），三英做鱼脐（鱼苗），阁州出米筛，湖边做灯笼，沈厝出老爷（木雕神像），鹳巢种柑桔，土头出毛笔……形象生动，朗朗上口，把龙湖饮食、特产完整诙谐地表达了出来。这里

民俗活动丰富

抬老爷

民风民俗

舞龙队伍要一直走完龙湖寨的古板街才算结束

的劳动人民，就是凭着勤劳和智慧，创制出一批批地方特色产品和精湛技术工艺，由于潮汕人爱拜神，因此由拜神延伸出来的各种民俗事象更是纷繁多样，例如逢年过节走亲朋好友送佳礼；抬神游街铸戏台（龙湖玉顺香木偶剧团）；喜迎春节使英歌（英歌舞）；结婚生子更有自己独特的表达方式，结婚行六礼，婴儿出生后12天举行开荤仪式，产母由吃素转为吃腥，亲友送猪肉、鸡蛋以贺喜，生男者回赠甜糯米饭，生女者回赠亲朋“鱼春圆”……龙湖寨中所保留的“媒人馆”“公田”“龙湖吊灯笼”“荡秋千”都是民俗活动的遗留。随着社会的发展进步，许多有封建迷信成分的民风民俗已退出历史舞台，例如“公田”“媒人馆”等；有些则融合新时代文化特征，简化了形式，结婚行六礼的简约化就是龙湖变化发展的最好说明。

素有“潮居典范、祠第千家、书香万代之美誉”的龙湖寨中汇聚有数百祠第，府第、商宅、宫庙等建筑物。例如“探花府”、“太卿第”、“方伯第”、“许氏宗祠”、“婆祠”、“天后宫”等各具格局和特色的建筑，其装饰艺术也争奇斗巧，有相当高的文化地域内涵，更不失风味和研究价值。五官巷、狮巷、圆巷也是历史悠久的老巷，形象生动，栩栩如生。这些古建筑，汇集宋、明、清及民国各时期的建筑风格，荟萃木雕、石雕、贝雕、嵌瓷、彩绘、灰塑等潮汕民间工艺的精华，又融入外来的建筑艺术和我国宫殿建筑文化。各民居门廊立面装饰隆重，门匾、对联、侧壁多绘风俗彩画；门框、门柱、栏杆、台阶等都用石雕，尤喜用石鼓、瑞兽、狮子等。所有这些装饰，富于家庭气氛，装饰精致，精美绝伦，潮味浓郁，彰显了“京都帝王府、潮州百姓家”的尊贵与气度，如此大规模的群居精品在岭南地区极为罕见。

林氏宗祠的木雕

首先，从聚落总体来看，潮汕的乡村聚落多为聚族而居，一般是一姓一乡或是数姓一乡，而龙湖寨作为一个自然聚落，其聚居姓氏达五十余个之多，寨中宗祠、家庙百余座，民居、府第数百座，直街长度达一公里有余（早年潮州府城的太平路长仅1678米）。是潮州少有的姓氏繁多、宗派林立的杂居聚落，龙湖极具个性的风格由此可见一斑。

韩江千百年来一直从村旁流过

其次，龙湖寨因历宋至今近千年的历史，寨中尚保存着少量线条洗练的宋式建筑构件，大量的简约式风格的明式建筑，华贵尚美、精雕细刻的清式建筑，带太平洋彼岸装饰风格的侨眷建筑，可谓古今并存，中西兼并，样式层出，不失为一座潮州民居建筑的博物馆。

在建筑的形式上，同样受到商业经济的影响和具体地理条件的限制，龙湖寨中的府第、民居较少受到如《营造法式》和《工部做法则例》等官式建筑形制的约束。大多建筑都是横向发展，殊不知因为这样的地域限制，使得龙湖寨别具一格的建筑风格鲜明可见，把一座特别又不失古建筑风格的古寨淋漓尽致地写满岁月与雄健，这就是沧桑之后所留给后人的历史文化境界。它们不仅写满龙湖古寨的历史，道尽龙湖古寨的风韵，更为潮州移民文化、商业文化、建筑文化、民俗文化不可多得的重要的借鉴。

一方水土养育一方人，只有如此昌盛的文化，才能孕育出祥和宁静的气息，龙湖一种逼人的文化境界无不显示着中华文化的博大与精深，看来"龙湖寨，依山傍水，人杰地灵"这句话的确不假。这些人、这些事、这些物就像岁月的痕迹写在龙湖的脸上，无限的荣耀、至上的辉煌，给龙湖的朝夕披上了金灿灿的光环。

旅游攻略

背包族：

1. 乘潮州—汕头的专车，在鹳巢下车，再坐摩托车到达龙湖寨，车费约3元；
2. 乘来往于护堤路的散客车，车费约5元，只有上午和下午才有.
3. 潮州护堤线汽车站—汕头市，途经龙湖古寨站，约10元。

（本文执笔：林婧）

方耀故里
——揭阳普宁市洪阳镇德安里

军功世家

德安里，位于普宁市老县城洪阳镇的东南侧，处于潮汕平原西缘，粤东第二大河榕江奔流而过。随着社会经济的发展，在城镇建设的逐步扩张下，原本寨前一望平畴的德安里现在成为了洪阳的镇区中心。

德安里是清朝广东水师提督方耀与其兄弟子侄营建的府第式村落，始建于同治七年（1868年），历时二十余年，于光绪十六年（1890年）建成，距今已有140年历史。古村落占地面积达5.9万平方米，建筑面积3.2万平方米，是国内罕见的巨型府第式古村落。

德安里一名之由来，从一副对联足可见其寓意——“德与山河同万古，安如磐石奠千秋”。难能可贵的是，2008年冬，著名国学大师饶宗颐先生亲自为德安里书写匾额及此副对联，大师墨宝为德安里古寨增添了一份历史文化的厚重。

据方氏族谱记载，方氏族人远祖是神农氏的第八代孙榆罔之子雷。大约在公元前四千五百年，雷辅助轩辕战胜蚩尤有功，故封雷为左相，食采方山（今河南禹州市），因而其后代以封地为姓。几千年来，方氏族人繁衍生息，支派繁多。

老寨中寨全景，如棋局般严谨的建筑格局

方氏祖先于南宋时由福建入粤，在粤东一带生息繁衍。方氏祖先入粤的这一次迁徙，被后人称之为“四之入潮”。“四之”即“麟之”、“凤之”、“骥之”、“骏之”四兄弟。南宋时期，麟之公任潮阳主簿，骥之公任县丞，因此兄弟四人携带家眷同进潮阳，其后再分别定居于普宁、惠来两地。德安里古村落的方氏后人属于凤之公后裔。当时所住的厚屿（即今之洪阳）属潮阳黄坑都辖区，传至第五代濂溪公时，厚屿被定为普宁县，是故普宁城内方氏后裔习惯称濂溪公为一世祖。德安里人清末名将方耀便是濂溪公的第十九代孙，如今德安里方姓一支已繁衍至第二十七代。

普宁洪阳三面环山、四水归汇，温和的气候与肥沃的土壤非常适合古代农业文明的发展。在风水学上，洪阳镇可谓是“前有照，后有靠”，方氏先祖认为定居于此必定可以荫福后人，子孙嗣裔“前有远瞻之力，后无劳心之忧”。

古村地处洪阳小盆地的中心，四周丘陵环绕，南有铁山，北有洪山，东有关爷山，西有赤岗山，德安里安然躺卧在山峦的怀抱之中，是故德安里又素有“盘底珠”之称。德安里寨前有洪阳河奔流不息（属榕江水系，发源于铁山北麓南坑），河里游船可直通榕江。寨外又有人工开挖的护寨河，水流四面环绕，如冠带之势，此种“金城环抱”的风水格局，是为“大吉”。更让人称奇的是，德安里古村范围之内挖的水井，水质上乘，而寨墙外围却难以凿出一眼可供食用的水井。德安里山环水抱，实为吸纳天地灵气的一块“风地”，难怪一百多年来德安里人才辈出。

草根宫室

潮汕地区的典型建筑类型有“下山虎”“四点金”“五厅通”“独脚狮”等，这些建筑类型在德安里大规模地集中出现，故德安里堪称是一个“潮汕建筑”博物馆。德安里寨内有官厅、祠堂、佛堂、书斋、库房、楼阁、古巷、古塔等，寨外有古寨墙、护寨河，共有房屋总数773间。因其罕见的建筑布局和独特的设计风格，德安里还被编入华南理工大学建筑系的讲义中，由此足见德安里的文化价值和对其保护的迫切性。

那一片的灰瓦或许似曾相识

宁静的德安里

古村概貌

德安里自北至南由老寨、中寨、新寨组成，老寨和中寨坐西朝东，新寨坐北朝南。三寨都以大宗祠为中心，其他建筑按次序环绕大宗祠而建，但每个寨都是一个独立完整的建筑群。老寨最先建成，供方耀六兄弟及其子孙居住，后因人丁繁衍，几兄弟决定进行扩建。方耀首先在老寨后面增建7座房子，随后方耀四弟方勋主持规划中寨建设，并出资兴建主祠堂及寨后一幢两层小楼（抗战时期被日机炸毁），其余由16个儿子各自筹资建设，至今还有三座厝地未建。十多年后，方耀的20个儿子（其中十三子为唯一的亲生儿子，其余大都是收养的手下兵将）都已成家立业，老寨已容纳不下这么多的人口，故又再次大兴土木，在中寨南侧以中寨为样式模板动工兴建新寨。历经20年，德安里老、中、新三寨最终形成。

潮汕地区民间流传着这样一句话“潮州厝，皇宫起”。普通民居自然难以跟京都帝王皇宫相比，但为什么民间却会有这样的一句话流传呢？原因便在潮汕民居的建筑结构与设计思想上与皇宫有许多相似之处。以德安里古村落为例，德安里老、中、新三寨都是以形体高大端庄、装饰气派的大祠堂为建筑中心（如故宫的太和殿），祠堂两边是三厅亘（如故宫的东西宫），每寨都有更楼（如故宫的角楼），外面有环绕古村的护寨河（如故宫的护城河），前面有宽阔的阳埕（如天安门广场），加上两边的包屋、火巷形成和故宫相似的对外封闭、中轴对称、向心围合、形体端庄的建筑整体。京都皇宫的设计为潮汕民居所采用，可谓是“旧时王谢堂前燕，飞入寻常百姓家”。

百鸟朝凰——德安里老寨

德安里老寨的建筑格局，俗称“百鸟朝凰”。其建筑样式以宗祠为中心，是为独占枝头的“凰”，两边民居建筑向心围合，中轴对称，数量有严格的限定，必须为一百座，是为朝拜“凰”的“百鸟”。在主祠堂往后推，纵深140米，依次为“五间过”（在祠堂后）、七间过。七座超大型的“大下山虎”相连，在潮汕地区实属罕见。祠堂两侧自前至后依次为左右对称的“三厅亘”和三座“下山虎”，后面横排着七座“下山虎”，称为“后七座”，共构成三条横向的通道，通称为“三街”。祠堂两侧与“三厅亘”之间有两条纵巷，“三厅亘”两侧又各有两条100米长的纵深火巷，俗称为“六巷”，每条巷子整齐地排列着22间平房。故老寨又有“三街六巷”之说。德安里老寨设计整齐划一，布局对称合理，严谨的样式可称得上是“百千家似围棋局，十二街如种菜畦”。

“百鸟朝凰”这个词，让人不禁想起那个历经六百余年，曾经住过明清两朝共24位皇帝的紫禁城。古代帝王乃是“真龙天子”，是天下的共主，所以皇宫庭院恢宏大气，庄严肃穆，是全国最高级别的建筑群落。德安里老寨只是普通民居，无论在建筑、材料上，还是气势、规模上自然不敢与之相比，但其与皇宫类似的设计原则，与一般民居对比，称之为“凰”却一点都不为过。难怪潮汕地区流传着这样的一种说法，“京都帝王府，潮州百姓家”。

此外，老寨后花园有几株百年古树，其中以七棵高耸入云、树龄140年的木棉最为壮观。

笔直的巷子，温暖的色调

驷马拖车——德安里中寨和新寨

德安里中寨和新寨的建筑格局是潮汕传统的民居“驷马拖车”。德安里的“驷马拖车”是以一座面积1400平方米左右的大宗祠为中心，两侧各一座面积为600平方米左右的“三厅亘”的大型建筑物。“三厅亘”后侧各两座“三间过”的“四点金”对称排列，祠堂后一座“五间过”“四点金”，再加上两条火巷、从厝（德安里的从厝为6～7座“下山虎”）和后包，称之为“驷马拖车”。

“驷马拖车”乃是古代乘骑方式的一种，多是达官贵人或富商大贾才能享受的待遇。这样一种由乘骑方式命名的建筑样式，看似风马牛不相及，但在形制上却有着合理的相同之处。中间的大祠堂象征“车”，左右两边的建筑象征着拖车的“马”，由此联合成一个建筑整体。除了体现建筑样式上的恢弘与严谨外，它还承载着生活于其中的子孙对先祖的崇拜与信仰，体现了潮汕地区的宗法观念和祭祀传统。他们以“宗祠”为“车”，以两边民居为“马”，这样坐在“车”上的列祖列宗就由居住在两边的子孙拖着，从远古走来，不断地前行着。家族的兴衰，祖宗的荣耀，子孙的昌盛，在这宏大的建筑群体中一目了然。

中寨的主体建筑“祠堂”原是规模巨大的“五厅亘”，但由于风水原因，这个拥有5厅10天井的祠堂，改成了现在三进的格局，其面宽28米，纵深53米，建筑面积达1484平方米，是洪阳最大的祠堂。祠堂大厅的栋梁均是水桶般粗的杉木，在潮汕地区甚为罕见。

含饴弄孙的生活之歌

九弯十八转——德安里的排水系统

德安里的村落排水系统，采取传统的明沟设计，独具匠心。德安里整座古村的排水经过“九弯十八转”的明沟，最终汇入寨前溪，经百里桥，注入榕江。据德安里老人说，这种匠心独到的排水设计是非常有讲究的，按风水学上解释，“吉地不可无水”，天地灵气一遇到水即被吸纳蓄聚，水行气随，水止气蓄。德安里没有江南古镇的河道交错，所以就开凿明沟连通寨前溪引进活水至村内，从而为古村蓄“气”。而且居民排出的生活用水如果急泻而出必然会带走“气”，因此德安里采取迂回曲折的方式将生活用水缓慢排进寨前溪。这样的“九弯十八转”设计便可守住村子的“气”，有明沟、寨前河与榕江相通，活水导入永不停息，以达到古人追求的“天人合一”的生活境界。此外，德安里的排水系统还有一个特点，无论水从天井流出，还是从支流排入中沟，再流入大沟，它都是从中行。水从中行即是“衍”字，意寓方氏子孙生生不息，繁衍千秋。

“九弯十八转”的明沟还方便居民清除沟内的淤积物，保持村子的整洁、干净。德安里村民注意环保，不将生活垃圾倾倒入沟内。为了保持村庄整体的卫生，各家各户按照古老的习惯，用马桶（俗称“老锅”）装盛夜香，隔天倒入村外的厕池，作为农用肥料，卫生且环保。

先治国后齐家——方氏家庙

中国传统建筑有“君子营建宫室，宗庙为先，诚以祖宗发源之地，支派皆本于兹”的观念，《潮州府志》也言：潮人“营宫室必先祠堂，明宗法，继绝嗣，崇配食，重祀田”。德安里古寨建筑以祠堂为中心，三进格局，一千多平方米的面积，其规模让人叹为观止。

德安里共有三座祠堂，每寨各一座。老寨祠堂为德安里方氏宗族的大宗祠，中寨祠堂为方勋一支的家庙，新寨祠堂则是方耀一支的家庙，但三座祠堂均称作方氏家庙。

德安里保护最好的祠堂为老寨和中寨的方氏家庙，两座祠堂在建筑形制上差别不大，庄严而肃穆。笔者有一个很耐人寻味的发现就是，德安里所有的祠堂前面都没有池塘，这与广东地区兴建祠堂的做法格格不入，并且依照风水学上“前有照，后有靠”的观点也似乎说不通。据广东历史学会理事吴流生先生分析，因为德安里祠堂前面有开阔的空地，寨前宽阔的护寨河与洪阳河在风水学意义上也正好弥补了没有池塘的不足。

方氏家庙的大门非常独特，因为大门顶上的石框与墙壁之间不是完全契合在一起的，而是留有一条缝隙。在大门的门框上雕刻着两只小狮子和鳄鱼，将狮子作为镇宅的神兽比较普遍，但将凶神恶煞、人人畏惧的鳄鱼当做镇宅之物却很有特色。当年韩愈被贬潮州，得知鳄鱼“据处食民畜，熊豕鹿獐”，乡民不胜其扰，故写下《祭鳄鱼文》，劝告凶鳄另迁他处，不要为害乡里。古时粤东人民畏惧鳄鱼不下于猛虎，后来却将这种凶兽雕刻在门框上，或许是近海的潮汕民系的一种特殊的文化内涵。走进大门，抬头一看，在门框顶上的缝隙之间还有两只石雕小象，活灵活现，煞是可爱。

方氏家庙皆为三进，共有两个大厅四个侧厅，前、中、后三进各有两个房间，中间与后面两进的房间前面各开有两个天井，所以又有“三厅六天井”之说。祠堂里每个房间都有小门与火巷相连，这些小门又叫“子孙门”，寓意多子多孙。潮汕建筑“多门少窗”，既能通风，又可防盗，古人的建筑科学令人折服。

祠堂梁柱上的木雕体现了潮汕雕刻技术的精湛。一个很有趣的发现就是，祠堂拜亭上的木雕两边并不是一模一样，而是互为对应。左边是山水，右边便是花鸟，左边是水里的动物，右边便是陆地上的猛兽。更令人惊叹的是，潮汕人雕刻，多请两班工匠，一边一个，互相比对，看谁的技术更为高超。

祠堂后的刺桐

除夕吃“粿汤”的独特习俗

做粿——贤惠的潮汕妇女演绎的一段生活

德安里的方氏村民，至今仍保留着除夕吃“粿汤”的独特习俗。这一习俗的由来，要追溯至方耀的祖母（后人称“郑太君”）。其时，方耀一家原居洪阳镇城内西村，有兄弟六人，家里常常穷得揭不开锅，逢年过节也难以吃到一顿饱饭。一年除夕夜，好心的邻居不忍见方家如此窘境，送来几个“粿”（潮汕人逢年过节祭拜时必备的由糯米粉或番薯粉做皮的包馅食品）以资过年。但郑太君面对膝下六个饥肠辘辘的孙子，即使每人分一个粿，仍旧难以填饱肚子。面对如此“少米之炊”，郑太君削了半锅萝卜丝，再将几个粿打碎，熬成一锅热腾腾的粿汤。除夕之夜，方耀六兄弟终于能够饱餐一顿年夜饭——一锅美味的粿汤。及至方耀兄弟入仕当官飞黄腾达，家境逐步殷实，但没有忘记少年时期的贫困，忆苦思甜，方氏族人约定每年除夕夜团年饭之前先吃一碗粿汤，以纪念善良贤惠的祖母和家族艰辛的发迹史。

元宵夜行头桥

“头桥”即洪阳老县衙前的太平桥，此桥已有400多年的历史。太平桥小巧精致，古色古香，桥面由7块约6米多长的石板组成，桥宽约3米，两侧栏杆两端均有两头石狮。元宵夜德安里人扶老携幼出门去“行头桥”，过桥时必须要摸摸桥两端的石狮子，意在图个好兆头。“行头桥”的时候还有一个讲究，就是过桥时不可回头。走过太平桥，回家路上，人们总是花上几元钱，买几根长长的竹蔗，传说：过桥之后买条长竹蔗，这一年里便可以甜甜蜜蜜、钱多米足、节节高。

一个狭小的阁子却演绎出如此灿烂的潮汕文化

城隍出巡

城隍爷出巡和游伯公

每年正月间的城隍公出巡和正月十五的“游伯公”是德安里的两项盛大活动。

每年的城隍公（伯府大人）出游，跟随的信众队伍长达几百米，此时村落寨前广场人山人海，各家各户准备丰盛的祭神礼品和长长的鞭炮，恭候城隍老爷的到来。正月十五夜，由几位年轻力壮的村民抬着镇守一方的“伯公”游村一周，前面潮州大锣鼓与彩旗开道，“伯公”安然坐在豪华的“宝座”上，穿街过巷，村民皆倾巢而出，手捧香烛跟随其后，浩浩荡荡，犹如古代的官员巡视百姓。当“伯公”经过各家各户门前，村民都在家门口点燃鞭炮欢迎“伯公”，此时鞭炮声噼里啪啦，此起彼伏，响彻夜空，这种盛况持续几个小时，伯公游完村里所有的大街小巷后才被抬进伯公庙。

英歌舞

英歌舞是潮汕民间的一支古老的“英雄之歌”，是一场刚劲、雄浑、粗犷、奔放，以表现梁山泊好汉侠骨义风为主题的群体舞蹈。关于其起源有多种说法，现多持“傩舞”之说。

2006年普宁英歌舞入选国家第一批非物质文化遗产，普宁英歌舞便逐渐为人们所熟知。现在的英歌舞不仅仅是德安里村民春节时期重要的娱乐节目，同时又体现了一种古老的信仰。这一支粗犷豪放，充满英雄气概的歌舞是华夏民族的一脉相承的文化体现，是对于先祖生活的追怀。德安里乡民喜欢英歌，不仅是受潮汕民间文化传统的影响，也是德安里崇武精神的一种外在诠释。

英歌舞——追慕先人的一曲英雄之歌

方耀

方耀像

方耀，字照轩，清道光十四年（1834年）生于普宁县城洪阳西村，其父方源由军功保举，递补潮州镇右营千总。方耀官至广东水师提督。有兄弟六人，方耀和四弟方勋因军功卓越，两兄弟先后受清廷赐封。方耀被《清史稿》誉为“谋勇将军”，并被清廷赐号“展勇巴图鲁”。

方耀重教兴学，每到一地，必定大兴教育。在他任潮州总兵期间，由他亲自督建督修的书院有几十所，乡校和私塾上百所。汕头著名的金山书院（现在的金山中学）即为方耀所创建。书院建成之后，方耀还拨4700亩学田作为书院的校产，使得金山书院成为当时全省经济状况最好的学校。1876年，为资助家境贫寒的学子在外地求学，方耀带头捐资倡建潮州文祠，在广州建潮州八邑会馆，在北京建宣南郡馆（即潮州会馆），设“都门旅费”（学生津贴）为远赴京城的潮籍学子提供廉价的食宿和生活补助。一介武夫尚且如此重学，潮汕人之教育精神实在令人敬佩。

许多年来对方耀的历史评价各家说法不一，也互有争论。方耀镇守一方、抵御外侮、重教兴学，为民众做了很多实事，展现出了他超越常人的眼光。

旅游攻略

背包族：到达普宁市流沙客运站，出站后在路边找到从流沙开往洪阳镇的中巴，于洪阳镇政府门前下车，再转乘摩托车到德安里。

自驾车：德安里所在洪阳镇，省道1930线和占棉线、白马线穿镇而过，距揭普高速公路出口2公里。

（本文执笔：段凯）

德安里小孩的童年

客家人的城堡家国
——河源市和平县林寨镇兴井村

古村概貌

养在深闺人未识

河源市和平县地处粤东北九连山区，东江上游。在东江支流浰江河畔，有这样一个秀美典雅的村落——兴井村，“养在深闺人未识”，她曾一度默默无闻。直至2007年，中国博物馆学会会长、原国家文物局局长张文彬等专家学者首次来到兴井村考察，称赞兴井村“可与开平碉楼相媲美”，兴井村开始在各大报纸和网站崭露头角，引起国内外的广泛关注。一些学者、专家、艺术家及游客慕名而至。

兴井村所在的林寨镇，建制于秦，其建制比和平县还早1500年，开拓于元末明初，鼎盛于晚清(民初)，繁盛于今，悠悠二千余年。公元前214年，秦统一岭南后，将军赵佗在龙川开县，因这里地势平坦，土地肥沃，且浰江可通舟楫。赵佗为防御北方来犯之敌，于是便派了个林姓头目在此筑寨据守，故名林寨。林寨人杰地灵，因水而富。浰江河穿越全镇，两岸一马平川。她凭借着丰富的自然资源，经过无数先辈的辛勤耕作，成为和平县内最富饶的地方之一。林寨民风淳朴，崇文重教，素来有“文化之乡”的美誉。据现有史料记载，明清以来，林寨共考取举人5人，贡生23名，秀才223名。民国后，更是人才辈出，古时有“头林（林寨镇）二乌（乌虎镇）三阳明（阳明镇）”之说，指的就是林寨在经济文化方面，在县内是首屈一指的。

兴井村就位于林寨盆地之中，其北靠丘陵小山，南临东江支流浰江，四周则是宽阔平坦的田地。连绵几十公里的山脉到村即止，北高南低形成一个小盆地；而浰江河自西向东从村前流过，则是风水学上讲的“水流东甲”。

村人的祖先是陈氏元坤公，据民国三十一年修的《和平县志》（第七修）记载：“陈元坤于元末明初自福建迁居江西定南乐德，娶妻黄氏生子景文，又迁居和平汤方甲富坑（今属大同乡），娶妻许氏生子景昌。”元至正九年（1349年），居住于富坑的陈元坤从和平沿浰江乘船至龙川县城办事，途经林寨，看到这里山川秀丽，地平宽广，水足土沃，认定此乃一处宝地，遂移居到这里。“元坤子浦、海、涼、溉居林寨者，其嗣孙分居上正、下正、兴围、石井（兴围和石井即今天所说的兴井村）等村。”现单是在兴井村，元坤公孙陈玉珊房下就已传下25代，达3000余人，村中现保存有完整的陈氏族谱。

兴井村的春天

兴井二字因何而来？因古时传说有凤凰栖息于村中的枥木树上，乡人认为是吉祥兴旺的标志，于是称历兴围；后期崛起的客家四角楼群叫下井，因此合称兴井村。而又有另外一种说法，最早迁居林寨镇的先民因生存需要，掘了一口井，先民为林氏，故称“林屋井”（此井现尚存村中，井水清甜）。后来村民多食用此井水，求家业兴盛，因此把村命名为“兴井村”。不过，似乎第一种说法更为可信，因为据县志记载，以前这地方叫“兴围”和“石井”，所以应是两个村并为“兴井村”。

一朝成名天下闻

那么，如开始所说，兴井村，一个位于乡野深处默默无闻的小村落，到底是凭什么打动了专家学者们，让他们给出“与开平碉楼相媲美”如此高的评价？

连绵山峦被平旷空阔的田野推远，白墙黑瓦的高大古宅，在绿色水稻的包围中显得雄伟浑厚。这小小的兴井村中共有24座气派的四角楼，它们处于四面田野之间，错落有序，无比壮观。这些四角楼规模宏大，每座占地1000平方米至3000平方米不等，平面呈四方形，高墙合围，一般均高达10米，石灰夯筑墙体，四角都建有碉楼，看上去就像一座座坚实的城堡。

蓝天下的四角楼

在1964年6月的14日和15日，东江爆发特大洪水，很多经历过那场百年一遇水灾的河源人还心有余悸。由于东江支流浰江就从兴井村口穿越而过，兴井村内众多房屋倒塌，而坚固的四角楼却岿然不动，屹立于洪水之中。今天，如果我们想知道当年的洪水有多么凶猛，村中的老人就会把我们带到“朝议第”，那里就有洪水退去后乡亲们在门前刻下的痕迹，而一般人都难以相信，那条线竟然比门上面的匾还要高出几十厘米。兴井村二十多座四角楼遭遇这场洪水而保存下来，一刻不停地诉说着历史的沧桑。

只是从一踏入这条村，我们心中就充满了疑问，为何如此偏僻的乡野之地，竟有如此气派辉煌的建筑？

前面说过，林寨是一个“因水而兴，因人而盛”的古镇。因浰江自北向南贯通林寨，当地人便在岸边建了一个港口，这个港口建成后一直用作货物运输的中转站，而且是当年和平的第二大水运港口。明清时期，港口一年四季舟楫如林，行则鱼贯，泊则雁排，码头东边的南北大道穿街而过，牛马车辆丁丁当当、独轮小车吱吱扭扭、肩挑人扛者哼吁嗨哟似曲如歌，呈现出一片繁荣昌盛的景象。总之，悠悠的浰江，繁荣的码头，给林寨这座有上千年历史的古镇带来了商机。

利用得天独厚的自然资源和浰江的水运之便，兴井村人务农经商，加上客家人吃苦耐劳、艰苦创业的传统，许多人因此富甲一方，田产店铺跨越龙川、河源、和平三县。据记载，清末民初，林寨乡绅遍布粤、赣、湘、桂等地，开办店铺典当，山货茶庄的人蜂拥而立，林寨人在外地开的店铺达到四百多间，一时声名鹊起。笔者曾查阅民国三十一年修的《和平县志》发现一份《和平县从前当按押调查表》，里面一共记载了24间当铺，其中明确是兴井村人兴办的就有7间，另外还有9间创办商人不详，这些创办的兴井村人包括陈襄廷（颍川旧家的主人）、陈步衢（谦光楼的主人）、陈肇麟（福谦楼的主人）以及其兄弟陈肇鹏（广文第的主人）等等，而他们的当铺不仅仅位于林寨，还分布到竹油壩、彭寨、东水、贝墩等地墟镇。从这里，我们得以一窥兴井村人当年的富庶。

这些富庶户各觅地建造房屋，由于林寨镇地处浰江洼地，地势较低，常常日遭三浸，为避水患和匪盗之忧，既雄伟坚固又能防盗防洪的四角楼自然受到他们的青睐。

雕梁画栋

"一个大屋一口井，一个池塘一堵墙"

兴井村建有28座四角楼，保存完好的有24座，大多以大夫第为名，据说这是清朝五品以上文官才有资格居住的场所。各楼另有别名称谓，如谦光楼、中宪第、颍川旧家、新朝议第、老朝议第、司马第、永贞楼、南薰楼、福谦楼、凤翔第、宝三楼、伦三楼、广文第、德馨第、三角楼、九栋屋、世美楼、美尽东南、太邱家风、洋楼、天佑楼等。堡垒式的外观和超大的面积表现出强烈的防卫性，同时也显示出一种气势逼人的威严。

四角楼最有特色的地方莫过于四个角都筑有碉楼，这也是"四角楼"名字的由来。碉楼用于御敌，如前面所说，明清及民国时期，岭南流寇较多，有时也发生宗族械斗，为了保护族人的生命财产安全，碉楼应运而生。不仅如此，四角楼的墙壁厚均二尺，由石灰、大石、河沙等夯筑而成，且外墙不设窗户，只设狭窄的枪眼和瞭望孔，敌人来攻时，就将枪口伸出枪眼扫射，而墙壁厚实，敌人久攻不下，只能望"墙"兴叹。这种易守难攻的围屋，为保护家族的生命财产安全发挥了重要作用。

而四角楼内又是怎样一番景象呢？四角楼平面布局多为二堂二横或三堂四横式，有明显的中轴线，主体建筑厅堂建于中轴线中，两旁建厢房和横屋，在厅堂与厅堂之间，厅堂与横屋之间，用众多的巷道作为交通网络，将整幢房屋联结起来。总之里面房屋众多，厅堂、房间、仓库、厨房、厕所等一应俱全。而天井则是四角楼内另一道亮丽的风景线，由于外墙不设窗户，采光主要依靠天井，因此屋内大大小小的天井，少则几个，多则十几个，这些天井既用于采光，也使屋内空气得到充分流通，并且利于雨水和生活用水排放，是四角楼内必不可少的设置。

雕梁画栋

所谓"无雕不成屋，有刻斯为贵"，四角楼内到处都有石雕木雕等艺术装饰，最精湛的装饰主要是在公共活动场所，如大门、厅堂等，不论是石质或是木质材料，从地面上的柱础到屋脊上的金枋脊枋，做间隔用的屏风或是装饰用的雀替，均大量使用了镂雕、浮雕、圆雕等手法，雕刻着寓意吉祥的麒麟瑞兽、梅兰菊竹、花鸟虫鱼、人物故事等艺术图案和各种赞美或自勉的对联、匾额。这些雕刻，手法精湛，无论动物植物，均玲珑剔透，繁而有序，栩栩如生。最令人赞叹的莫过于木雕表面所镀的金漆，虽经近百年光阴侵蚀，至今仍金碧辉煌，不能不说是客家文化中的一枝奇葩！

尽管兴井村有着美好的乡村风光，其依山傍水，空气清新，稻花摇曳，让人一进去就有一种不同于城市的发自肺腑的惊喜和感慨，但是，蓝天下，被水稻包围的一座座四角楼更令人震撼，使得我们只能忽略了其他，而一头扎进四角楼去探个究竟。尽管绝无仅有的24座没办法一次看完，但对于厚重墙壁里面的厚重历史，我们心里尽是满满的好奇。

"一个大屋一口井，一个池塘一堵墙"，这是当地老人给我们描述的四角楼。一座四角楼里必有一口水井，这个家族人的饮水用水便来源于此；大门前有一个池塘，水塘具有贮气运、聚财富的寓意，而从景观的角度讲，能形成波光倒影，形成既开阔又宁静的环境空间；一堵墙即是围墙，具有防贼匪的作用。

流连忘返大夫第

笔者到达兴井村的时间是初秋，碧绿的水稻泛着点点黄光，微风吹拂下，稻浪轻翻。随着带路的老先生，沿着鹅卵石铺成的小路，走进第一座四角楼——大夫第。由于是沿着小路，进入的不是正门，而是侧门，这个朝向不是正对着东西南北方向的门，叫“斗门”，它的这个朝向是由风水堪舆决定的，据说大门的朝向假如不能很好地聚集财运，就另开一个斗门，运气就会聚集，大户人家总是在意这些的。门上是石头浮雕的“朝议第”三个字，“大夫第”三字则是刻在正门上的。门匾上面依稀可辨认“毛主席万岁”等字样，再上面有文革时的旗帜，这座清朝咸丰年间的建筑以这样的方式向我们诉说着历史的沧桑。其实不只是这里，村中其他的四角楼，不管屋内屋外，亦随处可见标语，简直就是一座活生生的社会主义口号博物馆。

门上面有一高一低两条水线，分别是1964年和2006年东江暴发洪水之后留下的，两条水线均高于门楣。

走进大屋，很多人会异口同声：“好高的屋子啊！”没错，四角楼的室内净高比一般的屋子都高，因此厅堂显得特别气派。大夫第里房屋众多，因此也有众多的巷道，四通八达，但对于一个第一次走进去的人，竟有点走进迷宫的感觉。大夫第的天井十分宽敞，阳光直泻下来，所以屋子不至于显得幽暗。这座四角楼里现居住着一户人家，喂小狗的老人，抱婴儿的母亲，玩耍的小孩，悠然自得。尽管大部分的房间紧锁着门，但从朱漆的门，天井整块完整的青石板，可以想象这里当年的辉煌。

大夫第是清咸丰年间任知府的陈肇鉴的祖屋。当年四角楼子弟较早接受革命思潮，举办农民运动讲习班，组织农会，后东纵二支队驻扎在这里，指挥红色暴动，因此，这座楼也被称为“赤楼”。

大夫第

谦光楼里故事多

这座由陈步衢建于民国九年的四角楼，占地面积2700平方米，是兴井村24座四角楼中面积最大的，非常壮观。踏上台阶，两根花岗石柱高耸，方形柱子上刻着直条纹理，简单但气派。柱础由四层组成，每一层都是不同的形状且雕刻着不同的图案，极其精美。大门四周由一系列石雕围成，门楣上的石雕最为突出，繁而有序，综合了平雕、浮雕、镂雕等手法，中间是一个透雕的圆环，两边是两只栩栩如生的狮子，另外有花木、鸟雀等交织在一起，技艺精湛。站在石门前，禁不住思绪万千，真是“花欲解语还多事，石不能言最可人”！

进入谦光楼，又再一次受到震撼，二门丝毫不比大门逊色，还是顶立的花岗石柱，柱子与屋檐的连接处，精美的木雕恰到好处。如果不是来到此处，真是难以相信，这乡鄙之地，竟也有如此精致的雕刻。没错，它们散落在乡间，却时刻向人们诉说着巧夺天工的神奇故事。更令人惊奇的是，历经上百年的风风雨雨，它们的色彩依旧鲜艳，熠熠生辉。谦光楼内的屏风、窗户、门扇，随处可见精致的木雕，真是一座民间木雕艺术的博物馆。

楼内气派但又不失精致。据老先生介绍，此楼是三层结构，每层86个房间，全楼324间房，18个厅堂，另外有11个采光的天井，可看出这个家族该是怎样的昌盛！四角楼中间最大的天井一侧有一口青石大水井，如今在绿草的包围之中。水井由三块完整的石板砌成，四周则由二十几块扇形的石板围成一个圆环，古朴而又典雅。

谦光楼

古朴的水井

四角楼坚固的防御性在谦光楼也得到诠释。它的正门两侧各穿9个大如茶杯的圆洞，再以9条如茶杯的大铁棍嵌入墙中，号称九子杠。各扇大门都装上可防火防弹的泡桐木做成的门板，每当遇到紧急情况，即将九子杠拉出闩上，再关闭大门，可谓固若金汤，安如泰山。楼内有粮仓、砻碓、风车、菜地、牛栏、猪舍，左侧还有一花园，园中也有一眼水井，如此的建筑结构即便遇上贼人兵匪围屋，十天半月亦安然无恙。

据说谦光楼总造价需20多万两白银，楼房建成后，适逢陈步衢母亲届临80大寿，母子心血来潮，叫来工人将库房中的银元挑出来，堆放在楼前大天井上，足足挑了七天，银元恰好将天井填平，足见其家富庶到了何等程度。

谦光楼的建成有一个故事，据说是陈步衢被母亲用激将法逼出来的。其时陈步衢忙于在外做生意，下正村众多叔侄都已建有四角楼，而他们家仍住在下正老屋，其母亲常常唠叨：“做屋的人已经死了（指其夫），能做屋的又没有出生（指孙辈）”。无奈之下，陈步衢只好放下生意，在家筹划建房。动工之初，陈步衢建房心切，看着工程进度极慢，度日如年。后友人叫他到外面看行情，顺便巡视各埠生意。月余，陈步衢回来，发现工程进展甚快，大喜，即日加付工价。装修廊柱时，陈步衢嘱工头要带最好的工匠来，工头只带来一个十二三岁的男孩，陈步衢不悦。后工头借故离开三天，男孩以无所事事之状，一连雕刻了四个开口麒麟，陈步衢见之，无比精致，且四个雕得一模一样，无法区别，陈步衢始知是高手，问之是工头之子，欣喜若狂，即重金酬谢并向工头致歉。

抗日战争爆发后，广州沦陷，许多抗日志士如徐傅霖、宗江、李振球、罗伟强等都曾到林寨避难，住在四角楼。新中国成立前，国民党陈炯明、陈济棠、陈铭枢、罗卓英、李汉魂、吴奇伟、列应佳、曾天节部队都曾在不同时期在此驻扎过。1948年4月，国民党保安第五团驻扎在谦光楼。1949年4月，林寨解放，5月，保五团投降后的数百官兵集中在谦光楼进行改编。

新中国成立后，中国人民解放军粤赣湘边纵队司令部设在谦光楼，郑群、钟俊贤、林镜秋、骆维强、林密、李群、黄中强等领导在此办公。土改时，大楼分给了贫苦农民。1958年大跃进时期，谦光楼成为浰江公社所在地。

只有进入这些高大的古宅，才能读到发生在它们里面的许许多多故事，每一座楼都是一个传奇，每一扇门背后都有一个故事，也许作为外人，我们无法完全读懂，但每一座楼都渴望着被理解。处于四面田野间，壮观但也透出苍凉。

物转星移，古建筑现在大部分都已人去楼空，昔日的辉煌只留在长者的记忆里。我们穿行在里面，就像行走在时光隧道中，这些历史留在大地上的符号，给了我们一个了解祖先智慧，品味他们世界观、道德观、伦理观的机会。这里还有许许多多古宅等着我们去细细品味。

谦光楼内部

颍川旧家门匾

看四角楼还需到颍川旧家

颍川，古郡名，位于今河南禹州市，因境内有颍水而得名。汉代的颍川郡，出过许多大姓、冠族，陈氏就是其中之一。颍川在陈姓人心中是个神圣的地方，他们的祖先曾在那里书写过辉煌。所以即使他们迁居异乡，族谱或堂联上都会有“颍川”字样。此为四角楼得名“颍川旧家”之缘由。

颍川旧家的主人，陈履中，字正卿，号襄廷，民国二年（1913年）任和平县议会议员，七年任广东省议会议员，九年任和平县县长。他自小天资聪敏，仗义疏财，广交朋友，爱才举贤。其家业拥有田租二千余石，当铺八间，店铺四十余间，年收入数以万计。任县长期间，善举甚多。国民政府司法部长，民主社会党主席徐傅霖曾为其撰写像赞，文曰：“其宅心也仁，其爱国也真，其救人也侠，其修己也勤，其事亲也孝，其教子也诚，其为议员也公正，其任县长也廉明……”

屏门上的雕饰精致得让人惊叹

该楼位于兴井村中开阔宽敞的显赫位置，外观雄伟壮观。青石大门框，门上嵌青石匾，匾上四周浮雕着蝙蝠、孔雀、麒麟、瓶花等图案，正中阳刻“颍川旧家”四个楷体字，落款是“庚午三月谭泽闿书”。

颍川旧家是三进九厅大院，三层结构。楼内房间众多，依中轴线向两边平均布置，正中依次为大门、门厅、中厅和上厅。横屋为三层走马楼式楼房，楼前有长25米、宽3米的天井用于通风和采光。屋内的石木构件均大量运用镂雕和浮雕手法，雕刻着草木花卉、松鹿、麒麟、锦鸡、瓶花、人物故事等寓意吉祥的图案，繁复精致，技艺精湛，栩栩如生。

除富丽堂皇的雕梁画栋外，满屋廊门石柱书题着楹联，而这些皆出自徐傅霖手笔，尽是三民主义之句，体现民生精神。徐傅霖是陈襄廷儿时挚友，和平县下车镇人，逊清秀才，京师政法学堂毕业后，留学日本京都政法大学，早年参加同盟会，曾任南京护法政府大理院院长，司法部长，后任民社党主席。1954年与蒋介石在台湾竞选总统，是国民政府中德高望重的人物。谭泽闿、徐傅霖，只看这些与屋主交往的人物，便能知道屋主的不凡身份。

颍川旧家由于建筑年代稍后，它有别于传统的“四点金”式围屋，防御性能已减弱，设计上更注重美观实用，外面一排三门，在横屋可以直接从侧门出入，不用绕道正门，水井也建在门外余坪中，减轻了屋内潮湿程度。天井都比较大，增加了通风和采光面积。横屋建成现代的走马楼式，更便于居住和使用。

颍川旧家里面保存了大量过去的农具，现在的农村已很难看到。我们忍不住在想，如果颍川旧家也处于广州陈家祠那样的位置，那么今天它该有多少游客？

屏门上的雕饰精致得让人惊叹

古民居起起落落，演绎不尽

小洋楼

小洋楼是兴井村里一座有特色的建筑物，它融合了中西方的建筑风格，能在这乡野之地见到，实是始料不及。

小洋楼是陈襄廷在薰南楼前面兴建的一幢仿西洋式建筑，式样与开平碉楼大致相同。小洋楼的建筑与布局，完全按照中国传统建筑文化进行设计，在造型和设计上巧妙地结合西洋建筑艺术，其楼顶按中国古代重檐式建筑，饰以绿色琉璃檐瓦，护栏用通花窗和花瓶柱，室内和楼梯铺上意大利彩砖，光彩照人，呐喊回音，美不可言。

洋楼东南面立柱，西北面砌墙，这样的设计既可纳清凉，又能御寒暑。后栋附一高档卫生间，前面辟有一花园，园中种有各种名贵花卉，旁置一手摇水井，时人称为神奇。楼中有各式高档家具，座钟、气灯、壁炉、茶具和自行车等应有尽有，特别是那部留声机，在当时是凡夫俗子不可想象的享受。

中宪第

中宪第创建于清光绪二十三年(1897年)，屋主陈肇骧，号腾冀，光绪十年（1884年）附贡生。此楼四面与田地相邻，平面近方形，面宽48.6米，进深46.5米，占地面积2371.5平方米。坐北朝南取正方向，四角建有碉楼，主体建筑二层，硬山顶，碉楼三层，歇山顶，石灰夯筑墙体，棱角牙砖叠涩出檐，外墙不设窗户，一二层只设枪眼，三层只设瞭望孔。

平面布局为三堂二横一倒屋形，主体建筑三进，依中轴线布置依次为下厅、中厅、上厅，两侧有厢房和横层，连接厅与厅之间有廊庑，整幢屋内用九个天井分隔，三条横巷连通地面皆铺大方砖。正门外设一大天井，天井底部用河卵石铺成金钱状。东侧建有圆形红砂岩水井，天井南侧加建一排双层倒屋，与主体建筑合成完整的方围屋。

大门开在天井西侧，南向偏西45度，与主体建筑不在同一方向，有别于一般围屋，可能是出于风水的考虑。正门门楼高达10米，圆形木檐柱，花篮形青石柱础，五步梁，插斗、筒柱承檩，月梁上浮雕鱼龙、水草纹饰，雀替镂雕花卉。

“业广惟勤”——长辈的教诲并不过时

门厅用木隔扇间隔，裙板上浮雕鹿、鸟、牡丹，书“美在其中”四个楷体字，均镀金漆。中厅廊庑用圆木柱承檩，青石花篮形柱础，月梁、封檐均浮雕麒麟、花草图案。中厅亦用木隔扇间隔，隔扇上用浮雕、镂雕手法雕刻狮子、鹿、花鸟图案，上书“业广惟勤”四个楷体字。

围屋内的许多细节令人印象深刻，蕴含着浓浓的文化气息，显示了屋主不凡的文化修养。

薰南楼

薰南楼是林寨富绅陈襄廷祖父陈豫年的当铺，当年廖仲恺先生为了发展地方工业、创新农村国民教育，下乡调研民意，曾在此小住数日。廖先生儿子廖承志后又再临林寨体恤乡情，题词吟诗，成为佳话。

由于地处粤赣边境的九连山区，兴井村古建筑群的价值并未得到充分认识，四角楼内易拆的构件陆续被人偷走。更不幸的是，薰南楼曾经失火，内部摆设都被烧光，现在整个精美的建筑只剩外墙。

而经过1964年那场洪水之后，村民纷纷择高处建房，很多人乘机批建住房，四角楼的住户逐渐外迁。文化大革命时期，连续遭受“破四旧”的破坏，四角楼首当其冲，遭到毁灭性破坏，有价值、可移动的物件基本拆除，昔日的辉煌已面目全非，住户们感到居所不安，纷纷借口外迁，四角楼大大失色。改革开放后，很多人在家乡兴建独立洋楼，四角楼的住户大举外迁，偌大的旧楼大多只剩下老人在那儿坚守。

各种漂亮的柱础

古村探幽，古井出秦汉

据说，林屋井是秦朝赵佗时期在和平地区建成的古井，距今已有2000多年历史，至今仍保存完好并为村民们所使用。

修筑在兴井村林氏宗祠旁边的林屋井一丈见方，呈四方形，水深约一米，水质甘甜。据村民说，这口井的井神是由一块大砖所镌刻的林大将军。

随着时代变化，林氏宗祠虽已经无人居住，但林屋古井依然在使用着，水质依旧清澈，井底长着青草，井壁布满青苔，偶尔从井底冒出的水泡会惊出几只小水蜥子。林屋井依然保持着往昔的喧嚣，早晨，井溪两边挤满了人，村妇挑水，村姑洗衣，嬉戏欢声，好不热闹。

最令人称奇的是林屋井的七月七水，具有神奇功效，据说当年缺医少药，人们用它治疗热症、痧气、烫伤、无名肿毒等病症，还用来清洗油腻的坛坛罐罐和衣物，丝毫不需要用清洁剂。村民挑回家中用器具装好，一两年都不会长虫变质，用林屋水磨豆腐和酿酒，不但味道好，而且产量高，人们称之为神水。据传当年镇守林寨的林姓头目曾将神水酿的美酒进贡给南越王赵佗。

林屋井流出的那股溪流，叫林屋圳，祠堂门前那一大坪，是当年守军的操坪，大家习惯称谓林屋坪，林屋坪边是林屋池塘，林屋池塘外是林屋段。那条用河卵石砌铺的驿道有如一根长长的网绳将大段一分两半。

村民早年清理井底时，曾发现有一些锈迹斑驳的古钱币，但当时不识是国宝，竟然任由小童们玩耍，这无疑是一件令人惋惜的事。而当年井旁靠林氏宗祠墙上，曾刻有林姓头目镇隘立基的碑匾，记载赵佗派遣林头目守隘和开发林氏庄园的事迹。据林氏族谱记载，元末明初，林姓人家道中落，林姓头目的碑记被人蓄意毁掉。

古村访古，廖氏父子传佳话

1910年，颍川旧家屋主陈襄廷在广州惠州同乡会馆结识廖仲恺，大家一见如故。陈襄廷加入同盟会后，很快就投身推翻清朝帝制、建立共和的洪流中。

1918年，时任国民政府署理财政代总长的廖仲恺到东江上游考察山区农村工作，随行的还有其夫人何香凝及年仅十岁的儿子廖承志。期间，一家三口在林寨兴井村的老朋友陈襄廷家中小住。

廖仲恺到兴井村后，多次深入农家了解情况并到林寨街头的创林织染厂去参观，了解新兴的农村轻纺工业。

几天下来，年幼的廖承志已与陈襄廷的孩子陈子敬结下深厚的情谊。1921年廖承志就读广州岭南大学附属高中部，刚好与陈子敬同班，久别重逢使他们都特别兴奋。1924年暑假，陈子敬邀请廖承志到林寨乡村度假。廖承志再次来到林寨，领略朴素的乡村风光。

浰江岸边有一棵乡民们称之为“蜢公树”的千年古树，枝叶繁茂。廖承志一天游泳后触景生情，作律诗一首：

地灵物焕奇独钟，岸边神树号蜢公；
腹空常供蜂酿蜜，枝贫常覆鸟越冬。
独占地利壮风彩，依傍浰江丰姿容；
泳罢呼伴披衣起，欢坐树下纳凉风。

廖仲恺的兴井村之行，廖承志的两度访林寨并作诗留念，都已成为佳话。

访村手记

今天，穿行在兴井村这一座座四角楼中，打开一扇扇尘封的大门，就像在翻阅一幅幅凝重的历史画卷。因为包含大量的人文信息，故古建筑便成了历史镌刻在大地上的符号。

徘徊在一座座老屋中，凝视着雕梁画栋，不禁想起程大钊先生在为冯骥才先生主编的《古风》作的序中说过的一段话："我们凝视着这批遗存时，不由自主地会想起祖先讲过的很多道理，细细品味他们的天文观、伦理观、道德观、艺术观等等，对传统便有了肃然起敬的感觉。在中国古代，文化理想和审美情趣竟能渗透到生活的方方面面、角角落落。我们的祖先的建筑是如此的精致，房梁上的砖头都能雕出神话故事，在细节上的考究令人咋舌。老宅邸中连猫的出入都有专门的通道，科学中不失美观。"是的，兴井村的四角楼就是这样一个最好的例子。现代工业社会的触角伸到每个角落，千篇一律的商品房早已引起我们的审美疲劳，而祖先智慧的遗存让我们得以返璞归真。

再次回味，四面田野之间，白墙黑瓦的高大古宅在绿油油水稻的簇拥下显得雄伟浑厚。当看到年久失修甚至人为破坏时，我们的心会重重地抽搐。无疑的，这是一个和谐的人聚空间，是人们的精神家园，是一个人类可找到心灵归宿的地方。因此，无比期待兴井村雄伟的四角楼在不久的将来可放出它应有的光芒，更多的人们能够认识到它的价值。

旅游攻略

在和平县车站坐林寨镇公交车即可到达，古村在镇区旁。

（本文执笔：刘格花）

兴井村的秋天

南中国的画里乡村
——河源市东源县义合镇苏家围

古村概貌

苏家围原称苏围，是广东省河源市东源县义合镇的一个自然村，距河源市区约26公里，位于东江中上游与久社河的交汇处，是一个依山傍水的村庄。村后群山延绵，村庄周围古树参天，竹林环抱；村北滚滚而来的东江匆匆地向南流去，村东南潺潺的久社河水流至村口，缓缓地汇入东江。环境优美，素有“南中国画里乡村”之美誉。

苏家围缘何得此名？相传元朝元贞元年（1295年），宋代大文学家苏东坡的第七代世孙苏天荣从江西庐陵(今吉安市)乘船沿东江而下，到番禺任教谕（掌管文庙祭祀、教育的官），途经河源，夜宿东江边合水，在船上他做了一个梦，于是，这南柯一梦成就了苏家围六百余年的历史。

苏天荣梦见五个老人带他上岸，在岸上看见一棵大树，天荣问五位老人：“此乃何树？”老人答：“紫苏也。”天荣又问：“紫苏何若甚大？”老人答：“树得其土故大也。”醒后，他觉得此梦甚怪，晨起，便登岸观看。果然有一棵大树，但却是榕树。该树枝叶蔓延，形如乔松。榕树旁边还有一座“五贤祠”。苏天荣心想，梦中的紫苏，莫非就是眼前这棵榕树，而五位老人，莫非就是“五贤祠”神灵的化身？他又一想，我本姓苏，紫苏乃本姓之物也，“树得其土”，此地必有可居者。苏天荣看四周环境轻灵秀美，一派怡人景象，于是决定归田之时便是在此定居之日。

元成宗大德四年（1300年），苏天荣升任四川富顺知县，自觉难圆此梦，便嘱后人落居此地。至其玄孙苏秀弘任东莞京山（今茶山镇）巡检时，于明洪武十四年（1381年）在义合附近的东江两岸购置了三百顷田产，以长子苏逸承籍，携家眷落居合水，定名苏围，苏家人为了寄托先祖之梦灵，便推苏天荣为始祖。

苏家围全景

迎亲桥

今天苏家围里清一色为苏姓人家，是一个典型的聚族而居的自然村。改革开放后，许多人外出谋生，现村里居住着46户人家，合共260多人。留下的人们日出而作日落而息，过着宁静而安稳的生活，就像梁实秋笔下的雅致小品，悠闲而惬意。苏东坡一生向往的田园生活在他的后世子孙居住的苏家围中得到完美呈现。苏家围的村民如同在桃花源里生活的人，阡陌交通，鸡犬相闻，并怡然自得。

进入苏家围，路两旁的竹林似已婆娑等候，风吹过竹林的沙沙声让人顿感安宁。

迎亲桥在村口等着，那是进村必经之路。迎亲桥与娶亲并没有关系，只是如同黄山的迎客松，表示苏家围人像迎接亲人一样迎接客人们的到来。如果说村口有一棵大榕树是广东古村落的最大特点，那苏家围算是特立独行的。苏家围的村口有静静的久社河蜿蜒而过，将苏家围与外面纷扰的世界隔离开来。迎亲桥边那木结构的水车越发古色古香，喃喃倾诉着旧时引水灌溉的故事。

站在桥上，就可隐约看见光影斑驳的老屋。据苏家围文化馆馆长苏瑞国先生介绍，村里最古老的屋子是洪武十四年（1381年），即苏秀弘携家眷落居此地时所建的屋子，历经600多年的风雨洗礼，老屋现已部分坍塌，但历史的韵味似可从地上腐朽的木头上嗅出，历史的厚重也从那一块块红砂岩石（典型的明朝建筑原料）中展露无遗。站在满地斑驳的老屋中，一时间恍惚起来，仿佛回到了过去。冯骥才先生曾说过："这些建筑不仅仅是先人留下的可供使用的房子，还是历史的空间。许多重要的驻足于历史的事件发生于此，许多建筑的细节清晰而确凿地记忆着历史的细节……"

古民居与古祠堂

苏家围现保存有18座古民居与古祠堂，其中5座是建于明朝的，13座是建于清朝的。古民居由三个区域组成，中心区域13座，建筑面积12840平方米；北面区域1座，1045平方米；东面区域3座，3185平方米，三个区域加起来总面积13885平方米。苏家围的建筑模式，并不是客家传统的围龙屋，而是府第式建筑。

苏家围的建筑中，一般都有天井和横巷，天井和横巷有采光、通风和集雨的作用，而且天井在风水中也有聚财的说法。所有建筑物的梁、栋、檐和堂架上，都雕刻着精美的图案，如花草、鱼虫、鸟兽，也有凤凰、麒麟等吉祥物，它们都含有吉祥、富贵、繁荣昌盛等寓意。

村内排水方面设计得非常科学，全部使用暗渠，以前在暗渠内放些金钱龟。这些龟靠吃流入渠中的饭菜为生，在里面爬行时又可疏通渠道。

徜徉在这一座座古民居中，对历史便有了一种肃然起敬的感觉。苏家围的民居有相当一部分还住着人，竹竿上晾着的衣服，门口晒太阳的猫咪，正厅里堆放着的柴草，甚至天井里停着的摩托车，都在告诉人们，这是一个鲜活的村庄，人们还在延续着历史。

“凡立宫室，宗庙为先”，苏家围亦不例外，东山苏公祠与义峰苏公祠就坐落在整个村落的正前方，成为村民祭祀与议事的公共场所。

东山苏公祠

现存最古老的祠堂是东山苏公祠，也叫永思堂。东山苏公祠为苏东坡的第十五世孙苏东山所建，建成于明成化十七年（1481年），总面积484平方米，保存完整。公祠正门前的天井由鹅卵石铺就而成，暗含九龙，俗称九龙戏水。为仿先祖苏天荣故居，江西庐陵九曲水之喻意而铺就的。

苏公祠主体分三幢，中幢大厅被称为六柱官厅。明朝时期，一般家祠梁柱为两根或四根，因柱数为官位的象征，柱子越多说明官越大，而堂主苏东山是明桂林府的五品官，故能建成立六柱官厅。

东山苏公祠

公祠现仍保存有100多张嘉庆、道光年间的地契，足见当年苏家围的富庶。公祠原陈放有63个（官位和学位）牌匾，可是大多数在文革中遭到毁坏，仅剩的3块因做床板、猪圈才得以保存。保留下来的3块牌匾分别是“外翰第”“拔魁”和“贡元”。“外翰第”匾挂于苏公祠中厅屏风的正中处，是清朝“恩贡”苏洙的学位匾，为咸丰年间广东学政许乃钊赐赠。外翰第，是一个称呼，意思是指苏洙的学问不只是一个“恩贡”，而是相当于“翰林”（进士学位）。“拔魁”匾挂于苏公祠中厅屏风的左边，是清朝“拔贡”苏懋漠的学位匾，为同治年间两广总督瑞麟、广东巡抚张兆栋以及广东学政何廷谦一同赐赠。“拔贡”是学子在每隔十二年的督考中所获得的学位。“拔魁”，即拔贡生之首。“贡元”匾是挂于苏公祠中厅屏风的右边位置的牌，是清朝“附贡”苏钟熙的学位匾，为道光年间礼部侍郎、广东学政白镕赐。

义峰苏公祠

义峰苏公祠

义峰苏公祠，也称光化堂，建于明嘉靖二年（1523年）。堂主是苏东山的第三个儿子苏义峰，因此当地人也称为“三房”祠堂。义峰苏公祠坐落在东山苏公祠的右侧，祠堂为三进四合院式布局，主体建筑为硬山顶，穿斗式梁架。正门有巨石打成的石墙，门上石匾阳刻“义峰苏公祠”五大字。公祠的正门有一对石楹联：“眉山开奕叶，合水衍支流。”意思是苏家人犹如一棵大树，根在四川眉山，枝叶却蔓延到了苏家围，苏家人又如流水从源头延流到了合水（合水即义合的老地名）。屋檐下有三条画桁，其中左右桁雕刻有龙、狮、凤凰、麒麟等吉祥物及梅、兰、菊、竹等图案。

这座祠堂规模虽然不大，但石雕和木雕的工艺都很精细。画檐内的斗栱、柁墩等木刻麒麟、马、猴、狗等浮雕，造型逼真，栩栩如生，为研究明代建筑和雕刻艺术提供了实物材料。

在苏公祠中厅祭祖的桌子上，摆着三个香炉，中间一个是玛瑙香炉。玛瑙香炉的长和宽约为25厘米，它是由一块完整的玛瑙打制而成的，整个香炉呈紫黑色，虽落满香灰，但仍熠熠发光。香炉的两个耳朵是由两个雕刻精细的狮子头构成。曾有台湾来的游客想出高价买下，但被苏围人拒绝。作为祖先遗留下来的东西，它当是无价之宝。

这座祠堂混有三个时期的建筑，中栋是明朝的原始建筑，前栋是清道光十六年（1836年）加建的，后栋原是明朝建筑，但于1964年被东江特大洪水淹毁了，于1966年重建。或许可以说这堂屋是研究古今建筑文化的一个标本。

走过民居与祠堂，还在回味着那精美的雕梁画栋，那形状各异的天井，以及那有着不同寓意的门廊，就已走到了村后的义合街道。走在由鹅卵石铺成的义合街道上，一边是东江稻田，一边是竹林婆娑，让人心旷神怡。为何苏家围有这么多的竹子？只听村中老人说，古码头就在前面，在1982年通往县城的公路开通之前，这儿的水运非常繁忙，南来北往的船只都停留在这里，所以当地就用竹子来造船。竹子也为这里的手工业如编箩筐等提供了原材料。

看着这一片竹林在江风中摇曳，不禁让人想起苏东坡的名句——“宁可食无肉，不可居无竹。无肉使人瘦，无竹使人俗。”

书房与学堂

或许是苏东坡的影响，东坡后人就理所当然地承担起教书育人的文化传承责任。自立村始，苏家围人就崇文重教，人才辈出，在当地独领风骚。

东山学堂

始建于明正德十五年（1520年），是苏东坡第十六世孙义居、义轩、义峰三兄弟为纪念其父苏东山而创建的。

学堂坐落在苏家围的西面，义合古街于门前穿梭而过，隔着古街，便是东江，一湾清澈的江水向南蜿蜒而去。

该学堂原先是为苏氏子弟读书而建的，后来逐渐扩大。至民国时有校舍5栋，教室8间，可同时容纳300多人就学。学堂外有围墙，正门面向东江，门楼有一副石楹联——“顶天立地，继往开来”。

明朝中期，东山学堂是河源县东江地域一所较为完善的学堂之一。苏家人在这所学堂出过举人1人，贡生26人，秀才120多人。清道光年间，河源县一次生员会考中，全县考取了24名廪生（秀才），而东山学堂的苏家学子，就考取了12名。因此，河源县曾有“苏半县”之称。

清末取消科举制度后，东山学堂开设文、理科教学。新中国成立后，义合属河源的第十区，东山学堂被称为“河源第十小学”，之后又改为“义合中心小学”，1957年还办起了初中班。

1964年，东江爆发百年一遇的特大洪水，沿岸许多建筑都毁于一旦，东山学堂也不能幸免，如今只剩下一堵没有坍塌的墙在呢喃着它曾经的辉煌。

苏家围的荷花

十一座书房

现在苏家围仍流传着一首儿歌：“祠堂左右好书房，西园侧古兼荣光；茂林闻跃局前后，唯有溆湄别一方。步园懿斋并梧冈，汪亭秀阁写文章；先生教我勤学练，达标高中状元郎。”

这首儿歌咏唱了苏家围的11座书房：西园、侧古、荣光、茂林、闻跃、溆湄、步园、懿斋、梧冈、汪亭以及秀阁。其中秀阁书房与汪亭书房在民国年间被拆毁；荣光书房在新中国成立后被拆毁；西园书房在1960年被拆毁后，材料用于建义合中学；侧古书房及闻跃书房在1964年东江特大洪水中被冲毁；溆湄书房与步园书房则是在2003年建造河梅高速公路时，才被拆毁的。现保存完整的只有三座，分别是建于清朝道光初年的茂林书房、懿斋书房以及建于乾隆年间的梧冈书房。这11间书房在民国时已全部废止，所有学子都到东山学堂就读。

梧冈书房

位于苏家围北面的回春屋，建于清乾隆年间，是苏东坡第二十五世孙，苏朝凤所建。苏朝凤，字观修，号梧冈，生于清乾隆六年（1741年），国学生（秀才），赠修职郎。该书房出有贡生3名，秀才10多名。书房后被作为住宅，现仍保存完整。

懿斋书房

位于苏家围中心的怡怡堂，建于清道光年间，是苏东坡第二十六世孙，苏钟彝所建。苏钟彝，字秉华，号懿斋，生于清乾隆五十五年（1790年）。清道光三十年（1850年）庚戌科恩贡，广州府儒学教谕，书法家，至今仍有其留下的墨宝真迹“东鲁雅诗书执礼，西京铭诏孝悌力田”。

茂林书房

位于苏家围南面，上塘屋右侧，时称茂林轩。茂林轩建于清道光初年，是苏东坡第二十八世孙，苏懋材所建。苏懋材，字南康，号翘楚，生于清嘉庆二十四年（1819年），同治十三年（1874年）纳贡生。该书房出有贡生1人，秀才3人。直至现在，书房还保持着原貌。

古庙与古道

义江古庙

与东山学堂的遗址一路之隔的是一座古庙。这座始建于清乾隆年间的古庙，据说是为了纪念华严祖师的继承者苏汉月而建。苏汉月十五岁出家，成为明末禅宗高僧，苏家先人便在此立庙以作纪念。处于义合，又临东江，合二为一，便叫“义江古庙”。义江古庙是道教中的一座神庙，主神位为“华光大帝”。因位临东江岸边，交通十分方便，所以历史上很多信奉者和游人前来祭拜，灯火曾十分旺盛。

义江古庙正对着东江，在1964年的大洪水中被冲垮。现在古庙虽然不在，但写着“义江古庙”的花岗岩石匾却依旧苍劲。

义江古庙石匾

义龙古道

义龙古道

前面提到“与东山学堂的遗址一路之隔的是一座古庙”，这里的“路”指的便是义龙古道。义龙古道，是自老义合街为起点至龙川县城的道路，全程50公里。这是一条有特色的古街道，中间用一大块一大块的石板砌成，而两边则是由鹅卵石铺成。路面宽1米，可供人行成骑马。

站在义龙古道的起点，往龙川县城走去，左手边是义江古庙的遗址，右手边是东山学堂的遗址，后边是东江，古道还是原来的古道，不禁感叹这是一个让人“发思古之幽情”的好地方！望着蜿蜒而去的古道，想到了古人策马远去的潇洒……

乾隆古道

2003年河梅高速公路在苏家围施工时，挖掘出了一个石碑，该石碑镌刻了苏家围当地于乾隆五十五年（1790年）修建道路的捐款者的名字。该道路是自义合老街往东至久社乃至紫金县的黄塘、柏埔等地的人行古道，所以称为乾隆古道。该道路分三段，第一段自义合街至龙颈约6华里；第二段自龙颈转右经南浩、高楼、中洞、超阳，全程16华里，途中在高楼分路往南的山路27华里，可通紫金县的柏埔镇；第三段自龙颈直去经八兜松、大塘凹、杨村、超洞、下围、醒群、久社、水头，全程24华里，从水头走山路26华里可通紫金县的黄塘镇。这条古道和这块石碑，为苏家围古代的交通建设和历史文化提供了有效的佐证。

古码头

古码头与古榕树

古码头

义合街道的尽头，便是古码头，位于苏围西面的东江边。码头正对着义江古庙的遗址，而对岸是翠绿的树木，远处是深绿的连绵群山，仿如孟浩然《过故人庄》中所描写的“绿树村边合，青山郭外斜”之景。

这里曾是东江航运的中转地之一，船只往来频繁。

千年古榕

从古码头沿着义合古道往村里走，便可看到一棵古老的榕树，这古榕树便是启迪苏家人在此定居的吉祥物。苏家围开发旅游以后，当地就在这榕树下设了一个“山歌台”，面对着东江，客家妹子唱起了山歌：“东江两岸好风光，青山绿水如画廊。两岸地灵人和顺，水果甜美稻花香……”

千年古榕

鸳鸯榕

在“千年古榕”的斜对面，隔着义合古道，也有一棵“千年古榕”，叫“鸳鸯榕”。为何叫“鸳鸯榕”？村里流传着这样一个故事：清朝末期，龙川县一位张姓才女，因不满父母包办婚姻而逃跑经过这里，被人追急了，刚好发现这棵榕树后面有一个洞，便急中生智躲进树洞里，逃过一劫。与自己的如意郎君结合后，便把此事告与他知，夫妻俩前来拜谢这棵榕树，还立了一石碑，碑文曰：“树恩毋忘”。可惜这块石碑于1966年“文革”时被毁了。后人为了纪念此事，就将这棵榕树称为“鸳鸯榕”。

苏围八景

苏家围历史上就有八景，是以苏家围的文人雅趣和以村周围的特色景观所命名的。八景名称分别为：笔锋夕照、黄石樵归、五显神光、亭下渔歌、古渡榕荫、古庙钟鸣、仙井峰峦、花桥春望，各自并有诗为证。

笔锋夕照——东山苏公祠对面的远山，称文笔山。

倒竖文笔欲写天，夕阳斜照有余妍；
云笺染翰殊朝景，雁学书空何暮天。
春爱花生殊影罩，秋看露滴晚光鲜；
伊谁思把长绳系，留得羲轮注岭巅。

黄石樵归——苏家围村西东江对岸的石山，为黄石。

薪樵踩提两肩挑，黄石纷纷返晚樵；
径影人声深谷应，背悬笠影夕阳描。
归途未许观棋局，牧童相随过野桥；
笑指柴门刚不远，青钱沽得待明朝。

五显神光——苏家围村西的东江边有一棵千年古榕，榕树旁有一个“五贤祠”，这就是启示苏家人来此定居的吉祥地。

古榕树前一条江，当年泊舟在此方；
夜宿梦卜江岸上，忽见乔木遮日光。
乔木何若是甚大，树得其土故出阳；
依然悠得此梦兆，王贤爷爷显神光。

亭下渔歌——苏家围村西的东江河畔有一个亭，亭下有渔船停泊，渔家歌声响起时，悠扬动听，遂成一处景观。

忽闻亭下起歌声，快乐渔家唱晚晴；
清籁不须弦管和，余音繁杂鹭鸥鸣。
歌残应半钟喧寂，响彻周中客梦惊；
系浆江水施破网，一飘一曲足平生。

古渡榕荫——苏家围村西的东江边原有十余棵古榕树，榕下是码头，码头曾是过江船渡的渡口。

榕荫一带覆江边，雨泽潜滋数百年；
夜听莺儿歌晓日，青闻燕子话晴天。
凉生古渡绕亭下，浓荫高台到庙前；
舟容登临频小住，青青斜照夕阳烟。

古庙钟鸣——义江古庙位于苏家围村北，是一个道教的庙宇。

一片金声起水东，钟鸣古庙感灵通；
三更奏罢更残后，几度敲传夜半中。
逸响暗惊舟客梦，余音欢送纸钱风；
有心系馨神倾听，庭上花簪一笑词。

仙井峰峦——苏家围东面的后山脚下有一口仙人井。

当年仙姑显真形，留下一泉透彻清；
泉上峰峦岭叠起，环顾四岳钟秀灵。
北桂晴岚蟠龙郁，东南山麓似翠屏；
西望阿婆盘髻顶，遥看蝉巅夕晚晴。

花桥春望——苏家围东面一里余，有一座古老石桥，桥头两端野花闹春。

春满田野青满峰，桥边一望百花浓；
玲珑晓露含光彩，淡冶春山展笑容。
雨足春耕闻叱犊，井头高踞看蟠龙；
徐行雁齿应新目，识得平原问老农。

苏家围历史上的民间文化艺术形式很多，但大多数已失传，现仅能回忆的是猜字、猜谜、赛诗、对楹联、舞龙和唱山歌等。

猜字与猜谜

猜字与猜谜，在苏家围曾经很风行，据说流行了一百多年。文人墨客以各种形式表达自己的情感，以字与物相互竞猜。较有趣的是苏家围西向的一个拱门。此门的出向是义合街，以前凡到义合街的外地人，稍有雅趣都会到苏家围溜达溜达。拱门上方挂有一个牌子，牌子由两块木板做成，上截涂上白色颜料或油漆，下截为原木颜色，白漆木的两旁分别挂有一根红丝线，以隐喻一个“樂”（简体是“乐”）字。这块牌子有时也难住了好些人，猜解不出时就不敢进入这个门。

元宵节挂花灯（添灯）

舞龙依然是苏家围盛行的活动

对楹联

楹联，俗称对联，是把字义或词义的对偶称为对状，以所对的词、字的音律相和谐称为平仄，两者相合的两句话即为对联。人们可以正反、褒贬的意义对某人、某事或某物，以对联形式进行描述或抒情。

舞龙

苏家围的舞龙风俗已有四百年的历史，源自明朝万历年间。相传苏家“可”字辈的一批学子，在广州读书时，看到了广州和珠江三角洲一带热闹喜庆的舞龙活动，深受触动，便凑钱买了龙具带回家乡，从此传承了舞龙的风俗，并延续至今。

山歌

苏家围至今仍流传着百余年的山歌词，叫东江水路歌。因义合是东江航道中的一个重要驿点，人们将惠阳（惠州）至老隆（龙川县城）这段流域中的两岸的一些地名，连结起来编成山歌词称为“水路歌”。水路歌节句不一，所以无法谱曲，只能当快板或顺口溜说唱。

附：东江水路歌词（加颜色部分为地名）

日出东方照惠阳，脚踏草鞋转本乡。七女有缘来相会，水口井中结鸳鸯。
就且蓬亭树下过，横沥圩上说言章。你说天光天不光，庙里有人早烧香。
豺狗出门打癫吠，好得渔翁渡过江。来到泰美住一宿，赤坎崩来惊一场。
三洲小岭人和顺，卢州妹仔爱梳妆。细女出来扛槟榔，手扛槟榔磬石过。

古榕树下山歌起

秋香就纸钱放，　榄溪河水白茫茫。逢到牛牯来相打，望见古竹小古塘。
蓝田亦有蓝公子，双头细女结鸳鸯。洗净黄泥扑净手，石岗神上好烧香。
三王爷爷来保佑，河源双塔望双江。黄沙糖甜好做饼，木京细女嫐官堂。
徐洞人才多标致，诗对出在古云乡。担竿挑起禾溪坝，脚蹈洪军义合场。
抚州滩头水紧，　骑匹白马渡过江。盐仓米库无饭店，一直饿到青溪堂。
黄田买账蚊坑吊，老虎吊猪过鹤堂。行到蜜州蛇拦路，枕头思想系凄凉。
蓝口递运三六九，买只猪头做酒张。将军脱甲来下拜，先拜柳城天后娘。
斧头来劈新塔下，龙川城内好梳妆。南北绫罗绸茧布，老隆分手各回乡。

苏氏对联

武功世泽，学士家声

此联贴挂在全围总门（即现在的拱门）的两侧，是姓氏的主联。

“武功”，地名，陕西省武功县（苏建，汉武帝时校尉，随大将军卫青出击匈奴而立功，封平陵侯，迁徙至武功杜陵，子孙也定居于武功。因此武功是苏姓的发祥地，故苏氏之郡望谓之“武功”）；

“世泽”，本义是指姓氏中，世系的起源；

“学士”，苏东坡父子三人同考取了翰林学士，被称为“学士家”；

“家声”，指家族的声誉。

全联的意义是：苏姓人的发祥地是在陕西省的武功县，苏家人历史的最高声誉是苏东坡三父子的学士家。

汉室忠臣第，宋朝学士家

此联贴挂在“苏公祠”大门的两侧，也是苏氏家族的主联。

“汉室忠臣第”，是指汉朝时期的苏武，曾被皇帝封为“忠臣”；

“宋朝学士家”，是指苏东坡父子三人同考取了翰林学士，被称为“学士家”。

苏氏族谱

苏家围如今保存着完整的族谱，且保存下来的有三部：《苏氏世谱》于清道光二十八年（1848年）撰写而成；第二次修谱的时间是民国四年（1915年），族谱内容承接苏钟彝的道光版；第三次修谱，是在1984年，族谱内容承接民国版本，至1985年之前出生的男丁都载入谱内。厚厚的一本苏氏家族谱，既记载了苏氏宗族的历史渊源，也是客家人迁徙史的辅证。

晒谷——大都市里早已模糊的记忆

“烧杀与壮军威不得在苏围”

民国三十七年（1948年），国民党军196师师长葛先材曾带兵路过义合。他听闻苏家围声名在外，于是慕名想进村看看。当他骑着马从义合街来到苏家围的北门前时，便看到门两侧贴有对联“武功世泽，学士家声”。葛师长叫卫兵把马拴在门外，自己徒步而进。当他走进苏公祠时，一眼就看见了中厅梁上挂着的许许多多的牌匾，其中3块是明朝皇帝御赐的“奉政大夫”，其余大都是朝官和州府官员敬题的苏氏人的学位或官位牌匾，共有63块。葛先材看完这些之后，悄悄地退出了。回部队后他下了一道军令：“烧杀与壮军威不得在苏围，淫欲与助军乐不得在义合。”因此，1949年国民党军在东江败退时，东江两岸的许多村庄都曾被烧杀过，只有义合街与苏家围无损片瓦。

“罗天地正气”

民国时期苏家围有一位叫苏阿牛[①]的穷秀才，家贫但学问颇深，为人厚道正直。民国末期，苏阿牛受聘于本镇中洞村的罗经和甲子家两自然村作私塾教师。中洞村方圆一公里都是缪姓人，当时有五六百人口，村里也有一些文化人。但缪姓父老都认为苏阿牛文化造诣深，对自己子弟的教学效果较好。可是缪姓的文化人有排外的心理，想为难苏阿牛。

一天，阿牛担着行李到中洞罗经村时，缪姓的文化人预先在该私塾的门楣上挂着一个罗经（指南针的一种，俗称罗盘）。苏阿牛看到此情景，立刻放下行李，取出文房四宝，写下一副对联：“罗天地正气，经甲子周盘”。并将此对联贴在私塾的大门前。缪姓的文化人都赶来欣赏此对联，都认为苏阿牛很有才学，对他刮目相看。从那以后那些文化人都主动与阿牛接触，交谈学问结成好友。而苏阿牛在教学上也很有办法，他所教的学生很多以后都成了有用之才。

注：

① 苏阿牛，苏东坡的第三十世孙，生于光绪二十七年（1901年）。少时家庭较为殷实，自幼聪明好学，饱读四书五经，略知天文地理，能洞察世情。民国时河源县长陈衍九，与其结拜兄弟，并任其文书职务。陈衍九退休后，阿牛也返乡任教。其对联“罗天地正气，经甲子周盘”，本义对上了缪姓的罗经和甲子家两个村名，也对门上挂的罗经举动给予一个表面的解释。从引申义上，表明了自己一身正气，虽然穷困潦倒，但仍有着很大的抱负，并非一般俗子村夫。

四季农事长廊

访村手记

苏家围自开发成乡村旅游区之后，新增了乡村性别文化展览，客家民俗表演馆，擂茶馆，娘家作坊，四季农事长廊，人民公社饭堂以及历史标语文化展等景点，让到苏家围的人们不仅可以欣赏到秀美的乡村风光，还能更深刻地体会苏氏家族和客家人六百多年的历史文化。

散步在苏家围古朴的鹅卵石小路上，享受着一份惬意与闲适的同时，脑海还会萦绕着王维的“郭门临渡头，村树连溪口；白水明田外，碧峰出山后”的词句。

老屋、江风、竹韵、牧歌和野趣，造就了一个南中国的画里乡村。厚重的文化底蕴，在信手拈来间，尽显无遗。

又一次，依依不舍地面向东江，看江风轻轻吹起涟漪，口中轻轻吟起苏东坡的词句：

一叶舟轻，双桨鸿惊。水天清，影湛波平。鱼翻藻鉴，鹭点烟汀。

过沙溪急，霜溪冷，月溪明。

旅游攻略

特产：

苏家围的特产有客家米酒、擂茶、段木香菇、河源火蒜、霸王花米排粉、老隆牛筋、猕猴桃以及五指毛桃等。

交通：

自驾车的游客有两种选择：第一种由河源市区万绿大道上粤赣高速（赣州方向），约8分钟右转上梅河高速公路，5分钟至义合出口下高速右转（河义公路），约5分钟即可到苏家围。第二种由河源市区建设大道（往东源县方向）右转胜利大桥，左转河义公路，到苏家围约26公里。

背包一族：乘车至河源市汽车总站，直接在汽车总站搭乘至苏家围的旅游专线车，每30分钟一班车，票价4元。

（本文执笔：刘格花）

苏家围不远便是风光旖旎的东江

雍容静秀的古村围

——惠州市惠东县多祝镇皇思扬村

古村概貌

皇思扬村，距惠州市57公里，距多祝镇1公里。始建于明末清初，已经历了五百年的风雨砥砺，清乾隆至道光年间是它最为鼎盛的时期。黄沙洋、皇思扬、黄狮都是该村的曾用名。黄沙洋是最早的名称，因村所处的具体位置是西枝江南岸一片黄沙即“下洋底”旁边而得名。“皇思扬”的得名则有一种说法，从右读起，念“扬思皇”，认为是姓杨的人思念皇帝；或是说从左读起，认为是皇帝思念姓杨的人。另外还有一种说法，皇思扬就是从黄沙洋的谐音演变而来的，意思是“皇帝思念着其扬名的地方”。无论村名来由为何，此村给人卓尔不群之感是事实。

皇思扬村概貌

梦幻般的古村围

皇思扬村山清水秀，风景怡人，令人陶醉。它占地面积约20万平方米，平面近似圆形，其中村庄建成区约10万平方米。该村现存大部分建筑属清朝中期遗物，按“设治防御”需要所建，为惠州市保护最完整、最具规模的古民居建筑群之一，处处可见其天然质朴之本色。它具有广东三大方言区的综合特色，是文化交融的典型代表，具有极高的民俗学、考古学价值，对了解清代岭南民间建筑结构、装饰、特点和人文风俗、社会思想等具有重要意义。

皇思扬村钟灵毓秀、鸿儒辈出，在清朝乾隆、嘉庆年间，出了20多名进士、举人。锦绢圣旨、一品官萧风来家眷画像、龙凤大床及部分清代瓷器珍贵文物至今仍有保留。

该村原居住人口数约有7000人，现为3000人，在册人口2500人，主要有萧、杨、许、郑四大姓氏，都有祖传族谱。据说都是明末清初从福建漳州迁来居住的，一路上披荆斩棘，到此后艰苦创业，世世代代繁衍生息。

此地民俗民风淳厚，每十年举行一次“妈娘庙”醮会（敬神消灾祈福的一种形式），另外不定期举行“三仙醮（指多祀的三仙——妈娘、谭公、北帝一起打醮）”。

历史上的皇思扬村以农、商为主，曾是惠州通往潮汕水陆运输的中转站，出现了不少豪商大贾。改革开放后则以农业种植为主。古围村的建筑群保护得非常完好并具有浓厚的客家文化魅力。

建筑群

在皇思扬村，府第式、四合院式的民宅建筑与书室、寺庙、祠堂、鹅卵石巷道等彼此有机结合，错落有致，相互辉映，搭出了一卷古色古香的岭南村寨画轴，全村在东西南北四城门、周边民居外墙或专门的围墙的有机结合下，围成了一个具有极强防御性的小城堡。

“皇思扬”古城门

沿着一条蜿蜒的鹅卵石村道前行，不经意间便可到古围村的第一城门，门朝西，门楼上面高悬一块用青麻石楷体书写的“皇思扬”匾额，门两侧贴有“三相门第振家声，四知风范垂世第”的对联，笔墨雄秀劲拔，神韵了然。

皇思扬古城门

鹅卵石巷道

大兴门

大兴门又称北门，是进村的第二城门，建于清朝嘉庆年间，宽4米，深9.7米，为砖、石、木结构，墙裙为青麻石砌成，上半部用青砖，单檐硬山顶，布瓦、玻璃瓦剪边，脊上砌博古、灰塑龙图案。西面山墙开一侧拱门，门首镶嵌一块青麻石阳刻楷体“大兴门”三字。麻石上面装置五只灰塑蝙蝠，仙灵十足，表示“五福临门”，以避凶为吉。入拱门右转又有拱门，这是北门西开，一方面显得“一夫当关，万夫莫开”，另一方面还有“西丁北财”的意思。内置木棚，有楼梯可上。左右山墙与民居连接，形成围墙。墙身各处均布有枪眼，防御性较强。顿足此处，可浮想到古时刀光剑影，马蹄声声的壮烈场面。

武魁楼

武魁楼又名“官厅”，建于清乾隆五十五年（1790年），因村民萧凤来于清乾隆四十九年（1784年）中武进士而得名。此楼坐东向西，占地面积约906平方米，建筑布局为七开三进深，四角为两层碉楼，通面阔28.1米，通进深32.25米。其为砖木结构，四合院布局，单檐布瓦硬山顶，内墙绘有多幅精美的工笔墨画，是萧氏议事待客和居住之地。

一进为门厅，门楣原挂有“武魁楼”镏金匾额，可惜在“文革”时被毁。进门为影壁（已拆）。下人出入需走两侧小屏门，只有官宦豪商之类的贵宾才能进出中间的大屏门。宽阔的青石板天井居门后，既有通风采光之用，也有聚四方之水、肥水不落外人田之意。

二进为主厅，是办案议事之处。明间与次间不设墙，厅内上梁架为穿斗式和抬梁式混合结构，高低俯仰，欲争有让，符合力学原理。梁的两端雕有如意纹和卷草花纹，檐廊添设棚顶，在抱头梁上有一对木狮，透着威武的眉宇，其上置承托上梁架用的斗拱。上梁架用圆雕、镂空等手法，精雕细刻成以戏剧传奇、民间故事为题材的艺术构件，描金绘彩，惟妙惟肖。前檐柱为八角形石柱，后檐柱以墙代替，前后金柱、均为倒角方形和圆形，柱础形制简朴自然。

三进为后厅（上厅），为接见官宦贵宾和为考中举人进士者设宴庆典之用。明间设神龛，放置祖先牌位。山门、主厅、后厅两侧都设有多间厢房，各厢房布局和装饰有明显的尊卑、长幼、男女、主仆之别。至今残留的壁画上有诗文云：“危楼独坐雨初晴，远接山光入座青。忆昔王维曾别业，辋川春色亦留情。”武魁楼门两侧有联“相传八叶衣冠第，文著六朝仕宦家”。

武魁楼

建筑

石牌坊

建于清嘉庆二十年（1815年）。时值萧凤来凯旋而归，又适逢其父母同登八十大寿且五代同堂，故皇帝特恩准赐予“介寿诒谋”的横匾并准建牌坊以纪念。牌坊高约十米，为四柱三开间的花岗岩方形石楼。牌坊分三层，正门上层有龙凤板竖排阴刻楷书“圣旨”二字，正横额前后板分别阴刻“介寿诒谋”和“恩荣”，字迹端庄秀丽，笔划刚健有力，据说为皇帝亲手谕书。

中间大门宽四米，石柱有五福临门、八仙过海、双龙吐珠、文武百官、九龙海谆等精美浮雕；中层为数百个石刻文字；下层前后有石狮二对，石鼓一对。石狮形态雄威，含珠带笑，顾盼生辉。龙凤板框及横额枋均刻有精美的花卉和人物图案浮雕。整座牌坊美丽壮观，气势雄伟，施工技术又巧妙绝伦，二百多年来屹立不倒，是皇思扬村在清朝鼎盛一时的见证。

可惜牌坊已毁，目前地方政府正在重修。

翰林第、大夫第、将军第

村中的翰林第、大夫第、将军第等多处府宅，不仅门楣、屋檐装饰考究，宅院内的石柱、隔扇、门棂、窗棂亦精雕细琢着各种象征吉祥、寄托希望的鸟兽花卉图案文字，如蝙蝠、龙、鹿、花草等，别具一格，工艺精巧，玲珑秀气。

“翰林第”是清光绪十二年（1886年）间萧敬开封武功将军戴二品花翎的府宅，它典雅美观，府宅布局匠心独运，透门穿内，只感屋中有屋，门中有门。此宅还有前后花园，给人舒逸有余之感。

“将军第”是清光绪十二年（1886年）间萧芳封武功将军的府宅。建筑物温文雅致，屋檐隔扇雕工精巧。

书室

皇思扬村村民非常重视文化，经商致富者会设私塾、办书斋、兴学堂，认为入仕为官是光宗耀祖、福荫子孙的义举。在此种氛围影响下，村中孩童小小年纪就开始诵读四书五经。其中村内的龙光书室和凤来书室在当地颇负盛名。这两个书室正是以“萧凤来”和“吕龙光”来命名。萧氏为长辈，武官；吕氏为晚辈，文官。据说吕龙光考中会员后，回到皇思扬拜访老前辈萧凤来，两人结下友谊。萧氏为奖掖后进和鼓励后人认真读书，把他当时正在办的书屋叫龙光书屋；吕氏受宠若惊，遂把自己的书屋叫凤来书屋。长辈为尊，文官为贵。这样，长辈提携晚辈，晚辈敬重长辈，一时传为佳话。

龙光书室的楹联有“毓成绣虎奇才，虎质斑斓，虎气上腾虎登榜，练就雕龙妙计，龙文璀璨，龙光高射到龙楼”。字是木板阳刻，字迹青绿色，意为“精英奇才辈出，青出于蓝而胜于蓝”。

进书室后要通过龟背路才到孔子堂，据村中长老说，但凡违反乡规民约者，都要在龟背路受杖股的刑罚。在孔子堂的左侧竖着一根长约5米的石柱，雄健挺拔，左看是一杆毛笔，右看是一枝长矛，激励后人勤奋习武习文，做到文武双全，彪炳青史。书室门前有多达18条左右的石柱，如万马列阵，局势宏阔。

关帝庙

关帝庙位于村口，修建于清康熙元年（1662年）正月。留有清光绪七年（1881年）的楹联：“忠孝无余地，春秋不老天”。

举人石柱

清朝年间，皇思扬村每出一位举人，村里就会树立两根举人石柱，并注明年号、科名，以彪炳青史，激励后人。而古村现存石柱40多根，说明村中举人不下20人。

三眼井

皇思扬村内有近10口井，其中郑屋古宅前面两侧各有一口三眼井，挖建于清朝。井深达20米，井中活水不断，澄澈到底，爽凉清甜。这两口井除可供村民取水饮用外，还有两大特色。其一是两井相距约一百米，形成了似“蟹”的郑屋围村的“蟹眼”，灵动唯美，点缀地形；其二是能预防小孩在井边嬉戏时不留心掉进井里，可保护安全。

关帝庙

萧凤来

讳缙升，号梧栖（1759—1830年），据说是萧氏的八世祖。25岁武进士及第并开始从政，嘉庆二年（1797年），奉征四川剿匪，屡获战功，提为广西平乐协副将。嘉庆十四年（1809年），调任新太协副将，历署广西左江镇、右江镇总兵，奉旨剿平广西土人叛乱，受嘉庆皇帝嘉奖并于嘉庆二十年（1815年）升为广西右江总兵，诰授武显将军，钦赐戴花翎，官居二品，封为“武魁”。

其家族在归善县（如今的惠州市惠阳区境地）声誉颇好，乐善好施，五代同堂，其兄弟及子孙后辈近十人中举人、官居二品至七品，诰授将军、都尉多人。

嘉庆二十年（1815年），适逢其父母双登80岁大寿且五代同堂，嘉庆皇帝钦赐“介寿诒谋”牌匾，准建“恩荣”牌坊以作表彰。同年父母亲先后离世，因丁忧[①]恭请嘉庆皇帝恩准卸仕而得批准，时年56岁。道光十年（1830年）去世。

注：

① 明清时期官员的父母死去，官员必须停职守制的制度。

萧宪章

咸丰十年（1860年）为官，有御赐三令旗。他为官清廉正直，疾恶如仇，曾仗义救了海丰梅陇黄姓一村人。咸丰十一年（1861年），皇帝赐两道用毛笔在麻布上写成的圣旨，赞许萧宪章的母亲和祖母，其中赞颂萧宪章之母熊氏的圣旨如下：“赋质温恭，秉心柔顺，事夫洛慎，备四德以流徽遇子，勤劬展六韬而树绩。”意为赞熊氏教子有方，给后人留下丰富的财富。海丰梅陇新屋黄氏把萧宪章的灵牌做得比他们祖先的灵牌还大，并放在祖先牌正中间来敬奉朝拜。直至现今，海丰新屋黄氏每年都有狮队来皇思扬村祝拜。

萧家祠堂内的建筑既精美又尊贵，有“钦赐花翎”“旨赏戴蓝翎”的御匾高悬。

钦赐花翎御匾

旨赏带蓝翎御匾

杨姓家族

《杨姓族谱》明确记载了“皇思扬”杨系的始祖——齐岳公的事略，并列出了后代的三十二世的排序：

“维开宗居、昭德儒清、存仁守义、正大光明、学文业武、世受恩荣、承其丕绪、天禄永馨。”

这既是一首极好的家训诗词，也便于历代“安名排世”。

萧凤来平叛

相传萧凤来任广西左右江镇总兵前遭遇广西土人叛乱，萧冒险深入侦察了解地形后回程时被土人发现并遭围追堵截，千钧一发之际他躲进一山洞并侥幸逃过追捕。在洞内待到半夜时，关公显灵为他指路，由此得以平安回到营房。

后来萧凤来拟订了精细的剿乱计划，打了大胜仗，平定了叛乱。

陶塑月神

访村手记

坐在从皇思扬村返回的大巴上，不管看到的是公路两旁成片的树林，或是葱翠的农田，脑海中总不断闪现出那水、那亭、那鹅卵石、那古城……即便回到了熟悉的现代城市，心中那根被皇思扬拨动的琴弦，却还久久跳跃……

辛苦耕作

旅游攻略

特色小吃：

猪肠粉、肉丸、皇思粉。

交通（从广州出发）：

自驾车

1. 走广惠高速到乌塘，转到平山，走平山公路到多祝皇思扬村。

2. 出广氮收费站后走国道324线，到平山，走平山公路到多祝皇思扬村。

背包族

在广州天河客运站乘广州到惠东的专车到达平山车站，再坐大巴到皇思扬村。

暧暧远人村，依依墟里烟

（本文执笔：林曼青）

古晋名家 粤北风流

——韶关南雄市南亩镇鱼鲜村

在南雄市的东部，有一个小山村名叫鱼鲜，小村距县城约30公里。南雄所在的粤北地区以山地为主，水网交集，水利工程以兴建陂和塘为主。鱼鲜村就是一个四处分布着许多小鱼塘的地方，房舍被鱼塘分切为“隔塘相望”。鱼鲜村几易其名，原叫鱼产，后称鱼溪，清朝末年，改称鱼鲜，并一直沿用至今。无论是哪个称谓，似乎都表明她与鱼塘和养鱼有着密切的关系。

村内现居住着466户人家，约2169人，以王姓为主，另外还有李姓、黄姓、温姓和叶姓等。现今鱼鲜村的生产活动以种植黄烟、朝天椒、花生等经济作物为主。

据鱼鲜村王氏族谱记载，南宋乾道五年（1169年），三槐后裔王德显在广州任教谕满归家时途经南雄，看到这里山川秀美，雨水充沛，土地肥沃，于是立志在此筑室定居，繁衍生息。如此王德显也就成了南雄市南亩镇鱼鲜村的始祖。

鱼鲜村全貌

严氏宗祠

先祖堂

萋萋芳草之间，古老残缺的灰瓦青砖房守着曾经的风华，默默静坐。千百年的历史中，鱼鲜村的先辈们先后建立了许许多多的祠堂。古拙的门厅，高高的门槛，证明着它们不平凡的身份和经历。

蜿蜒的红条石小径和碧绿的水塘间，坐落着一片并不起眼的建筑。一眼望过去，通向建筑内部的大门没有门扉，各有一座青砖灰瓦的房屋侍立两旁。当你不以为意地慢慢走近它时，仿佛沿着千百年的历史长河溯流而上，逐渐感受到古老文化越来越清晰的脉搏跳动。

这组建筑名为“先祖堂”，十九世孙王斌在《重修先祖堂》中记：“德显公卜居兹土，营造先祖堂，创于宋，重修于明。”常见的祠堂一般是从大门直接进入祠堂里面，但先祖堂的大门离祠堂主体的正门有几十米的距离。前大门左右竖有两面特大的石鼓，鼓面留下了当初雕琢时一道道整齐的凿痕。大门上方的石质匾额上题有“江左名家”四个阳刻大字，两侧各刻有一幅人物纹石雕。

西晋末年，晋室南渡，在江南一隅建立了东晋王朝，而在王业的开创和稳固中，侨姓士族王氏可谓举足轻重。外有王敦掌握兵权，内有王导左右朝政，在京做官的兄弟子侄便有二十余人，王导更是历仕元帝、明帝、成帝三代君王，出现了“王与马，共天下”的局面，也为王氏赢得了“江左名家”的美誉。

“江左名家”左边石雕描绘了大树虬枝下六名马上人物的不同风姿，有的仗剑急行，有的手持大斧，右下角处则是一名佩剑的士兵正在禀报军情。而在右边的石雕刻有房屋、僮仆和文臣模样的内容。两幅合在一起大致寓意着“出将入相”，也与江左名家当年的赫赫武功、灼灼文章相呼应，表达了鱼鲜村先人对仕宦前程的寄望。

驷马荣登

跨过大门，可以看见在牌匾的背面刻有“光裕三槐”的字样。

循阶而上至祠堂正门，其上方石匾额刻有“驷马荣登”，两侧有人物纹石雕。字的下方是双龙拱珠浮雕，中间的圆形匾内雕刻着先祖官服坐像。从这里的龙形图案或许让人依稀联想到鱼鲜村王氏家族曾经有过的显赫。正门背后上方的匾额则是“槐荫云礽”四个阴刻大字，被刷染成了蓝色，现在依然鲜亮。寓意王姓的祖先护佑后世子孙代代有福。字两旁分别雕刻着文臣、武将场景的图案。整个匾额的质地呈红色，与门头的青砖在视觉上产生了鲜明对比。

无论从前大门还是正门上的石雕、刻字，都可以看出，居庙堂之高是古代书香门第的孜孜追求。对于一个宗族而言，则通常会大力资助族人子弟求学进仕，以期他们能够封官拜爵。这既是一种荣耀，也能为宗族大家庭提供更有力度的支援与保障。所有这些，从古人的一座祠堂便得以窥视。

正门后面是一片天井，走过天井，就到了祠堂的主体部分——内厅。内厅由三对石柱和一对木柱承托着，后面两对石柱之间的上方没有屋顶，直通天宇。石柱为八棱柱，上面刻有对联。这几根石柱是先祖堂的一大特色。它们风格各异，行、楷、草、篆皆有；雕刻方式同时存在阳刻、阴刻和线刻。这是鱼鲜村最完整的一个古祠堂，而且在南雄范围内也是第一个。阳刻在祠堂建筑中较少见，因为字所占的面积较小，要把字周边的其余部分铲掉所花费的工时相对更多。柱基座由青砖制成，每一侧面都雕刻着不同图案。如大象，取谐音“祥”，寓意吉祥；麒麟，通常用来表示文才和吉祥；暗八仙，指八仙手持的八件宝物，民间以之作为护身符来乞求八仙保佑。

在前两对石柱间还有一对木柱，上接房梁。木柱内侧一旁有一对抱鼓石，抱鼓石主要起到承托门轴的稳固作用。大多数抱鼓石会在鼓面进行雕刻装饰，鱼鲜村抱鼓石却鼓面平整，而承托石和基座上有精细的雕琢，整体风格古朴。这对抱鼓石的精美之处，在于顶上各雕刻着一只造型生动的麒麟，它的脚下浮现着一个门环。承托石的每个面壁上都刻有人物图像，人物各异，给你无限遐想。方形基座的前端为束腰式样，朝向厅外一面的图案已磨损不清，两侧则是花草纹。

石鼓上的石刻瑞兽图案

祠堂内厅左右两面墙壁的绝大部分被粉刷成白色，“大跃进万岁！总路线万岁！”“生产进度”“生产公布栏”等红色大字赫然其上。这虽然破坏了古祠堂的整体性，但又何尝不是另一端历史记忆的见证呢？小如鱼鲜村，也卷入了当年热火朝天的生产运动之中，他们最初必定抱着对新生活的强烈憧憬。此外，也可见无论何时，先祖堂都会成为鱼鲜村集体议事的重要场所。

先祖堂的石雕——官服图

世盛堂

粉色条石铺成的石道上，绿色植物从石板的缝隙间滋生蔓延，与一旁的枯草堆相映成趣，演绎着兴盛与衰败的亘古命题。路的前方立着一座石牌楼，夹在两层楼的砖房与矮墙之间。世盛堂精美的石雕艺术就体现在祠堂门前的这座牌楼上。其四柱三开间二楼的形制，通体用粉石建造。二楼屋顶右端近三分之一已缺损，石牌楼留下火烧烟熏后的黑色印迹，深浅不一。

中央开间的匾额正、背面分别印刻着“古晋名家”和“关气团和”字样，四周刻绘着卷草纹饰。“古晋名家”的意义同于“江左名家”，都借指东晋王氏家族。匾额上方的额枋雕刻有人物纹。

整座牌楼屋顶的出檐很小，因为石料较重，要避免顶端过于庞大以保证整体稳固。牌楼一般位于主体建筑的最前方，起标志作用，上面的题字往往能揭示建筑的功用，如纪念功业、表彰节妇等。“古晋名家”四个字就表明世盛堂是感念先人的宗族祠堂。

世盛堂天井上方的屋檐间，左右夹沟滴水处分别用刻着“光，龙飞”和“明，凤舞”的木雕为装饰。

世盛堂斗拱

世盛堂-古晋名家

光裕堂

光裕堂为鱼鲜村第四世祖王福兴所建。据嗣孙王举麟《重建光裕堂》中记载：光裕堂分前后两栋，前向出为大门，通先祖堂街道，进伟丹墀咸砌以石照壁，额匾“象贤贻燕”。

“旧时王谢堂前燕，飞入寻常百姓家”，走近光裕堂，看见的便是一派破败的景象。孤立的门框，高大的廊柱，精致的照壁，当年的崇瓦广厦、钟鸣鼎食，现在却换成了空荡荒芜。

荒芜的草地上静静地站立着高大的廊柱，其中一对石柱上刻着用“光裕堂”名字撰写的对联，上联是“光祖武，仁家声，炳炳浪浪，不外矢志矢孝”，下联是“裕孙支，垂世业，绵绵翼翼，惟在克勤克俭”。旁边一面墙壁向两边绵延，瓦檐错落有致，高低不一，在辽阔天空的映衬下格外高耸。墙面上留下许多方形缺口，都是当年插固梁枋之处。正对光裕堂大门方向的照壁上保存着刻有“象贤贻燕”的石匾额。（注：“象贤”出自《尚书·微子之命》：“殷王元子，为稽古，崇德象贤。”后来指称父子事业相承。“贻燕”为子孙安吉之意。《诗经·大雅·文王有声》：“诒厥孙谋，以燕翼子。”）所以“象贤贻燕”表达了两层意思，一是继承父辈的事业，二是希望子孙后代安康吉祥。匾额下方还残留有一些泥塑花草图案。

循阶而上为三排门额匾。福兴公祠进而为祠各“国”字厅，上立宝壁木柱，中为神座，座上之匾曰“光裕堂”。自堂至门廊石柱三对，前栋高约7米，后栋高约7.7米，上厅至丹墀深约20米，宽7.3米，由祠上厅而进，右边立厨屋一间，横约5.3米，直约3.7米，祠后面仍立仓房四间。

坪地山祠堂

坪地山祠堂为德显公来孙成科所建。祠堂大门为近年重修，红砖砌成，牌匾上书“太原华第”——当年的太原王氏在魏晋北朝乃是赫赫世家大族。

祠堂内的石雕和砖雕尤为精美。内大门乃当年所建，上刻 “植槐门第”四字，整幅匾额的字和图案都采用了浅浮雕的手法，尤其是字下方的荷花图，微波浮动，荷叶缱绻，荷花朵朵，充满层次和立体性，有一种律动的美感。

另一处照壁上刻着“人文蔚起”的牌匾，刻字已经剥落。在“人文蔚起”的内框和外框之间的部分雕有花草和蝙蝠装饰。与整幅雕花相对应的两侧是两幅彩绘，从剩下的依稀的颜色中可辨认出房屋与村落的景致。从“人文蔚起”这四个字，便能窥视鱼鲜村人对文化的重视。这种传统延续了千年，然而走到现代社会，却不得不面临着农村凋敝的状况。对于鱼鲜村人来说，固守土地与过去还是开创新生活是个两难的选择，也是摆在所有古村落面前的难题。

其中，最为精致的要数“人文蔚起”正上方的一幅山水画砖雕，有山、有树、有水、有草庐，错落有致，与寄情山水的文人情趣相得益彰。

坪地山村前方有三座连绵的小山丘，恰似古代搁毛笔所用的笔架，因此被称作“笔架山”。也有老人说，村里之所以代代出能人，就是笔架山的缘故。看来，在朴实古人的眼中，大自然都富有灵性，会带给人类福祉或是灾祸。这正是过去人们对待自身生存环境的态度：敬畏。只有敬畏，才会以谦卑的姿态与之和谐共处。当现代人无所畏惧时，剩下的就是我们如今常见的予取予求。

云飞云展花厅

先祖堂的左边，是王云飞、王云展花厅。花厅面积宏大、工艺考究、结构巧妙。据说当时建有三十多间房屋，是鱼鲜村最令人称赞的地方。而王家两兄弟则是当地乡绅之流，积极参与鱼鲜村的建设。

王云飞

字清秋，号镜庭。生于清光绪八年（1882年）。光绪庚寅年间第四次修族谱，他分理首事。民国四年（1915年）第五次修族谱，被众人命为副主修兼正统理。民国十五年（1926年）倡起本村兴会会。民国十六年（1927年）两度修造石桥协理首事。民国二十六年（1937年），在南雄城内塔前街购买四乡王氏宗祠，王云飞为总理。民国戊寅年，修造大湖山石桥两座，又修村前洞石路一条。民国二十八年（1939年）在南亩墟马子嵊通雄南孔道，竖造清秋听亭一座，傍屋两间并谷田三十一担，招待施茶永为常费。

王云展

字大猷，号玉楼，原讳云琅，生于清光绪十一（1885年）年。南雄县师范毕业生，历任南雄县第五区正团总，南雄全县保卫团总团董，选举南雄县参议会议长兼南雄县警管会主任，民国二十六年（1937年）发起购买南雄塔前街四乡王氏宗祠。

经过几十年的风雨洗涤，花厅今已风光不再，当年风姿同岁月烟云一同消逝。巧妙的建筑现在已面目全非，只剩下一面照壁可以一窥当年的盛景辉煌。破损的残墙断壁中，仍可看出整个照壁布局精巧，构造精美 。照壁由镂空万字纹分隔为几个部分。上面居中“积德流光”的石刻在暖暖融光中突显光彩。另几个局部里都出现有房屋的浮雕，或是面目全非，或是留下出挑的屋檐和立柱。照壁上几个泥塑底座上刻着警句，只剩一句字迹尚清晰可辨：“妻贤夫祸少，子孝父心宽。万般皆下品，唯有读书高。”

王云展花厅的金包银墙壁

鱼鲜村的木雕

茨坑

在茨坑首先吸引眼球的，是祠堂门上悬挂着同治三年恩赐的“进士”牌匾。由其题字可知获赐进士的是广东等处承宣布政使司李世楠。在私厅的照壁上有一片泥塑装饰。中间是“戬穀”（吉祥的意思）二字，四周为博古纹和琼花图案，上方及两侧还绘有人物内容。泥塑星星点点，还残留着艳丽的色泽。窗户上的木雕镂空花卉由于尘埃的累积，显得有些老旧。现在还可以看到金、红、蓝等染色的痕迹，当年必定五彩斑斓、熠熠生辉。私厅多处木雕是麒麟等祥瑞图形。在基座部分是鱼龙造型的木雕，其首为瞠目吐舌的龙头，身体则有着清晰的鱼鳞和鱼鳍。鱼龙具有驱除火灾的作用，因此多出现在木制建筑中。

花林寺

南雄市内曾流传着这样一种民间说法：弱过的书房、上溯的村场、浆田的鱼塘、白胜的祠堂、鱼鲜的庵场。这里所说的庵场，即指花林寺。

花林寺是当年南雄境内最大的庙宇，被认为最有灵性。据说花林寺比鱼鲜建村还早。但近一百几十年来，它却成了一座被人遗忘的古寺庙，没有人关注过，地方志也没有记载。然而，寺庙里遗存下来的历代重修寺庙的石碑却不得不使人相信其历史的久远。

鱼鲜村王氏于南宋乾道五年开始在这里开基创业，而花林寺在宋朝初年就已经进行了三次重修，花林寺的建造为何比鱼鲜村王姓到来还要早呢？据当地老人说，原来最早居住在鱼鲜村的并不是王姓人，而是肖姓、邓姓、吕姓和马姓。王姓到来后，因比其他几个姓氏都繁衍得快，势力大大地超过了早期到来的几个姓氏。或许是人口势力的悬殊，肖姓、吕姓和马姓就先后搬迁到其他地方了。王姓重建花林寺庙时，曾记载着花林寺建于前朝。由此可以推断，花林寺庙至少也有上千年的历史，但究竟建于何时至今仍是一个谜。

花林寺的大门前有一副耐人寻味的石刻对联，上联：“佛法恁么新忍草昙花呈一色”；下联：“皇恩何以报山呼嵩祝庆千春”。据说乾隆皇帝南巡时曾历经此地，看见花林寺环境清幽，便在寺内稍作休息。是时，寺内无人知晓来者是何人，后来僧人打听到是当今皇上。为谢皇帝隆恩，后来修头门时，便特刻此联于石柱正面之上。

花林寺是一个三教合一的寺院。它的建成经历了一个由小到大的发展过程，直至解放初才全部完善。原寺内建有三殿一堂二庙，即六祖殿、太子殿、三宝殿、大慈大悲观音堂、闹三界大将军华光庙和关帝庙。

据说花林寺十分灵验，四方百姓都很信仰，善男信女很多。每逢初一、十五都有很多人来此烧香、求签。如今花林寺门前石柱子上刻着的一副对联，上联是："花发祇园香满三千世界"；下联是："林茂峦岭影遮八万人天"。这对联中的"香满三千世界"是形容佛、道、儒三教香火的旺盛，"影遮八万人天"指的是寺庙护佑的百姓很多，可见当年来此烧香的善男信女之多。花林寺近年重修后，前来烧香拜佛的人也很多，远近各地的男女老少，使得花林寺仿佛回到了当年的香火旺盛。

三宝殿上悬挂着一口古钟，造于光绪二十六年（1900年），每逢大年、大节和每月的初一、十五，古钟就会应时敲响。

建寺以来，花林寺已经多次重修，现存有七块重修碑石，有的立在杂草堆间，有的是嵌在砖墙内。它们具有重要的历史价值。其中三块上的记载有重修时间，分别是崇祯十四年（1641年）、康熙二十年（1689年）、乾隆三十年（1765年）。

花林寺门前左边有一棵大榕树，须根盘虬，枝繁叶茂，绿意盎然，鱼塘倒映着它的秀影。据鱼鲜村王氏族谱记载，该榕树为其族人王正顺于明万历年间栽种。

古道茶亭

鱼鲜村所处的地方两旁是山，中间恰似一条宽阔的大路，前与新龙圩和江西的龙南信丰交界，后与南雄的水口接壤，交通十分便利，明清时期这里成了由闽入粤的重要古道之一。曾经繁密的商贸活动给鱼鲜留下的印记，是那些十里一亭的古道。

鱼鲜古道上曾经有过许多供人们避风遮雨、喝茶饮酒的茶亭，为山姑野老、官人走卒提供了歇脚之所。茶亭修建于路边，常靠近一个大村庄，所以茶亭又兼有路标作用。以前村民带着小孩子出门走访亲友，小孩走累了，大人就会鼓励小孩说："不要怕，快到茶亭了，过了那个茶亭就是鱼鲜了。"意思是说，只要到了茶亭，很快就到鱼鲜村了。茶亭一般是木制建筑，走角飞檐，内设木条板凳，而有的完全是一座房子，里面住了人，负责提供茶水，天黑前赶不回家的人可以借宿茶亭。

今天我们能看到的茶亭古道，是村里的一条用条石砌成的石道，夹在房屋之间显得格外冷清。据当地老人介绍，石道这个地方过去叫做禾昌角，曾经是一条非常繁忙的街道，南来北往的从事商贸的人从这里走过，这依稀可以从那因为行人太多，脚步太密而凹下去的石块上看到痕迹。目前仅见的茶亭已是砖瓦结构，独自在蜿蜒的路途上守望着春华秋实、夏荣冬枯，而当年茶亭唱晚的斜阳柳色已看不出点滴痕迹。

古亭茶道，这个称谓对于年轻人来说，实在遥远。老一辈人忆及这古道时，口气中还带着的那一丝丝怀旧气息，听起来是那么让人心存留恋。

采茶戏

南亩镇鱼鲜村自古以来就有唱采茶戏的习惯，尤其是鱼鲜地区的樟树下和罗里坑最为盛行。

鱼鲜采茶戏源于赣南采茶戏，曲目音调与赣南地区的几乎相同，由民间歌舞发展而成，具有浓厚的生活气息和欢快的载歌载舞的演出形式，因此得以迅速在人群中流传。唱、做、念、打成了老一辈人业余生活的主要娱乐方式。如今罗里坑村采茶戏的演唱形式仍然是以“时唱时和，锣鼓伴奏”为主，演出者配合默契，常演出的剧目有《俏妹子》。

鼓吹乐队

鱼鲜鼓吹乐队俗称“八仙师傅”，活跃于民间，有着浓厚的民俗风情，主要服务于婚丧喜事，同时也常出现在寺庙祭祀和喜庆佳宴中，颇受当地民众的广泛支持。经过长期的发展，鱼鲜鼓吹乐已形成一套完整的演奏模式并深入人心，而且因为其具体的礼仪性、民俗性和娱乐性，故也成为当地一种独特的生活现象。鱼鲜鼓吹乐队主要用到的乐器有唢呐、鼓、锣、二胡、板胡和弹琴等。常用曲牌名和场合一般如下：

一、接客。用“过场”。

二、客人到齐。用“开堂”。

三、提示客人准备入席。用“样台”。

四、安席。用“过场”。

五、开炒。用“过场”。

六、出菜。用“八仙”“天官”“戏文”。

七、敬酒。用“过场”。

八、散席。先用大鼓大锣，后用“散席乐”。

九、接亲。用“村边调”。

十、起厨、闹厨、谢厨。节选上述曲牌。

如同其他民俗音乐一样，鱼鲜鼓吹乐队也存在着老艺人不断减少，而中、青年后继乏人的传承问题，后继无人成为鱼鲜鼓吹乐队亟待解决的问题。

神仙古井

距鱼鲜村不远，有一座东西走向的小山。山虽然不是很高，但左右两侧都是悬崖峭壁。因为与这座山相连的几座山的山顶上全是石头，所以人们都习惯把此山叫做莲石寨。莲石寨有五个水坑，无论旱涝雨晴，坑水均满而不溢。村民视之为奇事。村民间一直流传着一段神奇的传说。

传说很久以前，有一位仙人骑着一匹马从村的西边过来，路过这里的时候恰逢天黑又下雨，他便在寨顶上开了一口井，打水冲完凉后就在山上睡了一晚。第二天，天还没亮仙人就朝东边走了。说来也怪，鱼鲜村民在仙人走后到山上时，发现山顶上有了五个大小不一的水坑，其外形有的像脚印，有的像脸盆，有的像浴盆。此后，五个坑里的水长年不断，无论多么干旱，坑里始终保持满而不溢的水。过去遇到大旱的时候，老人们都会到这个地方来求雨，有求必应，因此村民把这几口井叫做神仙井或是龙身井。

酒井传说

这口神奇的酒井，就在先祖堂的大门右侧、光裕堂的前面。相传从井里舀出来的都是酒，后来村里有一个贪心的妇人，她觉得酒井有酒而无酒糟喂猪，未免可惜。有一天清早，她趁没有人看见就把井下的那团酒糟捞起来喂了猪。从此以后，井里出来的就不是酒而是馊水了，有好心人把自家的酒糟放到井里去，但都无济于事了。

酒井虽然无法再出醇酒，但一直是鱼鲜村人的象征性地标。不论天南地北，只要你能说出酒井的后墙有十四个孔，就证明你是鱼鲜人。酒井后墙的十四个孔呈十字形，从上到下按四、三、四、三排列，这种特殊的排列方式到底有何种特别意义，村中老者也说不出个子丑寅卯来。

鱼鲜的传说故事都总是与水相关，可见水在鱼鲜村的生活中扮演着极为重要的角色，而充满水汽的地方也无不显露着灵动。

访村手记

在如今现代化日益加速的时代，古村落被挤在了发展潮流的夹缝之中。年轻的一代离开了村落，只留下年老的人们守候着家园。也许不久，便会徒留一座座古祠，了无生趣。面对现代社会的发展与古村落的生存，我们阻挡不了前者，也不能否定他人追寻新生活的权利。但是古村落中，哪怕只是一根石柱，一块木雕，一座牌楼，对于一个村落而言，也决非毫无意义，起码它是这片土地过往岁月的历史见证，为我们留下了它的身影。

旅游攻略

交通：先从南雄市区坐公共汽车到南亩墟（8元）。到达南亩墟后可坐三轮摩托车到鱼鲜村（墟日1元）。

（本文执笔：郑颖）

天上雷公凿　地下上下岳
——清远市佛冈县龙山镇上岳村

古村概貌

上岳村，一个因坐落于岳山之下而出名的古村落，位于广东省清远市佛冈县龙山镇民安墟之北约2公里处，地理坐标为东经113°32′、北纬23°57′，刚好位于佛冈、清新两县的交界处，距北江飞来峡不到10公里。上岳村自然条件优越，气候温和，雨量充沛，年平均降水量2210毫米，平均相对湿度75%，土地肥沃，一年四季均可种植农作物，是全省有名的砂糖桔之乡。上岳建村史可上溯至西晋，成形于宋元，鼎盛于明清，至今已有720多年历史。南宋末年，朱氏史太祖朱文焕抵抗元兵，护送南宋皇帝逃亡北江金鱼嘴时不幸殉职，其子于兵荒马乱之际选择落户上岳村，从此开枝散叶。上岳村现有居民4000多人。全村由十八“里”和十六散围组成，共有37幢108座古民居，大部分始建于明清两朝，占地面积约45000平方米，气势恢宏，保存完好。其建筑风格岭南风情浓郁，是为典型的广府围屋。

广府围屋与开平碉楼、客家围龙屋同为岭南建筑之奇葩，随着后两者的申遗成功，广府围屋也越来越受到社会各界的关注。上岳是典型的广府围村，古民居多用青砖垒筑，山墙呈镬耳形。围村内每里均筑围墙，基本只设一门。围墙内由麻石或砾石铺成的巷道纵横分成若干单元的民居，多呈“曰”字型或鱼刺型。古时上岳村建有防御围墙，围墙四角筑有炮楼，分别称为东岳楼、西岳楼、南岳楼和北岳楼。

今日之上岳，石巷穿梭，门楼纵横，古风淡雅，民风淳朴，远离尘嚣，犹如仙女遗落凡间的珍珠，透露着别样的恬静。村前的小溪缓缓流动，像一条薄纱将古村围绕，妩媚多情，轻声细语地诉说着古村往事。漫步在长满青苔的小巷中，轻轻抚摸青砖砌成的古老山墙，恍若隔世。古舍青石之间，无不浸透着深厚的历史底蕴。夕阳斜照，蓑草摇曳，岁月无声流过，留给上岳村民的，是那苔痕青青的级级石阶，是那幽静淡然的心境。

绿水村边绕

古村沧桑

古迹遗韵

上岳朱氏深受一代理学家朱熹的思想影响，又是南宋抗元名将朱文焕的后人，因此古村落的建造既遵循理学思想又特别注重防御功能。

村庄的大规模建设始于元末明初，是时全国战火纷起，北江、滃江匪患不绝。朱氏先辈建设上岳时，不仅考虑风水格局，更注重防御设施的建造。当地至今仍流传这样一句民谣："天上雷公凿，地下上下岳。"由此可见一斑。

地理上北靠岳山，南面广阔农田，东有滃江支流，西有佛冈古道。背有靠山、前临活水，坐北朝南，冬暖夏凉。是山水聚会、藏风得水之处，其风水格局的确不同凡响。

形制上依山为托，东西狭长，形似手枪。其建筑理念是"高筑墙，小开窗"，外墙高以屏外敌，窗眼小可在瞭望射击之时更好保护自身。上岳村的防御体系可分三层，最外层是全村的防御围墙和东、南、西、北四座炮楼；第二层是各里自成的防御单元，多呈"回""曰"字形；第三层是里院内修建的坚固避难场所。只要外墙大门一关，村民在内坚守十天半月不成问题。

除坚固工事外，上岳民风亦尚武。十二世祖士谅曾撰有《古兵法辑要》二卷，《王霸论》一卷和《边防缓急》一卷。可惜这些兵法著作已佚，后人无缘看到先辈胸中的百万雄兵。朴山朱公祠前现尚有石锁一对，重约150公斤，专供族人练武之用；另据村中老人介绍，六横堂也是村人的练武场。

护村墙

据记载，清道光三十年（1850年）七月初，数千土匪盘踞在关前墟，四处抢掠，扰害乡邻。上下两岳村乃自立保乡团以防匪乱。土匪闻情后记恨在心，引以为仇，继而寻衅滋事，勒令上岳送钱送粮，逾期不至则围攻上岳。两岳村民不从，并擒住前来挑衅的四个匪徒。七月六日，关前墟之匪乃倾巢而出围攻上岳。村民一面凭坚固守，一面暗中派人到下岳求援。众匪徒在山坳间置巨炮阻止下岳援兵，不料巨炮发射不出反将匪徒烧伤。下岳援兵到后，上岳村民从高墙内杀出，前后夹攻，贼匪溃败，狼狈逃窜。七月二十八日，各乡保乡团联合剿匪，上下两岳一马当先，追至企龙山与匪大战，杀敌百余，遂逐匪至九子岭。

岳山脚下的高禾片，尚存一段较完好的防御墙，墙体厚约60厘米，高达3米；墙体上有多处枪眼，内宽外窄呈八字形。这些残存的防御工事，曾经见证着上岳村民那一段御匪保家的辉煌往事，在夕阳蓑草下荡漾着上岳残留的尚武遗风。

旧时的上岳

一里一特色的古代建筑

族谱记载，古时上岳共有村、里单位34个，主要有十八里（注：五家为一邻，五邻为一里）和一些散围。十八里分别是：左桥头里、右桥头里、村心里、上东山里、下东山里、右东山里、万兴里、迎恩里、厚元里、广厚里、敦厚里、忠厚里、上归仁里、中归仁里、下归仁里、前村里、龙井里、厚兴里；散围主要有：左书楼、右书楼、厚园宅、象冈围、千家村。目前尚保存完好的古建筑主要有：上、中、下归仁里，前村里、村心里，上下东山里，右桥头里，厚元里，敦厚里，忠厚里，广厚里，朴山朱公祠，泗吉堂等。这些古建筑风格相近却又各不相同，可谓一里一特色。

左、右桥头里

左、右桥头里是上岳村现存年代最久远的两个里，为朱氏第八代祖朱德淮所建，建成年代约是明朝建文、成化年间，距今已有700多年的历史。两里的门楼尚有保存，但整体格局已被破坏，左桥头里已无人居住，右桥头里还有少量居民。

上岳每里均有门楼，其风格大体一致：硬山顶式的屋脊，高大的趟栊门，栊门上方开有狭长的枪眼。乍一看，像是卡通脸谱，屋檐是头发，枪眼是一双小眼睛，而高大的门就是夸张的大嘴。“里”名就题写在两枪眼中间，“里”名上方一般绘有精美壁画，或题有古诗。

村心里

村心里，因位于村中心而得名。据族谱记载，村心里为朱氏九世孙琇公建于明永乐年间，也是上岳最老的里之一。村心里建筑多为硬顶式，镬耳楼较少，其山墙下檐的卷草纹大量使用灰塑浮雕，保留了大量民居建筑特色。

古建筑群

厚元里

厚元里，朱氏第十四代祖应选公所建，传说建于康熙年间，但目前能找到的最古老的老门楼，却显示其建于道光戊戌年间。门楼内部主要是一个通道，在左角修有“门官墩”，供村民祭祀土地诸神。厚元里的老门楼除传统功能外，还兼做了舂米之用。门楼内舂米的劳动工具还基本保持原状。厚元里门楼后面一个荒废花厅引起了人们的注意，人们在残垣断壁中发现的欧化石雕残件，多为浮雕的罗马纹。这些纹理似乎在告诉我们，上岳村也是一个比较早接受西方文明的村子。这一点，我们在厚元里新门楼的题诗中也得到了印证。

厚元里新门楼建于民国十五年，其题诗曰：“士撰中西之学说，农服社会之田畴。工用新式之规矩，商运环球之货品。可谓博得其所矣。”其诗虽晚，但也反映出上岳村广纳博学的开阔胸襟。

广厚里

广厚里，意取书广人厚之意，与厚元里一墙之隔，为朱氏第十六世祖彦生建于康熙年间。广厚里目前保存完整的建筑有一座祠堂和一座花厅。祠堂名曰“槐亭朱公祠”，从其梁柱、趟栊门的红砂石柱础中，我们还可依稀看出它当年的气度风貌。花厅是上岳最大的花厅，建筑格局为二进二廊一天井，其中最引人注目的是那块至今保存完好的木雕门屏，做工精美，花纹古朴而大气。

行走中的古建筑

上、下东山里

上东山里，是朱氏第十七世祖明世在清康熙年间所建。门楼内是一个长“旦”字形建筑群落，保存了一批镬耳楼建筑。

上东山里村门楼上有一首题诗：“里仁为美号东山，出入鸣河相往来；忠厚家风延久远，熏陶士气化冥顽；精华宝贵金极品，磊落英多玉笋班。岂但谢安高枕处，芝兰绕砌可怡颜。”

下东山里门楼是保存壁画最多的门楼之一，我们可以在壁画里看到最早的年代是同治十三年。门楼有题诗：“往来无俗客，谈笑有鸿儒；远观山有色，近听水无声。”此诗淡雅不俗，但我们今天在下东山里看到的却只是一片荒草，其院落基本被毁坏，仅留门楼一座、古井一口和少量的土坯残墙。

寻常巷陌

上、中、下归仁里

相连在一起的上归仁里、中归仁里、下归仁里是保存最为完好的古建筑群，一里一门楼，门楼的门匾乍看没什么特别，细看就令人啧啧称奇了，首个是“归”，第二、第三个“归”字分别少了一横、一撇。村中老者说，三个归仁里约建于清乾隆年间，由于建造时间不一，先祖想出这个法子来区分。

下归仁里的泗美楼，亦称银庄，是村里最坚固的建筑。外墙厚实，大门是与门廊齐高的铁栅。若遇战乱或盗匪，大门一关，谁也奈何不了。沿堂屋的木梯子上到二楼，墙上正面侧面各两个方孔，通过方孔能环视全村，既是观察敌情的瞭望口，防御外袭的射击口，又能通风透气。而银庄的历史并非一帆风顺，抗日战争期间，村民因担心银庄楼层太高成为日军轰炸的目标，把顶层拆掉了。

归仁里

朴山朱公祠

朴山朱公祠是上岳村内六座祠堂中保存最完好、最具价值的祠堂，始建于清乾隆四十六年（1781年），重修于清光绪九年（1883年）。祠堂为三进二廊一天井格局，由前后两栋镬耳楼组成，二楼中间由廊坊相接，楼顶采用龙船脊，脊背上各雕有两条鳌鱼。祠堂大门石柱擎天，雕梁画栋，著有一对联。上联：“明儒业以训世传家诚证修齐微国清芳贻泽远”；下联：“仰祖谟之承先启后名贤忠义岳山大光肇基鸿”。此外，两边廊坊的墙壁上有大量的壁画和诗词，壁画内容主要为鹊梅闹喜、马上封侯、暗八仙等。

朱公祠

百年不竭的古井

上岳现存完好的古井有20多个。上岳古井一般井深3米，由青石砖砌成；井上有麻石井套，防止杂物落入水井。井套建筑基本可分成两种：一种井套上圆下方（上圆直径约70厘米，高约45厘米），取天圆地方之意；另一种井套上下均为圆形。有些井套还有一对小孔，可用木棒横贯以防小孩不慎落井。村里的三口古井都已有上百年的历史，井水至今源源不竭，清爽甘甜。这完全取决于古井上窄下宽的特殊结构，形如现在的灯泡。在南方炎热的气候下，这样的结构能减少井水蒸发，又可保持井水的温度。百年前的村民竟有如此巧妙的创造力，真是令人叹为观止。

村民长期保留了祭井风俗，每逢节气祭日都到井边拜祭井神。岁时祭井，为求一年风调雨顺、吉祥如意；遇旱祭井，则是祈求降雨。

为了方便祭井，村民在井旁设了立神龛。造井时在水井中修建了一个40厘米见方的小通道直通神龛，使神龛与井底之神气脉相通。另有传说井与海相通，井底驻有井龙，才使井泉极盛，遇旱亦不枯竭。上岳龙井围也有一口井称“龙井”，井水长年不竭，百姓说里面驻有井神，因此逢有红白喜事、节庆祭日，村民便前来烧香祭祀。而在敦厚里则有一口奇井，有时大雨过后井会涌出紫红泉水。村民疑惑不解，将泉水化验，结果却显示水质正常。这一现象到底是如何产生的，至今还没有合理的解释。

据调查，像上岳村这样，建造和保存如此完好并能全面体现井神文化的古井很少见。

古井

精美的雕塑

精美和实用统一的上岳雕塑

上岳的古建筑是明清以来南方建筑的一个缩影。在组合方式上，“高墙冷巷”把建筑院落进行多院组合，或用“连房博厦”把建筑与庭院连成一体；在单体形态上，有高柱基、宽檐廊、厚实墙、青瓦顶、压瓦砖、翘正脊、花玻璃、砖雕窗、灰塑门等；在装饰上，有典型的“三雕三塑”：木雕、砖雕、石雕、陶塑、泥塑和灰塑。作为古代民居，上岳的“三雕三塑”是精美和实用的统一，也彰显了时代的特色。

木雕

上岳村的斗拱木雕主要集中在祠堂和花厅，斗拱上的木雕多数为深浮雕和圆雕相结合，图案以吉祥的云纹、卷草纹和莲瓣纹为主，在某些卷草纹中还雕有“福”字，寓意“福字天来”。

外檐是木雕最丰富的地方，上岳村的木雕精品大多集中于此，其中又以朴山朱公祠为最。朱公祠的外檐木雕内容丰富，基本上一段一个主题。

窗花和门屏则为上岳木雕的另一表现形式，此类雕塑以实用为主，兼有强烈的装饰意义。其中窗花以镂空图案为主，门屏的雕塑则多用高浮雕手法，以山水人物故事为主要内容，有较高的艺术价值。但由于保护不善，损坏情况较严重。

此外，上岳古村的日常用品中也保存着许多精美的木雕作品，这类木雕更加注重实用与美观的结合。

灰雕和砖雕

灰雕和砖雕也被广泛应用于上岳古村的建筑上，祠堂、门额、窗框、屋檐、瓦脊和亭台牌坊都留有精美的灰雕和砖雕作品。其中较为人知的灰雕作品有朴山朱公祠的屋顶鳌鱼、泗吉堂的丹凤朝阳和窗框上的欧化雕塑等；砖雕作品则有六横堂的窗口砖雕窗花。

泗吉堂窗台上的欧化雕塑，是上岳村保存最完好、最具创意的艺术精品之一。雕像之一将螃蟹雕成花盆，极具情趣；多数雕像取材于日常生活的细小景致，或莲藕一双，或水仙两株，或卷叶两片，无不透露出上岳村的恬静适意。

灰雕和砖雕之外，上岳村的石雕作品也不少，有石柱基、石柱和石狮等。目前发现一石狮孤件，长约50厘米，高约30厘米。石狮造型风格奇特怪异："人鼻"、宽口、暴眼、塌耳朵，像一张卡通脸；四肢呈奔跑状，神态可掬，雕刻工艺精细。

争芳斗妍的壁画艺术

上岳古民居的门楼、祠堂、客厅的墙壁上保存有大量具有较高艺术价值的清代壁画。上岳壁画的作者虽多为民间画师，但受到时代风格和朱氏深厚儒学风的影响，其作品的主流风格基本上也与清代画风一致。目前所存完好壁画，大多成画于清道光年间至民国初年，总体上来看，年代越早，艺术水平越高。

厚元里门楼上的《水墨云龙图》，绘于清道光三十年（1851年），艺术个性鲜明，强调写神，清画面主观色彩强烈；水墨写意技法运用娴熟，并以书法笔意入画，诗画与书法有机结合，浑然一体，是上岳壁画的代表作之一。右桥头里门楼的《松石园林图》和东山米铺的《水墨山水画》，分别成画于道光和同治年间，画风古朴，运笔老道洗练，构图合理，文人画意味十足，也是上岳壁画中的精品。

上岳壁画取材丰富多样，早期作品艺术性较高，以文人山水画为主；清同治年后的作品多取材于意味吉祥的花鸟和佛教人物，例如东山里的《双凤牡丹图》，厚元里旧门楼的《喜鹊闹梅图》、《松鹤图》、《童子献宝》、《麻姑拜寿》等。

上岳壁画虽称不上画中极品，但题材丰富，画工精细，朴素大方，各种风格并存，也算得上是争芳斗妍，又不失其独特的艺术价值，是研究清代岭南民间壁画、民间美术和岭南民俗风情难得的原始文物资料。

乡土美术总是质朴、美满的，如门楼的这幅作品"和谐"

石柱基：时代繁华的见证

上岳古村落内随处可见荒毁的石柱基。这些石柱基建造于不同年代，石质、造型和制作工艺各异，曾经见证了上岳村不同时期的繁华风光。

上岳村石柱基的年代可分为宋元、明代、清代三个时期。宋元时期的石柱基为数不多，村子防御墙处有一个莲花瓣覆盆式柱基，略带唐宋风格，疑为宋代或仿宋代的柱基。此外，村中还有不少散落在村边和祠堂内的红砂岩柱基，村中长者均说是元代旧物，但确切年代至今未得证实。

村内的明代石柱基，体形较大，形制古拙，直径一般在40厘米左右，但高禾片古树下发现几个石柱基直径却达70厘米。由此可知，这片荒凉的土地上曾经有过一幢宏伟的建筑。另据族谱记载：朱氏九世琇祖生活在明永乐年间，子孙曾在高禾片建有祠堂，规模宏大，毁于明末。高禾片古树下的大柱基，有可能就是当时的遗物。

清代石柱基在上岳更是随处可见。清早期的石柱基在元明基础上进行了简化，崇尚简朴，以圆柱形和圆鼓形为主。清中期的石柱基，形式又有新变化，外形较高；道光之后，内缩形的石柱基已经逐渐取代了圆鼓形，造型显得细高秀挺。清晚期柱基的形式更是丰富，有扁圆形、莲瓣形、方形等，不拘一格。乾隆四十八年修的朱朴山公祠和同治甲子年修的朱朝瑞公祠所存的大量石柱基是其中的代表。

上岳村石柱基存量多，跨越年代长，体现了各个时代柱基的大体风格，既是研究上岳古村落兴盛繁荣历史的重要依据，也是研究民间古建筑的重要资料。

人杰地灵，俊杰辈出

上岳朱氏是一个深受理学文化熏陶的官宦世家，整个家族都具有强烈的忠君护国、礼义兴家的传统思想，族人无不以治国平天下为终身理想，由是上岳虽小却文人荟萃。据不完全统计，仅明清两朝，上岳就出秀才、贡生29人，入朝为官或得到朝廷封赐者达26人之多。

开山始祖：抗元名将朱文焕

据清远市地方志记载，两岳朱氏的开山始祖是南宋抗元名将朱文焕。

元兵入侵，宋王室被迫南迁临安（杭州），后又败走广东省的新会市崖门。南宋嘉熙二年（1238年）进士、大理寺评事朱文焕勤王护驾入粤，开基广东朱氏一族。据广东清远市上下岳《朱氏族谱》载："南宋德祐二年（1276年），元伯颜陷临安，入寇上北狩。……公投袂奋兴，招募义兵，亲率入口。……公奉召督师，拒元于北江。贼众我寡，失利殉国。子继贤从征，乘夜负尸潜奔葬于清远横石里……"

一代英雄忠心护主，力战而亡，其悲壮至今仍令人扼腕叹息。朱文焕死后，忠骨埋于清远横石里勒竹坦山上。古墓在2003年被认定为县级文物保护单位，古墓旁修有一座两层的纪念馆，现在是清远市的旅游看点之一。

朱文焕之子朱继贤于父殁后在上岳购买田地，守孝三年，后搬迁至广州诗家里。元末，朱文焕六代孙英公料定广州有战火，遂率族回上岳旧居避战乱，从此开启上岳古村落的发展篇章。上岳朱氏至今已传至32代。

对于上岳朱氏是否为朱熹后人之说，《清远县志》有载："朱氏乃朱文公熹裔，文公长子塾，生子鑑，鑑生子浚。（浚）官吏部侍郎。""浚字文焕，宋末护端宗驾南来，在北江御元兵战死于横石。遂葬于此。"由此可证，上岳朱氏是朱熹后裔中的一支。

“科第名贤”朱壁、朱琳

朱汝珍在《两岳族谱》序中开篇即言：“余世居清远县城，跟余家数武，巍然矗立者，岳山朱氏工部及龙溪公科第名贤坊也。过其下辄，肃然起敬。”“朱氏工部”指朱壁，“龙溪公”即朱琳，此科第名贤坊是明嘉靖皇帝为表彰两朱为勤政孝义、乐善好施而下旨建的。

相传朱壁同乡朱稚同朝为官，稚亦以廉明刚果称名，二人引为知己。稚病殁，壁以孝友相称，后闻稚母辞世，泣血三年，并将稚弟接来共同生活四十余年。朱壁还经常资助乡里邻居，被赞为义门。

朱琳也以和睦乡邻，资助穷困闻名。相传当年有一个人名叫黄青，五岁父母双亡，朱琳资款助其葬双亲，并将他接回家抚育，直至其成人成婚。每年秋收后，朱琳都拿出一定的粮食来接济穷苦乡亲。

忠义护国朱学熙

朱学熙，明万历年间举人，朱文焕第十三代孙。曾跟随明末三忠陈邦彦、张家玉、陈子壮抗清，率领上、下岳子弟固守清远县城，清将李成栋兵陷清远城，屠城四万。朱学熙不愿当亡国奴，遂衣冠自缢，后被谥为忠愍，明永历三年，追封翰林院学士。

朱学熙的慷慨赴义，在上岳朱氏史上留下了壮烈光辉的一页，至今仍为乡里敬重。

乡贤祠

抗日义士：朱允欢、朱朴轩、朱谷山

1938年10月，日军侵占广州，烧杀掳掠，无恶不作，上岳也深受其害。日本飞机曾三次轰炸上岳，11位村民无辜遇难。侵略者惨无人道的行为，激起人民的普遍愤怒，上岳村民抗日热情高涨，连同下岳、良头埔村等自发成立抗日自卫团湛江第二大队，保卫家园。朱允欢、朱朴轩、朱谷山等数十名上岳村民踊跃参加自卫团。

朱允欢，现年已85岁，但谈到当年抗日的壮举，依然热血沸腾。朱允欢10岁便参加了自卫团，先后五次参加在鳌头、高桥、竹园、斑鸠坳、下岳等地的对日战斗。1942年8月，偕同另外四位自卫团员活捉一个日本鬼子的经历，是朱允欢老人至今记忆犹新的一幕。

那天一支打了败仗的日本军队溃退途经下岳村边，有三个手拿日本刀同骑一马的日本兵远离大队后误入下岳村三凤里。朱允欢四人各持一支驳壳枪埋伏在三凤里，待三个日本兵经过时发起突击。其中一个被一枪击毙当场，另两个见势不妙，赶紧逃走，朱允欢四人紧追上前摁倒一名日军，把他的手脚捆绑起来，然后用木棒将他像扛猪一样抬来上岳村。后来，这个被俘的日本兵被送到国民党62军黄涛部（是时国军62军正在粤北抗日，曾驻防在佛冈龙南等地）。朱允欢等人的英勇行为也得到了上级的嘉奖。

这个勇擒日寇的故事虽已过去了60多年，但至今在上岳仍广为流传。

《两岳族谱》：上岳村的“史记”

上岳朱氏十分重视传统文化的传承，这其间当然少不了修一部属于自己的“村史”。这部“村史”，就是流传至今的《两岳族谱》。清朝末代榜眼朱汝珍为族谱作序言：“见其父老淳而朴，其子弟秀而文。继而流览屏间，粘有劝族俚言一通。历引先世忠孝节廉以勉后进。”上岳村民把其中的“忠孝廉节，淳朴秀文”作为立身、立家和立族之根本。

《两岳族谱》基本上采用志书的编撰方法，系统地录下两岳传承谱系的同时，也记录了不同年代的经济、文化、政治、军事等内容，及其在两岳社会生活和村民身上留下的时代烙印。族谱分十二部分，分别是家训、乡规、世系图、世次纪、列传（分为乡贤、忠义、名宦、耆寿和孝节五篇）、行状、墓志、艺文、金石、建置、赏业和杂录。建置、杂录两卷尤多明清地方史料。

《两岳族谱》在“家训”一编中，收录了影响中国数百年的《先贤文公家训》（即《朱子家训》）、《柏庐公治家格言》和《柏庐公劝言四则》。“乡规”编则收录了《文公增订蓝田乡约》、《劝族俚言》、《两岳乡规十条》和《祭祀规则》。这些乡规民约和《朱子家训》一起，构成了上岳社会运转的道德法规，也是上岳社会赖以生存的理学思想根源。

《两岳族谱》第八编“文艺”，收录了两岳文人学子的文集目录和一些诗词。主要有朱士谅撰的《古兵法辑要》、《王霸论》，朱士赞撰的《十九峰主人诗草》、《飞泉洞记》和朱学熙撰的《南越赋集》、《花阡集》等，另收录诗词五十多首，散文十余篇。

上岳民风古朴，流传着许多民间习俗和节日，其中一些节日非常有特色。

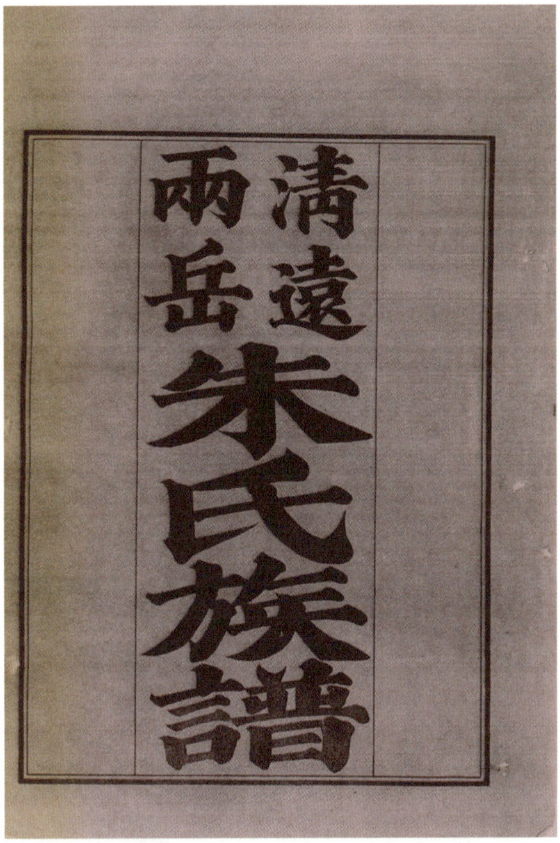

村内保存的朱氏族谱

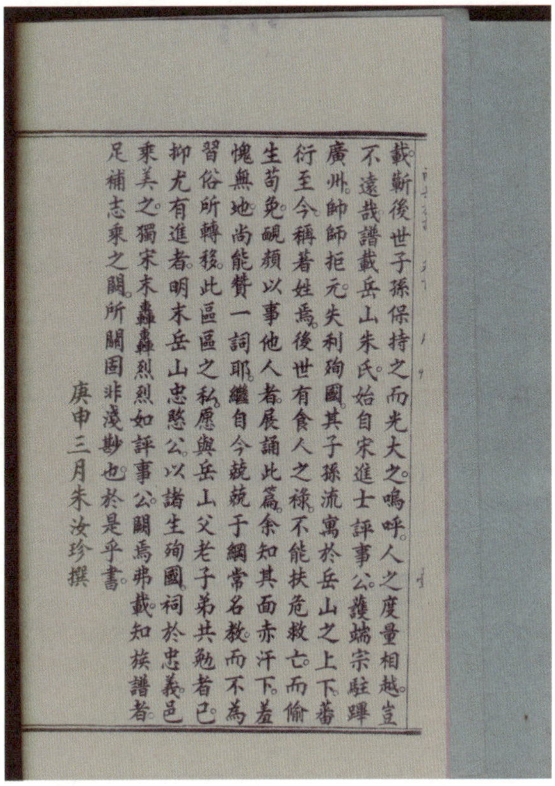
載靳後世子孫保持之而光大之嗚呼人之度量相越豈不遠哉譜載岳山朱氏始自宋進士評事公護端宗駐蹕廣州帥師拒元失利殉國其子孫流寓於岳山之上下蕃衍至今稱着姓焉後世有食人之祿不能扶危救亡而偷生苟免靦顏以事他人者展誦此篇余知其面赤汗下羞愧無地尚能贊一詞耶繼自今競競于綱常名教而不為習俗所轉移此區區之私願與岳山父老子弟共勉者已抑尤有進者明末岳山忠愍公以諸生殉國祠於忠義邑乘美之獨宋末轟轟烈烈如評事公闕焉弗載知族譜者足補志乘之闕所關固非淺尠也於是乎書

庚申三月朱汝珍撰

朱汝珍序

抢花炮

佛冈地区的抢花炮大多在元宵前后，是元宵民俗活动的一部分。上岳村民也称抢花炮为“烧炮”、“踩花炮”。上岳抢花炮的起源已无从考证，1949年之前，上岳村民就有了每年农历正月十七在洪圣古庙（今已毁）前举行抢花炮的习俗。这是上岳村最重要的节日之一。

上岳花炮有四十响，分大炮和小炮，每一炮均代表一尊天神。四十花炮中有大炮四枚，分别是头炮、二炮、二十四炮和尾炮。

抢花炮前先烧炮

头炮代表洪圣大王，抢到此炮者可得洪圣大王的庇佑。相传洪圣大王是一个能使水不扬波又能镇鬼驱邪的神，这对生活在北江和湛江流域的上岳村民来说极其重要。因此，洪圣大王排在首位，而每年的抢花炮也在洪圣古庙前的沙滩举行。二炮代表墨水龙，抢到此炮者将受到八部天龙的庇护。二十四炮代表寿星，原是一尊小炮，后升格为大炮。这个升格有一段传说，有一年上岳地区瘟疫肆虐，村民大受其害，而抢到此炮的里却安然无恙。因此，村民相信是这尊代表寿星的二十四炮能去邪恶、驱百病，保佑村民远离瘟疫。于是次年便将此炮留在里，另做一尊大炮参加抢花炮。由此，二十四炮由小炮升格为大炮。尾炮则象征紫微大帝，能保风调雨顺。另外的小炮也分别象征一个天神，如福、禄、丁、才、贵、八仙等，但由于年代久远，已无人能全部说出四十花炮分别代表哪四十天尊。

抢花炮由炮会组织，炮会成员由上一年花炮抢得者和德高望重的长者组成。按传统分工，上年头炮获得者负责搭建抢花炮的主礼台和请八音乐队；二炮获得者负责全场茶水供应；二十四炮获得者负责搭建通往洪圣大王庙前抢花炮场地的桥梁；尾炮获得者负责司仪主持工作。而上年所有四十花炮的获得者都要将供奉的花炮敲锣打鼓，隆重送往抢花炮场地，并将这些花炮送到新得主家中，请新得主到自己家里叙福，共同祈求神灵保佑。上岳村民保留的一本民国三十七年（1948年）的《各信领炮登记簿》，将当年抢花炮的得主及领用的奖励情况一一登记在册，为我们重现了当时的盛况。

上岳花炮由两部分组成，一是地墩（又称炮墩），二是镜屏。地墩内装有火药，点燃后火药将放置其上的铁环（或铜环）推向空中，争抢到铁环者便是这尊花炮的获得者。镜屏用木或竹篾扎成，中央雕有本尊花炮象征的天神像（有的天神像则是画的或贴上去的）。获得者将镜屏请回家中供奉，祈盼来年风调雨顺、人寿年丰。

上岳抢花炮规模宏大，三乡四里几千村民全部参加，村民抢花炮气氛热烈，常从中午持续到黄昏。

领花炮登记本

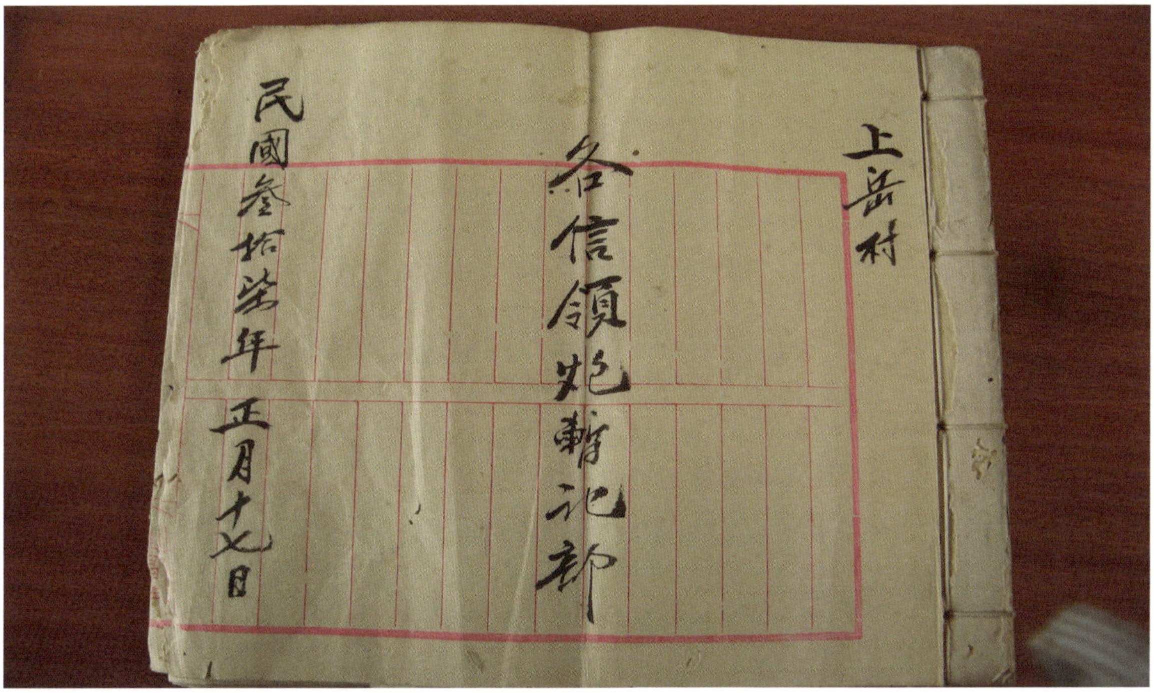

祭祖供品

做神功戏

在上岳，做神功戏又称“打天锣大醮”，一般安排在秋后的十月初举行，每六年一次，规模宏大，持续时间长达四日五夜，为上岳最盛大的活动之一。

做神功戏一般分三个阶段，分别是“投主缘”、打天锣大醮和唱大戏。

所谓“主缘”即于主有缘的神位，一般写在木牌上。上岳的“主缘”有“大主缘”、“副主缘”、“会主缘”等十四个主缘。投主缘活动类似于我们常看到的慈善拍卖会，每年正月初二开办。村民以暗标形式投自己意愿的“主缘”，出价最高者可将所投得的“主缘”请回家长期供奉。投主缘活动，其实就是村中善长仁翁、富裕大户的一次慈善活动，所筹集的钱款将全部用于秋后的做神功戏活动。

打天锣大醮做神功，是道人修身行善祭祀鬼神的活动。一般由村民集资建醮设坛，请来道士打醮作法，赐赈阴阳。比较有名的打醮活动是深圳市坪山镇居民在关帝庙前举办的打醮，每八年一次，每次持续七日八夜。

上岳的做功神戏比之深圳坪山又有过之而无不及。每年做神功这天，村民在田间搭建戏棚，请来和尚（在其他地方打醮活动多请道士，请和尚十分少见）道士，打醮作法。村民通宵达旦，吃喝喧嚣，乐此不疲。就在做神功棚的门侧，朱氏二十三世祖朱酉光曾写一上联：“适上岳，登东山，望见前村，村心、广厚，通入厚元，内有万兴，外有桥头，建造书楼，仕子替修，个个归仁皆敦厚。”此联41字，将上岳一些村、里地名巧妙串联其中，60多年来仍无人能工整对出下联。村中有一个80多岁的说书老人朱吉兴，试作下联，“览象岗，观龙井，环流大埔，埔尾、羌岩，行过秧坎，南联七页，北连鹤咀，仰瞻圣庙，庶民参拜，人人忠厚共迎恩。”不知他的二十三世祖对此下联是否满意。

以前做神功戏时，在祭祀鬼神的同时也赈济贫穷，期间全村统一吃斋，并请来天花帮（指乞丐）及四乡贫苦免费吃喝。最后一天村民会举行盛大游行，村民抬着十四个投中“主缘”者在村中游走，后有八音班相随，并有童男童女扮成的古代人物骑马跟随。

做神功戏最后一项活动是唱大戏，其内容与一年一度的八月戏大同小异，但规模更大、持续时间更长，所请戏班亦会更有名气。

八月戏

八月戏又称“禾临戏”“禾黄戏”或“秋戏”，每年农历八月初五至初八，上岳村一连三天请来广州等地区的戏班、过山班前来唱戏，招待村民、雇工以迎接禾黄丰收时刻的来临。请戏班及其他一些费用均由太公帑币开支。

村民在龙井围搭建舞台，并在舞台对面修建一个社公神位。戏班和村民拜会过社公神灵后，戏班表演正式开锣，演唱内容多为传统的木鱼、南音和粤剧。演唱从下午三点半开始直到当晚十一点，附近乡里村民无不闻讯赶来观赏，场面极为盛大。相传广东粤剧大师、一代名伶红线女也曾到过上岳献艺。

《文公增订蓝田乡约》条文

凡乡之约四：
一曰德业相劝，
二曰过失相规，
三曰礼欲相交，
四曰患难相恤。
众推有德者一人为都约正。

《两岳乡规十条》条文

一、尽伦理；
二、睦宗族；
三、勤职业；
四、正名分；
五、教童蒙；
六、完国课；
七、息争诉；
八、严守望；
九、禁赌博；
十、警为非。

上岳士子部分诗文

飞来览胜（明 朱壁）
由来去就非人力，灵鹫遥思诧武林。
云拥莲花浮佛座，月移山影浸波心。
樽开岸竹曾赓律，法说荒台已布金。
吩咐老僧勤护住，莫令他掷苦悲吟。

峡山览胜（明 朱琳）
归来赋就雍霜衮，日傍青山访旧游。
灵鹫远从天外出，瀑泉飞向峡中流。
丝竿满地非求鲤，金锁千秋已断牛。
借问河阳花几许，种桃人已卧丹邱。

峡山寺（明 朱士谅）
两山寒碧护诏提，极目遥空鸟度迟。
清磬一声梵语古，中流匹练两花奇。
烟深帝子经行迹，云灿仙人出世姿。
猿化虎沉都是幻，诸天回首月参差。

东坡钓矶（明 朱学熙）
学士南迁极海滨，曾于此地投数缗。
等闲不遣风无尽，片石犹存鸟篆新。

达摩石（清 朱旭）
面壁人归不记秋，空余怪石枕荒丘。
温言顽性无灵异，说法须知亦点头。

九龙香岛战争馀（清 朱汝珍）
九龙香岛战争馀，庚癸同呼不易居。
中宿归侨累千百，兼程指导力襄余。

五十自寿诗（清 朱汝珍）
劳人草草滞幽燕，半百韶华感逝川。
重世清芬惟育旧，中兴伟业愧承先。
治经拘守寻常解，读易消磨十四年。
一事近来差自慰，校雠尧典已终篇。

美食：

好山好水，当然少不了美食，上岳的美食也传承着其清幽古远的淡雅风格，当地的特色菜肴都是当地的一些农家菜，例如清远鸡、鸡杂炒菜心、岩虾、清蒸桂鱼等。上岳所在地的佛冈县的各种小吃也别有风味，如佛冈草菇肉厚甜爽，用于煲汤和红烧，味道鲜美，为夏令素菜的佳品；大埔牛肉干、五香豆腐干、黄枝香豆干等更是被评为《广东省名牌优质食品》，深受大众喜爱，成为外地游客及海外侨胞归程的必带特产。

交通：

自驾车：从广州市沿京珠高速往北行到佛冈县汤塘出入口，转上106国道，然后往广州方向行驶至龙山镇，再转入县道376线，前行15分钟即到达上岳古村。以广州市为出发点，全程时间约1小时。

背包族：可以在越秀南车站或者天河客运站乘坐前往“佛冈车站”的大巴，车费25元左右；然后在佛冈县城坐 “佛冈—龙南—民安”线公交车到民安站下车，下车后可乘摩托车到上岳。

（本文执笔：龙湘黔　黄小军）

南唐元帅隐居地
——清远连州市丰阳镇丰阳村

古村概貌

丰阳村，位于粤北山区的五岭南麓，距广州约300公里，离县城连州25公里，114省道由村旁横贯而过。这里是古今通向湘南、桂东的交通要道，商贾往来，络绎不绝。

自秦汉到明清，连州一直是中原进入岭南的门户，也是水陆中转的枢纽，得中原文化技术之先声，较早就得到了充分的开发。早在唐代，连州就和广州、韶州（今韶关）并称“岭南三州”。

唐宋时期，连州又是“罪臣”的贬谪之处，韩愈、刘禹锡、王宏中、张浚等政治家、文学家都曾贬居连州。文人士子及其带来的中原文化思想，使连州成了百越南蛮的文化之城。唐宋期间连州高中进士者多达72人，当时就享有“连州科第甲通省”之誉。

两宋之际，中原人士为避战乱多涌入岭南，卜地而居，安村立寨以繁衍子孙。丰阳村就是这些古老村寨中的一个。

丰阳村今有3000多人，村民绝大多数姓吴。原名“凤阳”，因建村于凤山之南而得名。明代后改名为“丰阳”，可能是避明太祖朱元璋家乡凤阳之讳。村名虽改，但至今当地人仍念“丰”为“凤”音。

丰阳村属亚热带季风性湿润气候，年平均气温19.5摄氏度，主要生产优质水稻、反季节蔬菜和优质水果，是连州市的主要粮产区和反季节蔬菜的种植基地。

丰阳村全貌

南唐元帅隐居地

关于丰阳村的起源，当地流传着一个哀婉凄美的传说。五代时期，南唐后主李煜在宋太祖赵匡胤的步步进逼之下，派征南元帅吴敬元率一支劲旅向南进发，企图开拓一块净土为根据地，以为退路。然而，不到一年宋军即灭南唐，掳后主。国破家亡的吴敬元只能仰天长叹，遂弃甲隐居于此。

北宋咸平三年（1000年），隐居于此的南唐征南统帅之子吴世范却高中当朝进士，后来官至太子中丞、河南御史、朝散大夫。

明清时期，这里则成了通向湘南、桂东的繁华商道。

或许，从南唐元帅决定隐居于此的那一刻开始，这里就注定是一个出将入相、文治武功的村庄。

置于村外不远的石碑

兼收并蓄的古民居

连州古村落的建筑，兼有古代荆楚建筑艺术和南越之地的特色，自成一体。每个村落均建门楼，大村有东南西北四座门楼，小村也有一座。门楼是一村之门面，故集全村之物力人力，力求高大雄伟。民居建筑则多采用水磨青砖对缝技术。

丰阳古民居基本上都保持了相同的风格：青砖山墙，飞檐高啄，青瓦高瓴，雕梁画栋。所有的民居均坐北朝南，便于通风采光。但奇怪的是厅堂并不直接开在南面，而开在侧面。厅堂前面一般是小天井，厢房排列两旁。

丰阳民居的厅堂一般为抬梁式。前檐是两根粗大的木柱，承受起房屋的大部分压力，木柱下面有石柱基承重。后檐的梁都架在山墙上，分承前檐木柱的受力。厅堂里最引人注目的莫过于装饰精美的神龛。神龛长宽各40厘米，高80厘米，全身由木雕图案组成，分五层，由外向内每层逐渐收缩，呈八角形向外凸出，每层图案皆不同。多数而言，第一层为龙凤呈祥或双龙戏珠；第二层为瑞兽南寿；第三层为花鸟鱼虫等。神龛里面供奉着历代祖先的灵位，神龛以下分别摆设着香几桌、高桌和八仙桌等。这充分体现了中国古代建村先建庙、建房先设龛的传统理念。

厢房是主人家儿女或客人居住之所，厢房之间用木隔扇隔开。隔扇分上、中、下三部分，上面的顶板雕有精美的镂空花卉图案；中间部分称“腰板”，刻有石榴、葡萄等吉祥果；下面的裙板则是刻线的实板，板面上多刻有诗礼传家、勤俭节约等内容的文字。丰阳先祖那种自耕自娱、盼求多子多福、平安吉祥的居住理念和文化氛围，全部体现在这么一个小小的构件上面。

村内放置有一对石鼓，村民视之为镇村之宝。据说丰阳古时常有地震，于是村民制作了这对石鼓用来避邪，自此以后丰阳村就再无地震。

气势恢宏四门楼

走进丰阳，给人印象最深刻的，就是那四座气势宏伟的门楼。

丰阳的四座门楼分布在村庄的东南西北四个方位。南门是全村的大门，重檐飞翘，气势雄伟，门楣石匾“南极生辉”四个大字，流畅潇洒，气宇不凡。

门楼前是青石砖条砌成的半圆形台阶，高约1.5米。台阶之上是一块10多平方米的地坪。地坪上，光滑的鹅卵石铺成各种花纹图案，精致大气。地坪的中央是一个“钱字符”图案，连州国际摄影年展的图标正是来源于这里。周围的花纹以门楼大门为圆心，成半圆形一圈圈往外铺开。

在门楼侧面可以沿着石砌台阶登上二楼。二楼室内，首先映入眼帘的是一口锈迹斑斑的大铁钟，钟上刻有铭文大字：“风调雨顺、国泰民安”。古钟虽古，声音依然洪亮，令人想到晨钟暮鼓的静谧安祥。

二楼神坛上竟然一同供奉着孔丘和关羽的神像。供奉文武二圣于一室之内，是较为罕见的。这与其村庄历史关系密切，想当年，丰阳始祖为征南元帅，靠的是武功；二世祖吴世范进士及第，官至御史大夫，靠的是文治。因此，崇文尚武，文武双修就成了丰阳吴氏的座右铭。将文武二圣一起供奉则是这种心态的具体体现。

东门楼供奉的是南海观世音，北门供奉的是北帝圣君。

西门楼始建于清康熙五十七年（1718年），重修于清嘉庆二十五年（1815年），历经百年风雨侵蚀而气势不减，是丰阳规模最大、气势最宏大的门楼。门楼之上，高翘的飞檐，宽阔的门洞和厚重的门扇，全是始建时的构件。门楼里面连着一座凉亭，这也是西门楼与众不同的特点之一。凉亭是方便行旅商贾途中歇憩的地方，我们今天看到的凉亭为抬梁式砖木结构，大开四门，周围的石条已经被磨得光滑铮亮。这座凉亭也是丰阳村为明清时期由广东进入湖南、广西的通衢要冲之地的历史见证。

北门楼

丰阳村有门楼而无围墙，通衢大道贯村而过，宽阔的巷道连着四座门楼，纵横通达。这与其他古村落门楼注重军事防御功能大大不同。驻足西门楼凉亭之上，总览丰阳全村之色，你不能不感慨，在兵荒马乱之际，丰阳人能够门不设户，笑迎四方旅客，那需要多大的勇气和魄力。这些，可能也是那位征南元帅留给子孙们的胆气和底气吧。

东门楼

传承祖恩三祠堂

丰阳村共有三座祠堂，分别为吴氏宗祠、学忠公祠和胜求公祠。

吴氏宗祠是丰阳吴姓人的众祠，也称“大祠堂”，坐落于南门楼左上方。祠堂坐南朝北，面阔10多米，为一进两厅格局，内有天井，天井两旁各有迴廊相连。

祠堂的大门上挂有一块大匾：“吴氏宗祠”。两旁是一副木刻对联，上联：敬祖崇宗传万代；下联：元兴枝盛接千秋。这是一副嵌字联，上下两联首字即是丰阳吴氏始祖“敬元”的名讳。

再往上看，大门上靠近屋顶处有几幅壁画，内容包括文王访贤、燕山教子等。大门之上是飞出近两米的飞檐，由两根粗大的木柱支撑着，木柱的石基是两头小象。守在大门前日夜为祠堂警卫的则是两座巨大的镇门石狮鼓，这两座石狮最令人称奇之处，在于敲击其任何部位，都能根据其响声的不同而辨其雌雄。可惜石狮原件已于年前失窃，这成了丰阳村民一个深深的遗憾。

由大门往内，前厅柱子上也镌有一副对联：“周代东封苏西无锡创业吴鼎；唐宋南垂粤北直棣始立丰阳”。其中“直棣”即指连州，因在清代，连州曾是广州的直棣州。这副对联简要地概括丰阳先祖由无锡迁徙至连州的经历。

祠堂后厅的前檐木柱上还有一副对联，上联：“辅佐南征唐代元戎宋朝御史”；下联：“慎终追远窦家桂子谢氏兰孙”。后世人在这里，可以看到丰阳祖先曾为南唐元帅、宋代御史的辉煌家世。整座祠堂体现着丰阳的悠远历史和文化氛围。

这些粉落漆尽的壁画和嵌有“敬元”二字的对联却让人不禁浮想联翩。吴敬元是不是经历了漫长的等待，期望“文王”到访，邀他再战江湖？面对风雨飘摇、山河不再的南唐，无可奈何的他又似乎惟有寄望后代子孙，希望他们一个个像燕山五子那般“名俱扬”，光耀其吴氏门楣。一朝遗臣多么深沉又无奈的心愿，正所谓“金剑已沉埋，壮气蒿莱”。

中西合璧的公社礼堂

丰阳村内保存有一座20世纪60年代的人民公社礼堂。高大的二楼门额上是一个巨大的红五角星，建筑风格上则糅杂了许多元素——罗马教堂、哥特式建筑和广东南部的骑楼。

果然，丰阳村书记说这是一座“文革”建筑，但并非全是“文革”文章。当年，吴姓村和一个异姓村长期不和，纠纷不断，以致两个村子在建筑上也要互争高下。这座建筑，外表看来完全遵守革命的名义，内里却全是阴阳风水文章。其在建造时就要求，保证在风水上压住异姓村一座同样的建筑。看来，无产阶级革命理论给中国农民彻底地为“我”所用了。

公社礼堂的内部，其实是一个新式的戏台，空旷开阔，就像电影院一样。站在这座建筑上，可以俯瞰村子的东部，远处是新村，丰阳村的居民大都搬到那里了。

礼堂

两条古街：商业繁荣的见证

丰阳古村前临泸溪，后枕凤山。东、西、南、北四座大门楼框定了整个村子的格局。一条东西走向的主巷道上连着三条分巷，有如长藤结瓜般把村子里所有的住宅串在了一起。

走马巷

巷道用鹅卵石铺垫，排列整齐，美观实用。主干道连着东西两座门楼，在长达一公里多的鹅卵石街道上，于主干道与分巷道的接口处，相距均匀地建有三座小门楼。由南到北分别是“仁义门”“中兴门”和“广济门”。每一座小门楼前都安放一座土地神位，神位形似石匣子，由整块青石凿成。中心门楼的土地神位建于明朝弘治年间，已有五百多年的历史。

从小门楼进去，是一条幽深的村巷，巷子的两旁是一户户民居。按丰阳旧习，居住一个小门楼里的人为一坊，一坊人的房子簇拥着一间高大宏伟的建筑，那就是这坊人的祖先祠堂。丰阳村这种集族群、分宗室的建筑居住方式，有利于维系氏族关系、团结协调发展。

铺头街

南门楼前有一座小门楼，名为“朝阳门”，朝阳门里面是丰阳村的另一条大街，称为“铺头街”。

这条大街由东向西，穿过南门楼，再从村前绕村而过，成为了丰阳村的“外半环路”。“铺头街”的路面由鹅卵石铺成，两旁店铺林立，店铺规格划一，风格相似：宽阔的木板铺面，长长的铺身。这种建筑主要是方便做生意和客人居住。明清时代，丰阳已经成为了广东通往湖南蓝山、宁远和广西贺州一带的交通要道。铺头街就是此时期丰阳村的商业大街。雕塑、旅业、草药、织鞋、饮食……相传这条街里曾有32种行业。但现在只剩下一些明代的石神龛和字纸塔石座，证明这里曾是商贸繁华之地。

历经风雨沧桑，当年的商业繁荣已逝去无踪。今天，伫立于丰阳曾经的商业大街上，映入眼帘的只有苔藓青青的石砖，斑驳的离影，秋风中飘落的黄叶，将这一带街道渲染得既古典又破败。夕阳斜照中，袅袅而起的炊烟，偕同那些过往的繁华巷陌，消失在山村寂静的晚景中。

青石街

丰溪古庙：家族盛衰的亲历者

铺头街中段有丰阳吴氏的家庙，称为“丰溪古庙”。

丰溪古庙始建于宋，重修于明、清。古庙整体格局保存完好。庙面阔约20米，进深约50米，为二进四合院式布局。古庙前檐前伸约2米，硬山顶山墙与前方砖柱连为一体，支撑起飞檐。前檐正中由两条方形麻石柱支撑。石柱的柱座不是莲花座，也不是鼓镜座，而是两个青石雕琢的“狻猊”（即小狮子）。小狮子憨态可掬，维妙维肖，妙趣横生。据介绍，这种狮子柱座，在其他古建筑中是比较少见的。石柱两侧各刻有一条龙形浮雕。龙头昂首向外突出，雕工精美，只是少了些“蟠龙”大气。这是为古代“家庙”规格所限制。

石柱正面阴刻一副正楷对联：“庐水绕前溪万古神思同浩荡；凤山枕后尘千年庙貌竞崔巍”。将丰阳村的倚山临水的地理位置和秀丽风光融于其中。

古庙大门由三块长方形石条组成，横为楣，竖为柱。门楣有石匾，阴刻正楷大字“丰溪古庙”。庙门两侧嵌有阴刻对联：“英灵远播镇三连；庙宇宏开垂万古。”

大门里往内是一道中门，就如面照壁，但平时极少打开。中门两旁石柱前后都刻有对联。正面是：“庙貌维新泸水从新沾厚泽，神威依旧丰阳依旧沐鸿恩。”背面是：“厥德厥灵福介三连绥虎距，俾昌俾炽恩流六水注龙蟠。”

中门再往内，即天井；天井之后，便是庙宇的主体——寝殿。寝殿是抬梁式结构，六根方形石柱抬着斗拱，斗拱抬大梁，大梁支撑着整个大殿。大殿六根柱子是丰阳吴氏在不同时代捐献的，故形状、柱础各不相同，风格迥异，有麒麟座、莲花座、鼓形座等。六柱正反两面都刻着对联，内容都是歌颂丰阳吴氏祖先的文治武功。

家庙里的麒麟柱础

古庙寝殿的神龛上供奉着吴氏祖宗牌位和神像。始祖吴敬元、中兴之祖吴世范，正襟危坐于神坛上。虽时过千年，仍然能领略到当年作为御史大夫的风采。祖庙由于建筑规模宏大，曾经长期被当作生产队的谷仓使用。

古庙主轴线对面还建有一座古戏台。这种建筑布局充分体现了中国古代民间庙宇建筑的双重作用：拜祭祖先和娱乐集会融于一体。整座庙宇的确是研究连州传统文化和建筑发展的不可多得的实物。

古庙前还有一株千年巨榕，盘根虬枝，主干需数人手拉手方能合抱。枝繁叶茂，枝叶展开面积多达几百平方米，可荫庇数百人看戏娱乐。作为村庄宗族盛衰的亲历者，丰溪古庙不但让我们看到连州古代祭祀建筑的特点，而且可以让人追思连州承传中原文化的渊源。

守望丰阳

百年悲欢古戏台

逢年过节或喜庆日子，古戏台都要大唱三天戏剧，以示庆贺。千百年来，在这个古戏台上，也不知上演了多少次悲喜剧，演绎着村庄的悲欢离合。

丰阳村民特别钟情于祁剧，据说这是受远祖吴敬元的影响。

祁剧是湖南地方大戏剧种之一，因形成于祁阳而得名。祁剧广泛流行于湖南省、广西和赣南、粤北、闽西一带。

关于吴敬元喜爱祁剧，有两个古老的传说。相传自从丰阳建村始，凡是路过此地的戏班都要在古戏台上大唱三日方离开，以示对丰阳祖先的敬重，同时祈求其保佑。据说有一次，一戏班不知此规矩，路过丰阳没有唱戏就走了。走后，此戏班非但没人邀请演出，且遇诸事皆不顺。后有人将此规矩告知班主，班主率戏班折回丰阳，大唱三日方罢，此后事事顺利。

另有一说，某年丰阳祖宗节，主事人忘了请戏班，但下午戏台上却响起了开场锣鼓声。原来是湖南蓝山一戏班不请自来，已经扮装上演了。主事人正迷惑间，戏班主告知道，昨晚有一个白眉老者到蓝山请他们来的，并且连戏曲目都点好了。主事人拿过戏文曲牌一看，全是以往传统曲目。由是，村民皆信是始祖吴敬元化身老者去请戏班的。

此后，祖宗节唱戏，便成了丰阳村民每年必做之事。

这两个传说虽然离奇，却从另一个侧面说明了丰阳村民之好戏简直到了无戏不欢的程度。

戏台

每年祁剧戏班来到丰阳演出时，村民上午即布好戏台，下午戏班就开始打起锣鼓出煞。“出煞”又称“洗叉”，是祁剧开台戏的演出惯例，传说能驱邪除恶。出煞之时，戏子在戏台上点香跪拜，问卜起锣，其他人员一不得言语，二不得呼姓唤名，三不得站在高处。此时俨然鬼蜮当道，台上安静肃穆，台下村民退避三舍，户户门插青松以示“制煞”。

丰阳祁剧

主持出煞事宜的人，由净贴扮演，勾“四季面”，左手执虎叉，右手捏盐米，穴神加“王”字，耳旁贴纸钱。所谓四季面，即出煞人按春、夏、秋、冬四季不同而涂上乌、红、青、灰四种颜色，有时或不分季节，专涂青脸。

出煞人首先要左手指缝夹三柱香火，用虎叉向左前空刺三叉，然后点工（即舞弄虎叉）、杀鸡、撒盐米、喷符水。烧纸钱后，出煞人翻一个筋斗起来，先梳一梳头，再向四周喷一轮符水，以示祝愿“合境平安”。至此，整个“出煞”仪式即告完毕。如果有时因戏班路程过远，不能赶在白天到达，“出煞”就会改到晚上举行。这时，需要用白纸红笔写一个“日”字，名加圆圈，高挂在戏台的帘幕上，表示“借日”之意。

古木参天香树亭

香树亭位于丰阳村外的古道边，因亭外有一株枝叶繁茂的参天古树而得名。亭边蜿蜒而过的，是通往湘南和桂东的古道。古道由鹅卵石铺成，美观而实用。

香树亭修建于清代道光年间。整座古亭由八根方形石柱支撑而成，上顶则是传统的木檐泥瓦结构。石柱的正面都刻有对联，四副对联不但对仗工整，意韵盎然，而且书法笔走龙蛇，功力见深，颇具观赏价值。

香树亭修建于古道之旁。漫漫长道，有此一处阴凉树亭，该为沿途旅客减少多少疲劳，增加多少趣味。伫足于香树亭，望着那蜿蜒消失于远处的古道，意境清凉而悠然，不由得让人想起那首传颂广泛的词作：“长亭外，古道边，芳草碧连天……”

古道上的石拱桥

各地民俗各有奇异之处，丰阳的传统节日也是花样百出，绚丽多彩。

元宵节“吃元宵”

正月十五，村内流行“吃元宵”的习惯。丰阳村的汤圆用糯米粉和水搅拌后捏成圆形，以白糖、玫瑰、芝麻、豆沙、黄桂、核桃仁、果仁和枣泥等为馅，可荤可素，风味各异。汤圆的制作之法也可以按各人兴趣而定，汤煮、油炸、水蒸均可。元宵这天，丰阳全村男女老少唱春牛、舞狮、划拳喝酒，尽情欢乐。元宵节后，整个春节也就到了尾声，新一年的耕作又要开始了。

惊蛰撒石灰“打麻拐”

每年惊蛰，丰阳村民都会撒石灰灭害虫。撒石灰一般选在酉时（下午五点至七点）鸡犬归栖之际，村庄所有房屋，包柴房、牛栏、猪圈和厕所的墙脚四周均撒上石灰。撒石灰之时，村民还一边歌唱道：“惊蛰惊蛰，麻拐（毒蟾蜍）捞食，一棍打倒，四脚笔直。”

这是因为惊蛰过后，天气转暖，春雷震响，蛰伏在泥土里冬眠的蛇虫，将会苏醒出土活动，同时过冬的虫卵也将开始孵化，所以丰阳人选择在蛇虫将要出土为害之际，撒上石灰将其扼杀。至于要先在酉时撒石灰，则是因为防止害虫在晚间进入屋内伤害人畜，故要将其消灭于室外。

春社“糊雀仔嘴”

立春后第五个戊日即为“春社”，一般在农历二月上旬，春分前几天。丰阳村的春社是一个非常兴盛的节日。这一天，家家户户都会做糍粑，将首选的糍粑供奉神灵，其余的或食用或用竹棍穿好，插在菜园口，或放置在田埂上、池塘边，任鸟儿啄食，祈求它们不吃菜种、谷种，因此也称为“糊雀仔嘴”。小孩子们则纷纷奔走于田埂池塘边，与鸟儿争吃糍粑，田野里满是欢笑之声。

清明拜祖“图”

每逢清明节，丰阳吴氏都会举行盛大的祭祖活动。祭祖仪式在吴氏宗祠举行，首先将始祖画像和宗室分支派系图挂于大堂之上，然后由族中德高望重的长者率族人祭拜，此仪式称为“拜图”。拜图时十分讲究长幼辈分，严格按照“左昭”“右穆”的顺序，秩序井然。

依照旧俗，每年清明节期间族人还要将本年出生的男丁报族中登记“入谱”，算是一种身份认证。入谱时，男丁家人要挨家挨户将粽子送给族人，称为“报丁糍”。

准备祭品

祭祖宗节放花炮

每年农历四月十四日，是丰阳始祖吴敬元的诞辰。这天，丰阳村会举行盛大的祭祀活动，以示庆贺。家家户户杀鸡宰鸭炸糍粑，大宴四方亲友。

村中专门成立理事会，以筹备节日的庆典活动，请祁剧戏班到丰溪古庙的戏台上大唱三日。此外，理事会还组织村民鸣锣敲鼓以开道，舞狮游龙，扮演八仙，抬着神灵、花炮游遍村中的大街小巷。全村的男女老少都汇聚到祠堂用宴示庆，宴后在庐溪旁还有盛大的花炮庆祝活动。

二十八 洗菩萨

端午插艾辟邪

丰阳端午的习俗包括插艾叶、悬菖蒲和吃粽子等。自古以来就有“清明插柳，端午插艾”的民谚。人们在门楣、庭院里插挂艾叶、菖草，用以驱瘴辟邪。

“鬼节”七月十四

农历七月十五中元节（丰阳村则习惯在七月十四），在丰阳村却有另外一个名称，叫“七月半”。这是一个非常特别的节日，丰阳人视之为阴阳两界同过的节日，也称之为鬼节或烧衣节。

传说这天，阴司大开鬼门，所有亡魂都会从阴间涌向阳间。为祭祀先人而不冲撞孤魂野鬼，丰阳村这天晚间，家家户户都在门前摆列素斋、茶、酒、饭、果品和豆腐等祭品，而这些祭品中又以豆腐最重要；并且焚烧香烛、冥钱和纸衣鞋等物，用以祭祀先人和野鬼。旧时，富贵人家还会请巫师在门外设坛做法事以超度亡灵，俗称“祭幽”。祭幽时，主祭人还要向门前四周抛洒铜钱和豆腐，施舍给鬼魂。

重阳登高

重阳节前夕，丰阳人即呼朋携友，或举家出游，登上后龙山，吃夜宵，燃放焰火鞭炮，通宵达旦。

重阳节这天，丰阳村每座门楼都张灯结彩，喜贴对联，气氛非常热闹喜庆，周围方圆数十里的亲朋好友都会聚集到丰阳村过节。这天最热闹的地方当然非仙临古迹山莫属了。方圆数十里的人们都会聚集于此，登高畅怀，一舒览物之情，或祝福远方的朋友，或祈求风调雨顺。

唱春牛

春牛是丰阳人喜闻乐见的一种民间歌舞艺术，至今已有五百多年的历史。传说上古时候人间没有耕牛，靠人力拉犁耕地。天神体恤农民辛苦，让仙牛下凡代替农人耕田。人们为了感谢牛，就在开春之前，举行活动，歌唱赞牛，并通过这一仪式传授生产知识，祈求作物丰收。

丰阳唱春牛，演员一般有七至九人，分别扮演生旦、丑角和婆旦等角色。小丑提着纸扎小牛，丑角扶着小木犁，小旦分别担着花篮（饭篮）和小水桶，婆旦则大葵扇，在锣鼓声中载歌载舞，其舞步以“十字步”和“矮步”为主。

春牛舞的曲调流畅开朗，锣鼓和舞步奔放和谐，既可抒情，也能叙事，朗朗上口，易唱易学。春牛舞的乐器主要有唢呐、芒冬鼓、小钹、高边鼓和硬锣，其中硬锣是最具特色的，打击时“啷啷”作响，清脆悦耳，所以又俗称“啷啷”。

春牛舞的唱词，有颂牛词，也唱节令、农令，还有表现劳动过程的唱词，但共同之处在于每句唱词开头都有衬句：“春牛个子——”

调花鼓

调花鼓流行于连州丰阳、东陂镇一带，只有旦子（或称花旦）和丑角一男一女两个演员，以前女角均由男演员反串。表演时两个演员围着对方旋转，边转边唱，伴着摆的“扇花”“手巾花”，颇有特色。调花鼓的道具有纸扇和花巾，服饰朴素简洁，接近生活，旦子穿花式长裙、布鞋，丑角戴草帽，着长衫，腰系彩带。

调花鼓的表演具有浓厚的乡土气息，内容主要反映农家生活，如“十月花”；也唱历史人物，如“关公”“孔明”；也有唱民间传说，如“祝英台”。调花鼓的伴奏乐器有鼓、锣、铙、苏锣和二胡等。乐曲主要是传统的打击乐“十点梅花”，主要用于开场“闹台”“圆场”和“结尾”。二胡用来伴奏唱腔，有“引子”和“过门”板，节奏起伏强弱、快慢刚柔形成对比，动作结构上高低沉浮，或潇洒诙谐，或神狂欲醉。

旦子和丑角全靠手中的彩扇和方巾来传情达意，相互呼应，有表演口诀曰：“男女相称，含情脉脉，动则舞，静如画，动舞随节拍，一句一造架（亮相）。”“男人走路三摆手，女人走路手挨身，扇花要靠手腕转，矮步胯摇力在膝。”舞台调度也有口诀，即“猎狗遇龟，摇头摆尾，一走一追，一停一退，攻而不犯，守而不静”。

马灯调

马灯调的主要演员有小旦、小生和小丑等角色，道具有纸马（分马头和马尾两部分）、马鞭、浪伞、花扇和手巾等。表演时，小旦将纸马扎于腰间作骑马状，小生手执马鞭作带马状；丑角则打浪伞，舞扇花，众人围成一圈，载歌载舞。

马灯曲调与春牛调相似，但又有新的变化，调门也较高亢，更有气氛。演唱时一人领唱，众人和唱。唱词中常加衬词“沙溜浪沙罗”或“哩嘻嘻”，表示欢呼应和之意。歌声一起，众人齐和，一呼一应，配上生动的骑马动作，更显喜庆热烈。

老巷小龙手

舞布龙

丰阳舞布龙相传已有一千多年的历史。

黄布龙用竹篾制成，分龙头、龙身和龙尾三部分，有九节或十三节两种规格。舞龙时人员统一着黄衣，数人舞龙，一人舞龙珠。在欢快激越的锣鼓声中，布龙昂首翘尾，上下翻滚，左冲右突沿街起舞，家家户户燃放鞭炮以助兴。

布龙的舞法变化无穷，有出洞、戏柱、采珠等十多个表演程式。长达十多米的布龙舞动起来，神态逼真，气势磅礴，就如一条蛟龙凌空翻腾，生机勃勃，活力无限。

舞狮子

丰阳的狮子头造型拟人化，形式多样，红面白须的叫“关公脸”，黄面白须的叫“刘备脸”，黑面黑须的则叫“张飞脸”。舞狮表演最精彩的部分是“狮子抢青”和武术表演。

武术表演安排在舞狮之后，也是丰阳村的一个传统节目。武术表演先由个人徒手打拳、二人对拳，然后表演刀、枪、剑、棍、叉、耙等十八般武艺。表演者招式相迭，刀光剑影，棍起生风，精彩得扣人心弦。

开村辟土俩始祖

吴敬元

《延陵吴氏敬元族谱》有载，丰阳吴氏始祖吴敬元生于后唐长兴元年(公元930年)，曾为进士，其敬元之名系御赐，官拜唐都宪巡抚总兵。奉御旨南巡，时湟川蔡丘为乱，吴敬元奉旨征剿。平乱后巡至上炉，见此地山清水秀，便辞官建居址，定名凤阳，后改称丰阳。

丰阳至今仍流传另一种说法，吴敬元以武功辅佐南唐有功，官拜征南元帅。在北宋军犯南唐之际，奉后主李煜之命南下开辟退保之路，但事未成后唐已被灭，吴敬元心伤国亡，遂隐居丰阳，娶刘氏为妻，生儿育女，繁衍成一大村，因此成为丰阳吴氏之始祖。

两种说法各有依据，没有准确的考证。但吴敬元的确是丰阳吴氏的开山始祖。至今，丰阳吴氏的民俗祖宗节就是为了纪念吴敬元的辟土建村之功。

吴世范

吴世范，吴敬元之子，为丰阳吴氏二世祖。北宋咸平三年(公元1000年)，因参加科举考试进士及第而名噪连州，先后被朝廷任命为太子中舍、殿中丞等职。他为官清廉，颇有口碑，是北宋时连州外出为官的佼佼者。其详细事迹可参见清同治《连州志》卷七。

吴世范自幼聪慧，有文采，为当时名士。吴世范游览家乡附近的白鹤山后，曾作一篇《白鹤山》赞誉此山：

灵坛古迹自来夸，四望峰峦锦簇花。
白鹤何年归洞府，青山竟日锁烟霞。
言寻庭下烧丹灶，争羡天边返斗槎。
我欲离尘换凡骨，愿随风驭到仙家。

吴世范曾在福建任漳浦令，而此诗作应该是升迁殿中丞后所写。晚年，吴世范荣归故里，深居简出，专事著述，另有诗歌《廖仙岩》一首传世。诗曰：

治民因得道，浮世学应难。
自是神仙骨，非干龙虎丹。
松篁排洞罅，楼阁倚云端。
此日朝真去，惭为五品官。

水稻是丰阳的主要农耕作物，种植面积达到全村土地的一半以上。每年谷雨前后丰阳的农民便开始浸稻种，有农谚曰：“穷人莫信富人懵，泡树开花浸谷种。”警示人们提前做好春耕的准备。

当稻种经浸泡发芽适宜播种时，农家便煮食猪腿、猪尾巴，以求秧苗茁壮、稻谷丰收。在移植秧苗前，每户人家又先吃上丰盛的一顿，称为“上泥”；开始将秧苗扯离播种地时，习俗先要扯几棵秧苗将手掌、手背遍擦一次，传说能防止手肿，称防“发秧手”。在栽秧时，又有“关鸡笼”的嬉闹习俗。

所谓“关鸡笼”，又称“捉鳝鱼”。数人甚至更多人共一田栽秧时，每人几秧几行，齐头并进。但有时会有人速度较慢，或因两旁之人为了嬉笑，故意将其所栽的数棵秧苗拔掉，致使中间的人因多栽而慢慢落后他人。当拉开一段距离后，两边之人又会逐渐多栽几棵，如此反复而为，便使落后之人如同钻进了“笼子”，以此逗乐，活跃劳动气氛，消除疲劳。

丰阳农业既以水稻为盛，其灌溉技术自然也比较先进。戽斗、筒车和龙骨车是丰阳地区最常用的几种灌溉工具。

戽半，俗称戽斗桶，桶两边各系两根粗绳，用时两人同时往上提，可把水提至高田，其提水高度一般为1～2米。

筒车是一种轮式水车，多为水力驱动。其基本结构是在水流湍急处建一水轮，使水轮没入水中，顶部超出河岸，轮上倾斜绑置若干竹筒。当水流推动水轮旋转时，竹筒临流取水后随水轮转至轮顶，自动将水灌入木槽，再注入田间。

龙骨车是一种以人力或畜力为动力的水车。它主要由木链、刮板、木齿轮、木槽和摇臂等组成，因节节木链似一根龙骨而得名。龙骨车安装在河边，下端水槽和刮板直没水中，利用链轮传动原理，带动木链循环转动，刮板就能把河水提升至农田灌溉。龙骨水车适合近距离取水，从输水渠直接向农田提水，提水高度在2米以内。

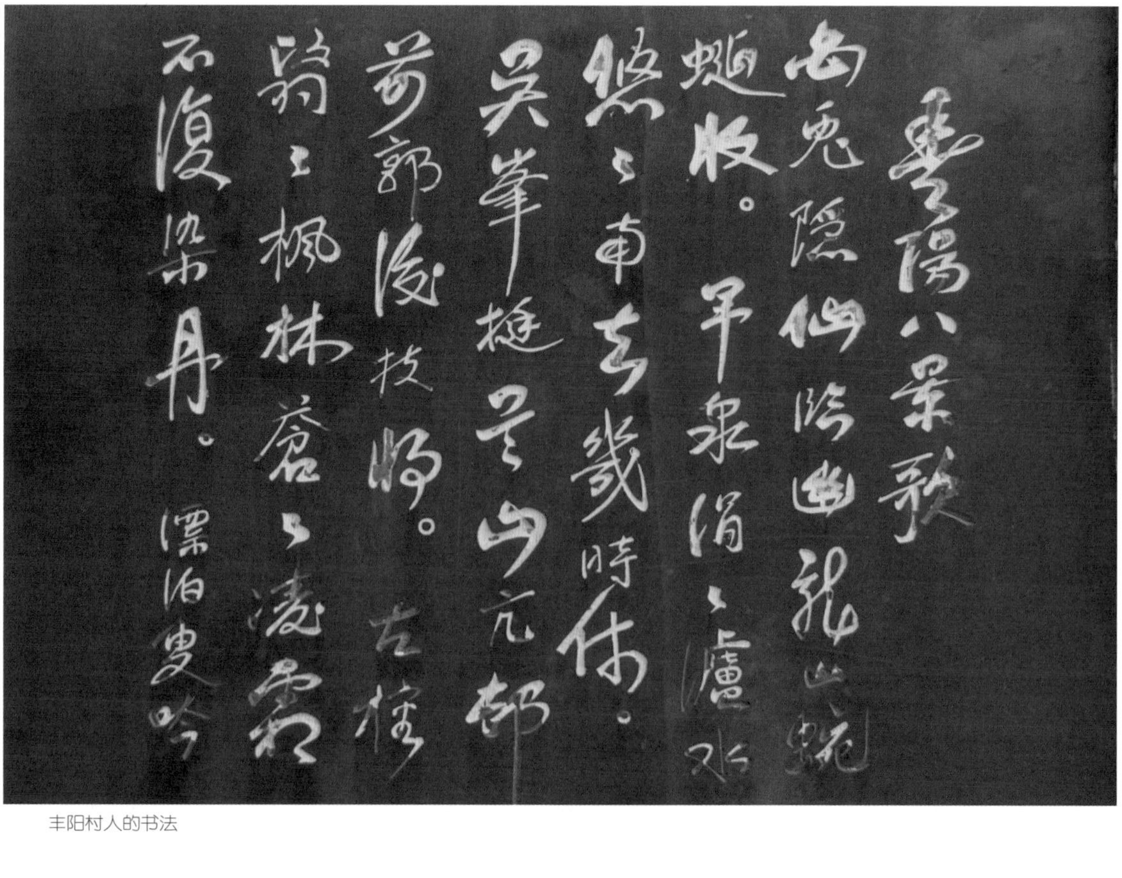

丰阳村人的书法

丰阳八景

丰阳山清水秀，风景旖旎。自古以来就有“丰阳八景”，即“彩凤朝阳”“金鸡晒翅”“庐水观澜”“吴山耸翠”“白兔幽林”“临仙古迹”“双榕荫茂”和“鸡冠挺秀”八处风景优美之处。

这八景各有特色，有人赋诗以秀其色，部分诗文如下：

彩凤朝阳

忽听梧岗彩凤鸣，朝阳舞罢暮烟横。
若非素抱冲天志，安得飞腾上太清。

金鸡晒翅

一轮明月照高岗，晒翅金鸡转向阳。
莫道山丘非羽族，生成形状果相当。

庐水观澜

欲涤嚣尘本不难，宜从庐水观波澜。
浪风鼓涌高千丈，疑是蛟龙扬激湍。

吴山耸翠

层峦叠翠太清间，雾锁烟横去复还。
漫羡蓬莱多仙境，认知此地有呈山。

仙临古迹

欲观古迹到仙临，云树苍茫由迳深。
石印芳踪今尚在，人如玩赏涧边寻。

双榕荫茂

风岗村前植双榕，茂荫吾乡灵气钟。
叶茂枝繁遮万亩，他年一定化作龙。

访村后记

悠悠千年，当年的南唐征南元帅早已化同黄土，我们在丰阳找到的是那样的一种古老的沧桑，是铅华洗尽后的素颜本色。五十里关山名城，曾经的繁华巷陌，多少的缠绵悱恻，都让历史这扇门硬生生地锁断在里面。丰阳村有的是一个新的开始，而她本身所带有的历史厚重感，又让她不自知地多了几分文化底蕴，多了几分气质丽色。

旅游攻略

美食：

丰阳美食牛肉干

丰阳牛肉干是连州独具特色的美味佳肴。丰阳牛肉干所选的一定是牛的脊梁肉和肘子肉，燃料用杂木。燃起杂木，微火慢熏细烤，烘出来的牛肉干黄而不焦，清香四溢。再将牛肉干拌以辣椒豆豉，或蒸或炒，吃时轻嚼慢咽，余味无穷，口齿留香。

丰阳美味的牛肉干背后据说还有一段鲜为人知的故事。话说当年丰阳始祖南唐征南元帅吴敬元的部队非常喜欢以牛肉干作为食物，因为牛肉干不但味道好，而且特别耐劳耐饿。另有说吴敬元的部队喜欢食牛肉干则是源起于秦始皇的军队。传说当年嬴政东征西讨，荡扫中原之际，发现将士经年累战，已经初现疲态，加之粮草运送不便，常有补给不及之时，更显忧患重重。秦王苦思良策未果，一日，偶遇一小队士兵极为神勇，好像有使不完的力气，于是向前询问。原来该小队一名将领偶然发现，牛肉经火烤之后，不仅能长期存放，便于携带，而且吃后能体力大增。之后他迅速在全队推广，士兵在打仗时果然体力充沛，勇猛无比。秦王闻后大喜，将此法推广至全军。秦军横扫六国，势如破竹，其中牛肉干也有一份功劳。

南唐灭亡后，吴敬元虽解甲归田，但始终无法忘怀色香味俱全的牛肉干，于是用凤山上的杂木来烤制牛肉干，美味更增。千年虽过，丰阳人一直继承着先祖的美味牛肉干。

交通：

自驾车：由市区沿省道S114线西行约30公里到达丰阳。

背包族：从连州市区乘坐专线公共中巴直达丰阳村。

（本文执笔：曹春生　郑颖）

北斗七星村

——清远连州市保安镇卿罡村

古村概貌

北斗七星，是人类至今尚未能完全解读的天体。但清远连州卿罡村却在七百年前就匠心独运地按北斗七星的格局来建筑。在这里，一座门楼，就是一个星座；一条青石板巷道，就像一条行星的轨道。走在深深的石板巷道里，你会觉得自己也变成了一颗行星在宇宙的轨道中运行。站在巍峨的门楼前，能感觉到这就是“天人合一”的理念。村前的三座山冈，就是北斗七星的“天罡”星座。中国古代的高官称“卿”。人们把村名称为“卿罡”，真够让人解读、品味的了……

卿罡——北斗星座布局的古村

村后三面青山环抱，前临良田千顷，是一个山清水秀的渔米之乡。村庄完全是按北斗星座来布局的。东、西、南、北四座门楼就是“天枢”“天璇”“天玑”“天权”四星的位置。村子西面逶迤绵长的三座青青的山冈，就是北斗星座的“长柄”即“天罡”星。古代称做官者为“卿”。卿罡的先人们便将原来的村名“青冈”以谐音改为了“卿罡”。

夕下古村

卿罡村据说始建于宋末元初，但真正能找到文字记载的是在明永乐年间（约1403－1409年）至今已有近六百年的历史了。卿罡村在清代还修筑了高达4米，厚足1.5米的城墙和4座雄伟的城楼。城墙上有铳眼和望台，卿罡村也就成了一座坚固的城堡。现在城墙虽已只剩下残垣断壁，但当年的威势尚存。清咸丰九年广东直隶州知州周振璘为门楼题写的“天枢”、“紫气”石匾仍镶嵌于高高的门楼之上，字字清晰，气势不凡。

精美木雕

卿罡村是连州国际摄影年展连续三年的摄影采风路线点，以其村落保存完好、建筑有特色、木雕艺术高超而广被摄影发烧友所喜爱。

卿罡古巷

取水

龙泉喷珠如今犹在

位于村子中心的龙泉井，也是北斗星座的“斗”中央。龙泉井水流很大，很远就能听到汩汩的流水声。龙泉井从井底到井面全部用青石板块砌成。3米见方的井口呈八角形状，井水深约2米，清澈晶莹，井底石隙间的水草、青苔、游鱼清晰可见。水井的中央矗立着一根方形石柱，石柱露出井水面约80厘米，四周精雕细刻着龙鱼戏水和鲤鱼跳龙门的图案。柱顶是一条张口奋尾的鳌鱼。据说，从前井水大时，泉水从柱顶的龙鱼嘴中喷出，有如飞珠溅玉，很是壮观。这也就是古代卿罡八景之一的“龙泉喷珠”了。

在龙泉井旁还矗立着两块高约2米，宽0.8米的石碑，碑上记载着清代乾隆、同治年间两次修缮龙泉井的内容。其中一块石碑刻有《龙泉喷珠》：“凿成方丈号龙泉，水喷如珠戏佛莲，不事探骁浮瀚海，何须剖蚌觅长川。层渊垒垒宜绳贯，叠浪重重倩蚁穿。幸遇明主怜井渫，从兹受福乐艺天。”诗中描写的大概就是当年龙泉井水喷如珠的情景了。

乡亲议事

金马世家铸就辉煌

龙泉井的西南面，有一条青石板镶嵌成的“康庄”巷道。巷道口有一座建于清代的砖瓦牌坊，牌坊的门额上镶嵌着一块青石匾。匾上用古体字刻着“仁寿坊”三个字，仁寿坊里居住的是唐姓家族。唐姓是卿罡的大家族，唐氏宗祠建得颇为宏伟壮观。祠堂的大门前有一对大青石狮子镇门。整个祠堂有二井三厅，天井两厢有回廊相通。前厅包括前檐、大门和中门。中门平时是不打开的，只有祭祀大典或来了高官、贵宾才能打开中门相迎。中厅是议事厅，厅的正面板上悬挂着一块“金马世家”的金匾。宗族里的所有大事都在这里处理。

“金马世家”是宋仁宗赐给唐氏先祖的金匾，以表彰唐氏“公孙三进士”的辉煌。宋雍熙二年（985年）唐氏的先祖唐元参加科举，高中进士，历任渝、韶、陕等四州知府，后累官至尚书，屯田员外郎。唐元的儿子唐静，在宋大中祥符八年（1015年）也高中进士，后来官至大理寺评事。过了20年，唐静的儿子唐炎又在宋景祐元年（1034年）一举进士及第，后来还官至太子赞善。唐氏家族祖孙一门三进士，一时传为美谈。宋仁宗因此特赐唐氏家族的祖居地为“金马世家”。

金马世家

“硕德遐龄”流芳千古

从龙泉井向东北方向，也就是北斗星座的天璇、天枢星方向，居住着黄氏家族。黄氏家族既是卿罡村的一大望族，也是卿罡村最早的居民，他们大约于南宋初年便来到卿罡开荒拓土建立家园了。

黄氏族人居住的青石板古巷子里，也有一座称为“中桂坊”的牌坊。中桂坊的古建筑保存得比仁寿坊更完整。如果说仁寿坊给我们的感觉是宏伟辉煌，那中桂坊留给我们的印象则是耕读自娱，悠然自得。

中桂坊所有的古民居基本上都是一种风格：青砖山墙飞檐，青瓦高瓴，雕梁画栋。还有一特点就是所有房屋都坐北朝南，厅堂不从南面开门直入，而是把大门开侧面，厅堂前面是一个小天井，天井两旁是厢房。厢房用木隔扇隔开，隔扇分为上、中、下三部分，上面的顶板是精美的镂空雕花图案，裙板则是线刻的实板，板面的内容都是些诗礼传家、勤劳节俭之类的文字。中间为腰板，腰板上雕刻的是如石榴、葡萄等吉祥果。黄氏先人们那种耕读自娱，盼望多子多福、平安吉祥的居住理念和文化氛围，全部表现在这屋子里的每一个构件上。厅堂为抬梁式，前檐是两根粗大的木柱，柱下有石做的柱础，后檐的梁则全架在山墙上。厅堂的主要装饰全在那架神龛上。

石街向晚

神龛

神龛全部由木雕图案组成。神龛分为五层，呈八字形向厅堂凸出，每一层都有不同的图案。大多数第一层为龙凤呈祥，或双龙戏珠，第二层为瑞兽献寿，第三层为花鸟虫鱼等等。神龛由外向内逐层收小，最后形成一个高80厘米，宽40厘米的神龛。神龛里面置放着历代祖先的牌位。神龛以下分别摆设的是香几桌、高桌、八仙桌。卿罡的民居建筑完全体现了中国古代建村先建庙、建房先建龛的传统文化理念。

在一间被烟火熏得黝黑的厅堂上，还悬挂着一块巨大的匾额。匾上“硕德遐龄”几个大字在黝黑中熠熠发亮。这块匾额也和唐氏的“金马世家”金匾一样为黄氏家族争得了一份荣耀。那是清朝乾隆年间，连州大旱，米价腾贵，民不聊生。卿罡黄氏族人黄圣铨，将自己年收入的三百六十余石粮食全部献赈济灾。黄圣铨这一义举令人们大为感动，当时连州知州肖榕年特赐了这块匾额，以旌表黄圣铨的善举。

老窗，藏着很多年的历史

古城墙的今昔

古城墙曾是卿罡历史上最浩大的一项集体工程。清朝时，位于连江流域的卿罡土地肥沃，盛产谷米，官府担心强盗山贼起觊觎之心，下令修建防御工程。村中老人说，据流传的说法，当时卿罡全民出动，平民百姓出力担砖砌墙，地主出资，倾尽所有，并负责解决劳工吃饭问题。

整整六年，卿罡筑起近两人高的城墙，把村子围得严严实实，颇有长城遗风，共设五门楼，十二炮楼，每座炮楼用“天地玄黄，毓秀腾芳，乾坤宇宙”中一字代称。清咸丰四年（1854年），新城墙落成，连州直隶知州周振璘亲自为各门楼题名。

当年城墙固若金汤，可惜“大跃进”期间，为炼钢铁修建砖窑，把城墙拆去大半，如今仅在北门“天枢”附近残存一小段。裸露的墙身，可以看到里面的结构，每层的拼砌方式均是一砖横置，取其长，一砖侧置，取其宽，四块砖合拼，墙厚过半米。城墙具有明显的军事特征，残存短短数步的城墙，还能数出数个射击孔，足见当年卿罡在政府心目中的重要地位。

接龙门

卿罡民俗“抬大神”

重阳节“抬大神”，是卿罡一种保留完整的傩祭活动。是日下午三时许，诸神汇集环镇游行一周，当地人谓之为“赛神游”。队伍由“大神”领头，“大神”由人戴面具扮演，穿龙袍坐龙椅头顶神伞，前边由戴青面獠牙面具的“判官”和“行者”开路。除“大神”外，还有“高神”，亦由人戴面具扮演。“高神”站在“神架”上，被八位汉子抬得高高的。赛神游队伍每行若干步便停下，八位汉子以波浪起伏节奏抬着“高神”摇摆起来，此谓“摇高神”，最得群众喝彩。

在卿罡，我们还可以欣赏到舞狮、春牛、马灯、八音等民间艺术的表演。春牛和马灯表演在很多地方都不多见了，然而在卿罡，每年的春节村里春牛队和马灯队都要在村中大显身手，此外还要前往附近的村庄拜访演出，增加节日的喜庆气氛，增进村庄间人们的友情。这里的民间艺术是历史的文化沉积，但同时也反映着新时代的新气象。

卿罡还有一个八音队，在每年重阳保安“抬大神”艺术活动的游行队伍里都会出现这支八音队。“八音”已经真的不多见了，而这支队伍也只有一些上了年纪的人了。我们多么希望这朵艺术之花能长盛不衰啊！八音的精彩之处除了那八音奏乐，还有弹唱，但剧本是湘音而不是粤语，由此可见卿罡的八音艺术乃由湖南传来。

“扮故事”的小孩

“大神”出巡

清远连州市保安镇卿罡村

“挂榜晨曦”的神奇传说

卿罡美景之一“挂榜晨曦”位于村东的挂榜山。

话说古时，挂榜山脚出现了一对美丽的宝鸭，一雄一雌，浑身雪白。晨曦初照之刻，住在挂榜山周围的卿罡村民便可以听到宝鸭清亮的鸣叫声。更加神奇的是，自宝鸭降临之后，挂榜山一带便风调雨顺，人们安居乐业。传说这宝鸭是从天庭下凡，人们对之也非常敬重。

如此好景一直延续到洋人侵入中国。相传当时外国传教士来到连州寻宝，听说连州城北的卿罡挂榜山一带有一对宝鸭，于是偷偷来到卿罡探路。为了不被村民发现，他们在一个晚上带上洋枪藏在挂榜山，守到清晨等宝鸭出现。第二天清晨，宝鸭如常引吭高歌，几个传教士便小心地向着鸣叫声走近，宝鸭发现敌人后立即逃跑。传教士举枪射击，打伤了雄宝鸭。枪声和宝鸭的惨叫声惊动了刚刚起床的村民，立即纷纷拿起长矛、猎枪冲出家门，奔向挂榜山保护宝鸭。可是他们在挂榜山搜了一天一夜也没有抓到猎捕宝鸭的人，雄宝鸭也随之失踪。原来传教士早在村民到来之前，见势不妙，不敢继续猎捕雌宝鸭，匆匆抓住了受伤的雄宝鸭就仓皇从挂榜山一侧的神岭抄小道经谷田、水口一带逃跑了。

从那以后，挂榜山只剩下了一只雌宝鸭。村民再也听不到它引吭高歌，取而代之的是凄惨的叫声。村民经常看到雌宝鸭飞上挂榜山顶峰对着南方鸣叫。据说那只幸免于洋人爪牙的雌宝鸭，在盼夫望夫未归的失望时刻，飞上挂榜西崖峭壁，最后化作了一块宝鸭形状的白石。也就是我们今天看到的卿罡挂榜山西崖上宝鸭石。

至于雄宝鸭的下落，第一种说法是雄宝鸭被狡猾的传教士盗走后，被其用铁笼关在了连州的双喜山，最后因思念伴侣忧郁而逝；第二种说法是宝鸭被偷到连州后，被洋人用商船沿着连江河运到了广州，关押在越秀山上，宝鸭静静北望，最后化作了一尊石；还有一种比较流行的说法，说宝鸭被洋人用战船运回了他们的西洋老家……

老来乐

解读卿罡有如解读一部中华文化历史，那每一座门楼，每一处民居甚至每一个神龛都可以让人感觉到中华文化的博大精深，感觉到传统文化的厚重无比。

美食：

“五品宴”

在乡村，鸡鸭鱼摆上台，是最高级别的待客礼节。五品宴保留了这个内涵，而最具特色的，是每样菜式备双份，一桌菜肴刚好是五个菜式，十个碟子盛着，桌子一摆开，饭桌的热闹气氛就出来了。五品宴有如下五款。

第一款名叫凤冠镏金，最具特色的是用调料烹制后的黄色鸡冠和鸡皮，吃起来爽而脆；第二款是香辣鸭脯，取肥鸭胸脯的肉，配以香油、辣椒、蒜瓣等佐料，加上独到的烹饪功夫，味道很是诱人垂涎；第三款曰青椒熏鱼，将鲜鱼准备好，经油炸、勾芡，伴上青椒，蒸汽一熏，就可出炉上桌了；第四款是素色猪手，味道甜中带微酸，口感爽而不腻；第五款称五彩鸡块，拌有白葱头、红枣、棕冬菇、青菜等佐料的鸡块，色、香、味齐全。

全狗宴

卿罡全狗宴的炮制，相传在明朝万历年间，唐姓一村民被征从军，其职专事将军、统领等将官的家居饮炊，经常同众多厨艺高人切磋，见多识广，不耻下问，自创了多种炮制狗肉的烹调技艺。退职回家后，亦将烹调狗肉的技艺带回了家乡。

逢年过节，村民们或请他炮制或请他指导烹调狗肉之道。该唐姓村民遂人所愿，利用当地丰富的资源，以狗肉为主料，配以姜、葱、萝卜、芝麻、竹笋、芋头、花生、花椒等辅料，再加入少许调味品，施展其精湛技艺，炮制成一桌全狗宴。

龙泉井戏水

卿罡人将全狗宴各道菜美其名曰：红烧狗肉、狗扣肉、狗头生、白切狗、抱狗靴、蒸狗脑、酿狗肠、炒狗肚、炆狗杂、炸狗扒、炒狗皮、泡狗血、焗狗柱、蒸狗排、狗肉煲、狗骨汤。这16道正味狗肉，集甜、酸、香、脆、辣于一桌，松软可口，回味无穷。

交通：

卿罡古村距连州市区约五公里。

自驾车：出广州上广清高速，在出口转入107国道，一直前行，根据沿途指示入保安镇，卿罡古寨在保安西南约5公里处。

背包族：广州每日有多班发往连州的班车，快车约行3.5小时，票价80元，到连州后在车站外等候前往保安镇的公交车，车程约半小时，到保安镇后可步行或乘摩托车前往卿罡。

（本文执笔：曹春生　黄小军）

后记

2007年6月，在中共广东省委宣传部的关心、支持下，广东省文学艺术界联合会、广东省民间文艺家协会根据中国文联和中国民协有关文件精神，在全国率先启动“广东省古村落” 普查、认定、编纂等抢救性工作，成立了古村落工作委员会和专家委员会。专家组经过实地调研、考察，根据我省实际情况，制定了较科学规范的《广东省古村落》认定标准及调查纲要。

2007年9月，省文联、省民协在连州市召开全省古村落工作会议；10月，向全省基层文联、民协发出了《关于开展广东省古村落专项工作的通知》，正式启动了我省古村落的普查、认定、编纂工作。通过点面结合，全省各地迅速掀起保护古村落遗产、保护传统文化的热潮，引起社会各界的广泛关注和支持。短短两月内，全省各地相继申报“广东省古村落”认定的有135个村。2008年5月，省民协遴选了首批考察对象，并在东莞清溪再次举办古村落专项工作培训班。此后，经过专家组7个多月艰辛的实地考察，省文联、省民协于2008年12月认定并公布了首批27个广东省古村落。

为综合展示这27个古村落的风貌，展示其丰富的内涵，在各地申报材料的基础上，在挖掘、调研、考察的基础上，我们从2008年5月开始着手整理和编撰本书，历时近两年。

我们的调研、编辑队伍很庞大，有民俗学家、历史学家、建筑学家、人类学家、作家，有当地坚持了数十年文化保护的民间文艺工作者，有高校的青年学子。还有村落里面的父老乡亲——正是因为他们对乡土家园的挚爱和坚守，我们才能见到今天如此让人惊叹的文化遗产。

两年来，我们一直在田野作业，不管风吹雨淋，不管路远山长。我们穿过那稻花飘香的田野，小心翼翼地步入青砖瓦屋间，如同穿越了数百年。任意一个抬头，一个转身，便都是淳朴而精致的老房子，浓荫铺地的大树，散逸着泥土气息的道路，甘甜纯净的井水……那村中的长者总能随便一指，自豪的告诉我们：这是乾隆时老祖宗建的房子，这树是咸丰年间种下的，这户人家的某某在海外做生意……

两年来，我们所感触的已不是所走过的艰辛，更多是沉思与反省：这些古村落，是先辈们经历了多少次的迁徙，多少次的披荆斩棘，才得以在这山川田野间生根沉淀。

然而，我们看到很多古村落在遭到破坏，或衰落或消失。所以，我们希望赶在城市化的车轮隆隆碾过来之前，赶在这些美丽的乡村被遗忘前，以朴实的文字和图片，展示这些美丽的古村落,质朴精美的乡土美术，传承了数百千年的民俗活动。希冀如此能唤起更多人对家园的回忆，对岭南村落文化的重视，对岭南古村落的开发，一起加入到保护古村落的队伍里面来，使岭南古村落重现无穷的魅力。

在本书编撰中，感谢各地政府部门、文联、民间文艺家协会、文化站给本书提供了丰富的文字和图片材料；感谢中山大学叶春生教授、刘晓春教授，华南师范大学林济教授、韩益民博士，华南理工大学肖旻博士、张智敏博士，他们从本书开始构思到撰写都提出了许多宝贵的意见，并审阅和修改了书稿；感谢华南师范大学历史文化学院、教育信息技术学院摄影系的青年大学生，他们不惧辛苦，深入各个古村落，为本书整理编辑了许多文字和拍摄了许多图片；特别要感谢梁文伟、陈棣生、黄显标、卢榕、杨群勇、鄞镇凯、陶憬陶、冯铮、刘甫梅、沈荣金、曹春生、李向荣、叶松青、陈昂天、陈焕明、李金泉、刘忍冬、蔡泽民、徐光华、吴流生、龙湘黔、陆岸、何安成、黄贤迎、黄文杰、卢健志、欧彩、韦大奇、赵超英、赵承华、马红艳、梁炜成、周海涛、陈华佳、刘车、何健民、缪莉、陈健鹏、何润霖、梁静雅等人，他们有的是地方的老民间文艺工作者，有的是地方文化局、文化站的同志，有的是村民，在搜集整理材料和入村采访的时候，他们给予了很大的帮助。要感谢的人很多，所列名单如有遗漏，请大家谅解。

古村落的许多历史和文化还有待考究和挖掘，书中的不妥之处，敬请读者批评指正。

让我们走进古村落，走回家园，抢救和保护我们最大的文化遗产。

编委会

2010年6月